JN441092

새로운 힘!

세계의 **왕**과 **대통령**을 내 품안에!

이부춘 / 글

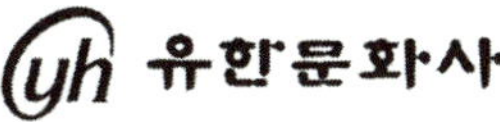

새로운 힘!

세계의 왕과 대통령을
내 품안에!

1판 1쇄 인쇄 2009년 9월 10일
1판 1쇄 발행 2009년 9월 15일

지은이 | 이부춘
펴낸이 | 천승배
펴낸곳 | 도서출판 유한문화사

등 록 | 제 5-31호. 1979. 3. 6.
주 소 | 서울시 강서구 가양동 146-63(우 157-801)
전 화 | 2668-2055~6 팩스 | 2668-2565
홈페이지 | www.yuhansa.com

ISBN 978-89-7722-802-3 03800

머리말

새로운 힘!

듣기만 해도 용기가 솟는 '새로운 힘!'을 창조해 내는 인물들을 찾아본다.

특히, 이런 남자들을 만난다는 것은 여자 독자 분들에게 있어서는 꿈과 행복을 보장받는 일이기도 하다.

필자는 갑자기 욕심이 난다. 그런 왕들과 대통령들을 이 책을 읽는 여자 독자 분들의 노예로 삼고 싶어졌다. 아니, 여자 독자분의 품안에 그들을 품게 만들어 보고 싶었다. 그래서 왕과 대통령의 정력음식에 얽힌 에세이를 써 보기로 했다.

진시황, 덩샤오핑, 측천무후, 클레오파트라, 양귀비.....

엄청난 에너지로 역사를 주물렀던 인물들이다. 이들에 대해 "대체 무얼 먹었기에 그렇게 정력들이 좋았지?"하고 한번쯤 의문을 갖는 사람들이 많을 것이다.

나 역시 이런 의문을 갖고 자료수집에 나섰다. '전설의 고향'과 다큐멘터리를 집필하면서 자료발굴에는 이골이 나 있었기에, 국회도서관과 국립중앙도서관, 최고급 호텔 주방, 종로5가 한약방과 경동시장 약재상 거리를 누비며 영웅들이 즐긴 음식을 취재했다. 자료를 얻기 어려운 영웅들에 대해서는 그 나라 대사관에 문의할 수밖에 없었다. 그렇게 얻은 자료로 영웅과 음식에 얽힌 이야기를 책으로 쓰면서도 전문가의 자문을 받아 가정에서 직접 만들 수 있는 방법까지 제시할 계획이다.

요즘도 최고급 정력요리로 꼽히는 곰발바닥은 하나라의 폭군 걸왕이 애첩 매희를 위해 즐겨 찾던 것. 옥으로 만든 잔에 술을 부어 마시며 곰발바닥을 안주삼아 먹었다고 기록에 나온다. 그는 곰발바닥 중에서도 특히 오른쪽 발바닥만 먹었다고 한다. 그것은 곰이 벌집을 덮칠 때 오른쪽 앞발로 툭툭 건드리는데, 그때 무차별로 쏘아대는 꿀벌의 침 성분이 피부 속에 박혀서 육질이나 영양가에서 최고의 곰발바닥이 만들어진다는 것이다.

그리고 3천 궁녀를 거느렸던 백제 의자왕은 가을 참새죽으로 정력을 유지했다고 한다. 벼가 익어가는 황금들판의 메뚜기를 잡아먹는 가을 참새와 참새알은 어떤 강장식품보다 앞선다는 그럴듯한 이유가 있었다. 무와 다시마를 넣어 끓인 국물에 곱게 다져 참기름에 무친 참새고기와 불린 햅쌀을 넣고 죽을 끓이면 만들어진다는 요리다.

조선시대 궁중에서는 민물뱀장어 백숙을 살이 물러지고 뼈가 다 녹을 때까지 푹 끓여 원기 보충용 음식으로 즐겼단다. 괴이한 애정행각으로 유명한 연산군 역시 이 뱀장어 백숙으로 기운을 보충했다는 것을 조선왕조실록 「연산군 일기」에서 발견했다. 아방궁을 만들어 두고 매일 밤 새로운 시녀와 즐겼던 진시황의 회춘비결은 의외로 구하기 쉬운 밤으로 만든 죽이다. 밤에는 특수 단백질이 풍부하고 인체에 흡수도 잘돼 정력을 소모한 후 즉시 회복하는 묘약으로 여겨졌다고 한다.

임진왜란을 일으켰던 도요토미 히데요시가 찾았던 정력요리는 엉뚱하게도 조선 호랑이를 요리재료로 삼았다. 도요토미가 임진왜란 당시 호랑이 사냥을 위한 특수부대까지 뒀다고 한다. 천하의 호색가였던 도요토미 히데요시가 가장 마음에 걸렸던 게 대를 이을 아들이 없다는 것. 병사들이 바친 호랑이를 삶아먹은 그는 이 때문인지 쉰살이 훨씬 넘은 나이에 아들 도요토미 히데요리를 얻었다고 한다.

성욕을 생명력의 척도로 생각하고 마음껏 즐겼던 마오쩌둥의 식성은 중국 일반 서민과 다를 바 없었다. 특히, 좋아했던 게 돼지고기와 비계, 고추 정도. 어느 요리에나 돼지기름을 듬뿍 넣어 식사 때마다 그의 입 주변은 기름기로 번들거렸을 정도라 한다. 로마의 시저도 돼지고기와 표고버섯을 특히 즐긴 걸 보면 동·서양 영웅들이 모두 돼지고기를 좋아한 것이 공통점이기도 하다.

덩샤오핑은 중국 본토에서만 나는 동충하초가 들어간 충조전압탕을 원기 회복용으로 즐겨 먹었다고 한다. 겨울에는 곤충, 여름에는 풀이란 뜻의 동충하초는 박쥐과에 속하는 곤충으로, 남성 스태미나이면서도 기관지 천식에 특히 좋은 것으로 소문나 있었다. 덩샤오핑이 즐겨 마시는 불로주의 원료도 바로 동충하초. 충조전압탕은 오리 한 마리와 동충하초 10~15개를 넣고 만드는 요리인데, 요즘은 우리나라에서도 동충하초를 구하기가 쉬워져서 남자들에게 아주 기쁜 소식이다.

인도네시아 수카르노 전 대통령은 며칠씩 기운이 떨어져 있다가 중국방문 길에 얻은 사슴피로 원기를 회복했다고 한다. 사슴피는 중국 황제들의 스태미나 식품. 청나라 문종은 사슴을 여러 마리 길러 그 피를 받아먹을 정도였는데, 임종 시 마지막 한 말이 "누구 사슴피 가진 사람이 없는가?"였다고 한다.

우간다 독재자 이디 아민은 코브라를 자주 먹은 후 흑인과 백인여자 사이에서 잠을 잤다고 한다.

팔순이 넘어서까지 젊은 신하를 곁에 두고 즐겼다는 중국의 역사적 여황제 측천무후. 그녀의 에너지는 메추리를 넣어 담근 무후주에서 나온다고 전해 내려온다. 무후주는 메추리와 하수오, 녹용, 인삼에 소주를 부어 달인 후 벌꿀을 넣어 익힌 술이다.

구약성경 출애굽기편에 모세가 먹었다고 하는 메뚜기는 아랍인의 스태미나 요리다. 가을에 번식하는 메뚜기는 미네랄, 단백질, 비타민 덩어리로 설사, 백일해, 피부질환에 좋은 약으로도 유명하다. 아랍인들은 메뚜기를 소금에 절이거나 올리브유에 튀기는 등 갖가지 방법으로 먹는데, 이 때문에 여러 명의 처를 둘 수 있다고 한다. 훈민정음 창제 등 역사적인 업적을 이루면서 18남 4녀까지 남긴 세종대왕은 늘그막에 소갈증(당뇨병)으로 고생했다. 이때 어의(御醫)가 권한 음식이 흰 수탉과 누런 암탉, 그리고 양고기라고 조선왕조실록에 실려 있다.

기원전 600년 초나라 장왕은 허리가 가는 여인을 유난히 좋아해서 그에게 환심을 사려다 굶어 죽는 궁녀도 많았다고 한다. 그 장왕이 스태미나를 유지하기 위해 즐긴 것이 바로 간이다. 밀림의 제왕 사자가 사냥 후 제일 먼저 먹는 것으로 봐도 간은 '에너지의 보고'로 여겨진다.

역사상 인물들이 아이스크림이나 푸딩같은 단 음식을 특히 좋아했다는 것도 재미있다. 바람둥이로 낙인찍힌 존 F 케네디 대통령이 즐겨 찾은 음식은 초콜릿 스플레였다. 여자문제로 아내 속을 꽤나 썩였던 루즈벨트 대통령이 애인과 함께 즐긴 요리는 우유와 당밀, 달걀, 옥수수가루와 호도가 들어간 인디언 푸딩이었다.

양귀비와 클레오파트라, 장희빈 등 치마폭으로 당대 권력자를 끌어들여 좌지우지했던 여성들은 찬 음식으로 자신의 정력을 식히며 원하는 바를 얻어낸 게 공통점이다. 양귀비가 현종과의 첫날밤 진수성찬이 그득한 상에서 집어든 것이 맛이 없는 '여지(荔枝)'라는 과일이었다. 그 '여지'라는 과일엔 비타민과 미네랄이 풍부하여 성신경을 자극해 정력을 증강시킨다는 것. 클레오파트라가 넘치는 정력을 다스리기 위해 야채에 올리브유와 식초, 소금을 뿌린 샐러드를 즐겨 먹으며 자신의 냉정성을 잃지 않은 가운데 안토니우스를 좌지우지한 것도 재미있다. 그러나 이 책을 통하여 말하고 싶은 것은 "무엇보다 정력이 강해야 나라가 부강해진다"는 사실이다.

누가 말했던가?

"음식은 정력을 낳고, 정력은 권력을 낳고, 권력은 역사를 바꾸었다."

그렇게 한 시대를 풍미하다가 역사의 뒤안길로 숨은 영웅호걸과 현시대에서 활동하는 왕과 대통령들의 영웅담 속에 음식이야기를 곁들여 본다. 아울러 이 책을 읽은 독자 분들이 어떤 어려운 시기에도 굴하지 않고 지금 살아가고 있는 이 세상을 영웅호걸처럼 잘 이겨 나가기를 바란다.

끝으로 이 책이 나오기까지 힘써 주신 도서출판 유한문화사 천승배 사장님과 임직원께 감사를 드린다.

2009년 8월 25일 나로호 발사를 보면서…

이 부 춘

차례

1 마오쩌둥의 '돼지비계 껍데기'

바람피우기 좋은 음식

요즈음 우리 사회가 먹고 살만해지니까 정력에 좋다면 뱀이건 살쾡이건 가리지 않고 먹어대는 추태가 생기더니 급기야는 태국의 곰발바닥까지 싹쓸이 하려다가 세계적인 망신을 당하고 말았다.

이를 바라본 시사평론가 한 분이 나한테 이런 말을 했다.

"어떤가? 진시황이나 연산군, 그리고 덩샤오핑, 측천무후, 클레오파트라, 양귀비, 클린턴이 남몰래 즐겨 먹은 정력요리를 조사해서 책 한 권을 만든다면 지금 시류와 딱 맞아떨어질 것 같은데 말야."

"그거 괜찮은 아이디어인데? 한 시대를 풍미했던 왕과 대통령의 정력요리를 모두 조사해 본다는 건 매력적이야."

나는 곧 국립중앙도서관과 국회도서관, 그리고 교보문고와 영풍문고, 국빈들이 오면 묵는다는 신라호텔의 주방장과 각 나라 대사관에 이르기까지 자료조사 대상지역을 넓혀 갔다.

그렇게 1년 6개월이 지나자 그럭저럭 95명이란 왕과 대통령의 정력요리를 찾을 수 있었다. 쉬운 작업은 아니었다. 이 지구상의 왕과 대통령의 정력요리를 총망라하는 일은 그렇게 시간이 걸리고 있었다. 그렇지만 해내고 있다는 기쁨에 앞서 걱정이 태산 같았다. 왜냐하면 한나라를 손아귀에 넣어 쥐고 흔들었던 왕과 대통령은 확실히 남다른 음식을 먹었기 때문이다. 그러니 이것이 공개될 경우, 우리나라 남성들이 모두가 연산군이나 백제 의자왕을 닮든가, 아니면 클린턴 대통령 같은 바람둥이가 될까봐 큰 걱정이 생긴 것이다.

그래서 그냥 혼자 묻어 두고 나만 이 음식들을 구해 먹을까 욕심을 부리다가 슬슬 공개하기로 마음을 바꾼 것이다.

주제넘는 소리지만 요즈음 우리 사회에는 갈수록 고개 숙인 남자들이 많아지고 있는데 이것을 더 이상 두고 볼 수가 없었기 때문이다. 그래서 고개 숙인 남자들은 우리 사회에서 추방시켜 버려야겠다.

오히려 고개 숙였던 남자들이 빳빳하게 고개를 쳐들고 당당하게 하늘을 쳐다보는 새파란 청춘으로 돌아가게 될 것이다. 비록 우리 시대의 남자들이 왕이나 대통령의 자리에 오르지는 못한다 해도 왕과 대통령이 즐겼던 왕성한 스태미나는 그대로 공생 공존할 수 있게 만들 참이다.

"독자 여러분! 이제부터 저는 독자 여러분을 진시황제처럼, 연산군처럼, 클린턴처럼 뫼시겠습

니다. 그들이 먹은 정력요리를 소개하여 독자 여러분들이 고개를 빳빳이 쳐들고 자신만만하게 푸른 하늘을 쳐다보게 만들겠습니다.”

이렇게 말을 하니까 꼭 대선주자들의 선거용 문귀 같다는 생각이 들며 시행 불가능일거란 의구심이 드는 독자가 있을 것이다. 더군다나 왕과 대통령의 정력요리라니까 엄청나게 비싼 재료라고 지레 겁을 먹을 사람도 있을 것이다. 분명 그것은 사실이다. 그렇지만 걱정할 필요는 없다. 몇백만 원짜리 정력요리라도 단돈 몇만 원으로 만들어 먹는 방법과 때론 너무나 싸구려라 그 재료를 구하지 못하는 정력요리 재료도 알려 줄 것이다.

그게 무슨 소리냐고 고개를 갸우뚱하며 묻는 독자를 위하여 처음 시작을 마오쩌둥 주석의 정력요리를 예로 들어 설명해 본다.

스스로를 진시황처럼 중국을 통일한 사람이라고 자부했던 마오쩌둥 주석은 정력도 왕성해서 두 여자를 양쪽에 끼고 밤을 보내는 날이 많았다고 한다. 그런데 마오쩌둥 주석의 정력요리는 뜻밖에도 돼지비계 껍데기였다면 어떤 생각이 드는가?

그것도 배가 터지도록 먹어야 한다는 상식 밖의 방법이라니, 나는 이런 마오쩌둥 주석의 이상하리만치 평범한 정력요리가 선뜻 이해되지 않았다. 어떻게 돼지비계 껍데기를 먹고 두 여자를 양쪽에 끼고서도 그 늙은 나이에 밤을 즐긴다는 말인가?

그래서 직접 시험해 보기로 작정하고 정육점에 가 돼지비계 껍데기를 찾았는데 첫마디부터 난관이었다.

“요즘 누가 돼지비계 껍데기를 먹습니까?”

“그럼 어딜 가야 사죠?”

"글쎄요... 마장동에는 있을려나?"

내친김에 마장동까지 가서 돼지비계 껍데기를 사는데 성공했고, 나는 곧바로 그것을 요리하기 시작했다.

마오쩌둥 주석처럼 빨간 고추장을 발라 타기 직전까지 볶아서 배가 터지도록 먹어댔다. 그때 시간이 밤 8시 50분이었는데 나는 9시 뉴스를 볼 수가 없었다. 10분 후에 깊은 잠에 빠지고 만 것이다. 내가 눈을 떴을 땐 이튿날 아침 7시였다. 물론 더 자고 싶었다. 그런데 문득 아랫도리에서 감각이 요란했다. 글쎄 아랫동네 하인 녀석이 빳빳하게 일어나서 당당하게 하늘을 쳐다보면서 내게 이렇게 소리치는 게 아닌가?

"주인님! 저는 아까부터 일어나 있는데 뭐하는 겁니까?"

그날따라 혼자의 잠자리였다는 게 두 번째의 난관이었다.

젠장.....

어쨌거나 그랬다.

마오쩌둥 주석의 정력요리는 아주 간단하면서도 놀라운 효과가 있었다. 돼지비계 껍데기는 아주 싸고 천한 음식이지만 이걸 먹었을 때 늘어지도록 잠을 자게 만들었다. 결국 충분한 잠은 아랫동네 하인 녀석을 새벽같이 일어나게 만들고 있었다.

하지만 마오쩌둥 주석의 정력요리인 돼지비계 껍데기는 싸고 효과가 있는 반면에 한 가지 흠이 있으니, 그것은 시간이 충분히 있는 사람들이나 가능하다는 점이다.

늘어지게 잠을 잤다가는 샐러리맨들이 지각 사태를 유발할 것이 아닌가? 그러니 샐러리맨들은 마오쩌둥 주석의 정력요리만큼은 꼭 금요일 저녁이나 토요일 메뉴로 선택해 주기 바란다. 아울러 시간이 없는 샐러리맨을 위하여 바쁜 평일에는 연산군의 정력요리를 소개하려고 한다. 아침 7시에 출근하여 저녁 9시에 퇴근해 온다고 해도 연산군의 정력요리법만 배우면 아랫동네 하인 녀석은 빳빳하게 고개를 쳐들고 매일처럼 푸른 하늘을 보겠다고 난리를 피우리라.

2 연산군의 '민물뱀장어 마늘백숙'

바람피우기 좋은 음식

연산군 시절에 채홍사들은 처녀들을 찾아내려 바닷가 마을을 헤매며 요란법석을 떨었고, 어부들은 연산군에게 진상할 민물뱀장어를 잡으려고 날카로운 작살로 늪지를 작살질한다.

민물뱀장어 마늘백숙 요리를 해 먹은 연산군은 그날 밤 사랑하는 장녹수만으로는 부족해서 채홍사들이 대령한 미녀들을 침소에 불러들인다.

스태미나의 화신이라면 우리 역사 속에선 폭군 연산군이 단연 으뜸이었다는 것은 삼척동자도 다 알리라. 이렇듯이 역사 속에서 소문난 바람둥이가 엽색행각에 어느 정도 전념했는가 하는 것은 그 종류의 다양성을 보면 알 수 있다. 연산군이 음탕한 짓을 일삼을 때 채홍사들이 진상한 미녀는 물론이요, 사대부집의 유부녀와 심지어는 출가한 비구니까지 가리지 않고 싹쓸이 여자사냥을 했으니 말이다.

연산군의 하루 일과를 보면 낮에는 유난히 동물사냥을 좋아해서 사냥터에서 시간을 보내다가 저녁이면 대궐로 돌아와 연회를 베풀곤 하였는데, 주흥을 더욱 호기롭게 하기 위해서 장악원(掌樂院)이라는 공청(公廳)을 만들어 놓고 숱한 기녀들로 하여금 연산군 자신이 좋아하는 춤인 처용무를 추게 했다. 그런데 문제는 기녀들이 춤을 출 때는 옷을 홀랑 벗고 갖은 난잡한 몸짓을 다 부리도록 하였고, 연산군도 구경으론 만족치 않았던지 자신도 옷을 훌훌 벗어 버리고 기녀들과 더불어 덩실 덩실 춤을 추었으니 차마 말로 다 표현할 수 없는 목불인견의 상황이었다. 하지만 이를 말릴 수 있는 사람은 아무도 없었다. 말리기는커녕 횡음을 일삼는 연산군에게 더욱 부채질을 하는 임사홍 같은 간신은 전국의 미녀들을 진상하기에 바쁜 나날을 보냈다.

그렇지만 임상홍이 아무리 채홍사의 역할을 잘 하여 전국의 미녀들을 쉴새없이 잡아 드렸다 해도 연산군의 스태미나가 뒷받침해 주지 않았다면 그 무슨 소용이 있었겠는가?

내 개인적인 생각인데 왕과 대통령의 정력요리 역사로 비춰보자면 그때 당시 연산군에게 민물뱀장어 마늘백숙만 수라상에 올리지 않았어도 폭군 연산군은 탄생하지 않고 조용히 고개 숙인 임금으로 역사에 기

록되었을 것이다. 음식역사로 보면 폭군을 만든 것은 바로 이 민물뱀장어 마늘백숙이었다. 사실 지금도 기운이 떨어지는 삼복더위의 보약은 단연코 민물뱀장어 마늘백숙이 아닌가? 이처럼 연산군의 정력을 왕성하게 만들어준 민물뱀장어 마늘백숙요리는 아주 요리하기도 쉽다.

먼저 깨끗이 씻은 민물뱀장어를 껍질을 벗겨서 솥에 넣고 통마늘과 함께 은근한 불로 서너 시간을 보약 달이듯 푹 삶는다. 끓일 때에 위에 뜬 노란 기름은 건져내고 뱀장어 살이 물러서 뼈까지 녹았다 싶을 때 베보자기로 짜서 뽀얗게 우러난 국물을 마시는데 간은 소금 외엔 절대 금물이다.

이렇게 만들어진 민물뱀장어 마늘백숙을 먹은 연산군은 넘쳐나는 그 스태미나를 어찌할 수 없어 삼복더위도 아랑곳하지 않고 낮에 눈여겨 둔 궁녀들의 처소를 쉴새없이 드나들었다고 한다.

"상감마마! 이러시면 아니 되어요."

"네 이년! 오늘밤 죽어 보렷다."

"상감마마! 상감...마...마..."

하긴 궁녀들이란 이제나 저제나 임금의 사랑 받기를 삼년 가뭄에 비오기를 기다리듯 하던 터인지라 연산군의 눈에 든 궁녀는 이 기회를 놓칠 수 없어 갖은 기교를 다 부려 연산군을 사로잡으려 했지만 어림도 없는 소리였다. 그날 밤 결과는 왕성한 스태미나의 소유자인 연산군의 KO승이었다. 비명을 지르던 그 궁녀는 여덟팔자로 죽은 듯이 늘어지고 연산군은 아직도 힘이 남아돌았다.

"상감....마....마....."

"네 이년! 새벽은 아직도 멀었는데 벌써 허벌레라니"

어디 그 뿐인가? 그들이 밤을 즐겼던 그 궁녀의 처소는 구들장이 내려앉아 다시 방구들을 손봐야 했단다.

이렇게 연산군의 스태미나를 북돋아 준 민물뱀장어 마늘백숙은 한 사람당 한 마리 이상 복용은 금물이다. 마늘을 넣고 달인 것이기 때문에 욕심을 부려 먹으면 배탈이 날 뿐더러 영양과잉이 된다.

우리는 밤마다 미녀들과 놀아난 연산군을 방탕한 폭군이라고 욕을 하면서도 내심으론 은근히 연산군의 정력을 부러워한다.

그렇지만 연산군이 즐겨 먹은 스테미너 요리가 민물뱀장어 마늘백숙이었다는 것을 안 이상 고개 숙인 요즈음의 우리 남성들의 고민을 해결해 줄 것이다. 어찌 보면 연산군은 남성들의 성 고민 클리닉의 해결사가 아닌가? 다시 말해서 각자의 타고난 아랫도리 하인 녀석을 잘 다스리는 길은 아무래도 이 민물뱀장어 마늘백숙이 최고라는 결론이다.

졸부들이 소동을 벌이는 곰발바닥 요리보다도 훨씬 효력이 능가하는 이 민물뱀장어 마늘백숙은 구하기도 쉽거니와 요리법도 간단하여 바쁜 샐러리맨을 밤마다 연산군으로 만들어 줄 것이다. 오늘 밤도 내일 밤도 우리 시대의 남성들은 빳빳하게 고개를 쳐들고 푸른 하늘을 보며 각자의 사랑하는 애인을 즐겁게 해줄 수 있을 것이다. 그렇다고 감격한 나머지 연산군을 성군(聖君)이라고 부르는 실수는 말아주기 바란다. 연산군이 우리에게 민물뱀장어 마늘백숙으로 희망을 주었다고 해도 그는 폭군이었음은 분명하니까.

3 양귀비가 즐겨 먹은 '여지(茘枝)'

최고 실력자를 움직인 요리

하늘하늘 수양버들 같은 가는 허리로 '무골충춤(이판사판춤 같은)'을 격렬하게 추어대면 당나라 현종은 정신을 차릴 수가 없어서 그녀가 원하는 것이라면 무엇이든 들어 주었다는데…….

서양이 클레오파트라의 이야기로 절세의 미인을 만들었다면 동양에서는 양귀비를 통하여 그에 대적하는 전설적인 미인을 만들었다. 클레오파트라가 샐러드로 뜨거운 자신의 정열을 식혔다면 양귀비는 비릿한 '여지(茘枝)'라는 과일로 요염한 냉정을 잃지 않았던 것이다.

양귀비! 먼저 사기(史記)에 기록된 양귀비를 살펴보자. 얼굴을 보자면 목이 학처럼 길고, 작고 도톰한 입술을 가졌다. 그 입속에는 순옥처럼 하얗고 가지런한 이와 긴 혀가 있다. 그리고 몸에 비해 손발이 길고 팔다리가 유연한 산맥처럼 뻗었으며 겨드랑이에는 털이 없었으나 음모는 숲처럼 무성했다. 또한 배꼽이 우물처럼 깊었다고 하는데 이는 배에

군살이 없음을 말해준다. 버들가지처럼 하늘하늘거리는 허리는 타고난 춤의 명수였다. 당나라 현종으로 하여금 '말하는 꽃'으로 부르게 하고, 시성 이태백으로 하여금 그 아름다움을 시로 읊게 한 양귀비는 잔잔한 미소와 은은한 향기만으로도 보는 사람을 저절로 취하게 했다고 한다.

양귀비는 본래 현종의 아들 수왕의 비였으니 며느리가 아닌가? 그런데 며느리인 양귀비의 미에 반해서 아들로부터 며느리를 빼앗아 후궁으로 삼기에 이른다. 그전까지만 해도 선정을 베풀어 백성들의 칭송이 자자했으나, 양귀비를 후궁으로 맞아들인 뒤부터는 정사를 돌보지 않고 하루 종일 양귀비 곁에만 붙어 살았다고 한다. 양귀비와 현종의 그 황홀한 밤의 열기 속에서 그 은밀한 내실의 붉은 등 아래에는 산해진미의 진수성찬이 놓여 있었다. 그러나 양귀비는 가녀린 손을 들어 과일 한 조각만을 입에 댈 뿐이었다.

그 과일! 바로 '여지(荔枝)'라는 과일인데 이것은 일반 보통 과일이 아니다. 이 여지는 양귀비의 고향에서 나는 과일로서, 양귀비는 이 여지맛을 잊을 수가 없었기에 멀고 먼 고향땅까지 줄줄이 기수들을 대기시켜 놓고 이 여지를 수송하여 왔다고 전한다. 지금도 중국에서는 6월이라는 말만 들어도 여지를 먹는 철이 왔다고 반가워하는데, 여지가 이처

럼 인기가 있는 것은 단순히 과일 맛이 좋아서만도 아니고 오히려 강정 효과가 뛰어나기 때문이다. 이 여지나무는 수령이 오래 되어 한쪽이 고사된다고 해도 다른 한쪽은 싱싱하게 과일을 맺는다. 이 나무에서 열리는 여지를 '쾌록여지'라고 하며, 혹처럼 생긴 이 열매의 빨간 껍질은 진한 물감 색으로 딱딱하며 바깥 한가운데에 녹색 줄이 둘러쳐 있다. 이 세상 어디에서도 볼 수 없는 아름다운 여지나무다.

여지가 익어갈 때는 경비병들이 이 나무를 지키고 있다. 물론 여지 도둑을 막기 위해서다. 여지의 신비한 특징 중 하나가 과일 속살을 종이 위에 올려놔도 흔적이 남지 않는다는 점이다. 그리고 여지는 나무에서 따는 즉시 비단으로 포장된 작은 상자에 여지나무 잎새 몇 잎을 함께 넣어 같이 포장한 뒤 귀족이나 최고 권력자 등에게 보낸다.

이 여지 선물을 받는다는 건 곧 VIP 대접을 받는다는 것을 의미한다. 이렇듯 중국 광주에서 나는 '쾌록여지'는 아무리 돈이 많아도 일반 사람들이 먹기는 하늘의 별따기란다. 홍콩에서 보통 여지(캔에 든 것)는 얼마든지 사 먹을 수 있다. 하지만 지나치게 많이 먹는 것은 곤란하다. 또이 여지를 과하게 먹으면 코피를 흘리게 되고, 욕심을 부려 더 많이 먹은 사람은 부부동반을 하지 않으면 견디기 어려울 것이다. 이렇게 그 당시의 양귀비는 여지의 훌륭함을 익히 알고 있었기에 고향에서 여지를 구해다 현종과 함께 먹었다고 하는데, 이상하게도 이 여지는 남성이 먹으면 정력이 왕성해지지만, 여성이 먹으면 먼 곳을 바라보는 시야가 트이고 자신의 정력을 억제하는 효과가 있어서 양귀비의 욕망을 채우는 데는 더 이상의 요리가 필요 없었다. 그 황홀한 밤마다 현종은 비명을 지르며,

"정말 너 없이는 한시도 못살겠구나!"

"하오면 제 부탁을 들어 주시와요."

"암암! 네 부탁이라면 무엇이든지 다 들어주마."

만일 양귀비가 정력요리만 먹고 스스로 탕녀가 되었다면 이런 실속을 차릴 수가 있었을까?

"우리 육촌동생 양국충의 벼슬을 올려 주시어요."

"어떠냐? 재상을 시키면..."

"폐하! 정말 양국충이가 재상이 되는 겁니까?"

"그렇다 마다, 누구의 부탁인데, 하하하."

여성들이여! 홍콩에 가서 '여지'를 구해 먹고 능란한 양귀비의 실속을 배웁시다.

4 안토니우스는 뜨겁게, 클레오파트라는 차분히 만든 '샐러드'

최고 실력자를 움직인 요리

파스칼로 하여금 "만약 클레오파트라의 코가 조금만 낮았더라면 세계의 얼굴이 달라졌을 것이다."라는 탄성을 발하게 했던 세기의 여인 클레오파트라를 정치가이며 왕이었던 시저의 아름다운 애인으로서 지구를 대표하는 미인이었다고 표현하면 필자의 아첨일까?

이집트의 클레오파트라와 아버지 프톨레마이오스 12세의 가장 중요한 당면과제는 로마의 합병 위협 속에서 이집트의 독립을 유지하는 길이었다. 더욱이 클레오파트라와 그 동생인 프톨레마이오스 13세 사이에는 왕위를 둘러싼 치열한 권력다툼이 벌어지고 있었다. 이런 복잡한 정치상황 속에서 클레오파트라는 이집트 합병을 주장하던 시저에게 접근하여 타고난 미모와 지성, 그리고 재능으로 능란한 외교를 벌인 끝에 이집트를 동맹국으로 선언하게 만들고 나아가 불안한 자신의 왕위를 굳건하게 만들었다. 그리고 시저가 피살당하자 이번에는 안토니우스의 마음을 사로잡아 로마에 대항했다. 클레오파트라의 꿈은 이집트의 영광을 되찾는 일이었다. 그의 이름 '클레오파트라'는 바로 '민족의 영광' 이라는 뜻이기 때문이다.

BC. 1세기 이집트의 여왕인 클레오파트라! 과연 그녀가 세계 역사상 최고의 미녀였는가에 대해서는 다소 이견이 있는 듯하다. 클레오파트라는 상당한 미모라고는 할 수 있으되, 최고의 미녀라기에는 다소 부족했다는 일설도 있다. 하지만 천문지리에 능통하고 여러 나라 말을 구사하는 등, 클레오파트라의 독특한 재능과 남성을 사로잡을 만한 관능미가 로마의 줄리어스 시저와 안토니우스를 꼼짝 못하게 하였으리라. 그렇지만 클레오파트라는 탕녀라기보다 강대국 앞에서 자기 한 몸을 내던져 이집트라는 나라를 보전하겠다는 나름대로의 목적의식이 분명한 여인이었다.

앞서서 기술한 것처럼 시저나 안토니우스를 마음대로 조종할 수 있었던 클레오파트라의 성적 매력을 만들어준 음식물을 이번에도 따져보지 않을 수 없잖은가? 파고 들어가 살펴보니 그녀는 뜻밖에도 샐러드를 즐겨 먹었다고 한다. 야채와 파슬리, 세이지 마늘, 그리고 올리브를 섞어 만든 샐러드에 마지막 단계에서 식초와 소금을 뿌린 것이

클레오파트라식 샐러드이다.

사실 샐러드는 시장기가 거의 가시고 식욕이 떨어지기 시작할 바로 그 시점에 내놔야 한다. 특히 상추가 들어간 샐러드는 냉하고 습하기 때문에 진정 및 성욕억제 효과가 있는 것이다. 더운 여름에는 섹스가 사람의 건강을 크게 해칠 수 있다고 믿었던 클레오파트라는 7~8월이 되면 날마다 샐러드를 먹어서 몸을 식혔다. 그녀가 샐러드를 '약화시키지 않으면서 새롭게 하고 자극하지 않으면서 강화시킨다'라고 평가하며 칭찬해 마지않았던 것은 그 깊은 의미가 있었다. 다름이 아니라 상대한 남자(시저+안토니우스)를 뜨거운 정력요리로 들뜨게 해놓고 자신은 차거운 음식으로 냉정을 잃지 않게 한 뒤에 잠자리에서 그녀의 소원을 말하는 것이다. 그러면 그 순간에 어느 남성이 들어주지 않겠는가?

그렇다면 클레오파트라는 어떤 뜨거운 요리로 시저와 안토니우스를 들뜨게 만들었을까? 그것은 요리 종류에 있지 않았고 요리의 타이밍에 있었다는 증거가 문헌에 나타난다. 다시 말해서 같은 음식이라도 언제 만든 걸 먹느냐가 정력을 좌우한다는 이론이다. 그때 당시를 필설로 재현해 보겠다.

..... 클레오파트라의 요리사는 만찬을 얼마나 성대하게 준비하는지 보여 주겠다고 했다. 요리사를 따라 주방으로 들어가 보았는데, 헤아릴 수 없는 산해진미가 쌓여 있는 것을 보고 감탄을 금치 못했다. 특히 한 번 식사에 산돼지를 8마리나 굽는 것을 보고 요리사에게 물었다.

"아마 오늘밤엔 손님이 꽤나 많은 모양이지요?"

그러자 요리사는 피식 웃으며 대답했다.

"손님은 12사람을 넘지 않습니다. 하지만 어떤 음식이든지 가장 알맞게 요리해서 제때에 드려야 하며, 만일 1분이라도 시간을 어기게 되면 그 음식은 버리게 되지요. 그런데 안토니우스께서는 금방 식사를 하려고 하다가도 술을 더 들거나 아니면 새로운 이야기를 꺼내는 수가 있지요. 그러면 그때에 상에 놨던 음식은 식어서 그만 못쓰게 됩니다. 얼른 교체해 드려야죠. 결국 정확한 식사시간을 알 수 없으므로 시간에 맞추어 교체할 여분의 음식을 준비해야 하므로 1마리면 충분한 것을 8마리나 산돼지를 잡아 굽는 것이지요."

적어도 클레오파트라의 요리사는 이런 수준급이었으니 가히 클레오파트라가 시저나 안토니우스를 노골노골 그리고 흐물흐물하게 만들고도 남았으리란 생각이 든다.

내가 어릴 적에 들었던 어른들의 말씀 중에 이런 말이 귓전에 맴돈다.

"귀한 아들이나 서방님께는 찬밥을 드려선 절대 안 된다. 귀찮더라도 새로 밥을 지어 따끈따끈하게 드려야 한다."

사랑하는 상대에겐 음식의 온도가 중요했다.

이것이 바로 클레오파트라가 거물을 쓰러뜨린 비법이다.

5 도요토미 히데요시의 아들을 낳아준 '조선호랑이'

전쟁을 일으키게 만든 요리

"아들! 아들! 아들을 낳는 일이라면 하늘의 별이라도 따겠다."

도요토미 히데요시는 일본의 8년 내전(內戰)을 천하 통일하여 풍운아가 되지만 그는 대를 이어 권좌를 물려주겠다는 욕망에 사로잡힌다. 그렇지만 물려줄 아들이 없었다. 잠자리를 하는 여자마다 딸만 생산하였으니 도요토미 히데요시의 실망은 이만저만이 아니었는데 이때 아첨 잘하는 한 막료가 다가와 도요토미 히데요시의 귀에다 속삭이기를,

"대각! 염려 마십시오. 조선의 호랑이를 잡아다 먹으면 환갑까지는 아들을 낳는다고 합니다."

"뭣이라구? 그 말이 사실인가?"

"예. 대각!"

"좋아. 당장 전쟁을 일으켜!"

조금 과장된 이야기지만 음식으로 살펴보는 역사는 도요토미 히데요시가 임진왜란을 일으킨 것은 '명나라를 치러 갈테니 조선은 길을 비켜 달라'는 정사(正史)의 내용과는 판이하다. 첫 번째 침략으로 1592년 4월, 16만의 왜군이 조선을 침략하는데 우리는 이것을 임진왜란이라고 역사에 기록한다. 도요토미 히데요시는 부산을 점령하고 이어 문경새재를 넘어 충주 탄금대에서 신립 장군을 격파하고 승승장구 한양으로 진군한다.

이때 발맞춰 새로운 부대가 하나 생기는데 그것이 바로 도요토미 히데요시를 위한 특수부대였다. 가토 기요마사가 부대장인 이 특수부대의 임무는 뜻밖에도 조선의 호랑이를 사냥하는 일이었다. 여러 날 만에 조선 호랑이를 만난 가토 기요마사는 준비한 덫과 그물을 사용하여 호랑이를 생포하는데 성공한다. 물론 몇 명의 부하들이 호랑이한테 희생당했음에도 불구하고 가토 기요마사 특수부대장은 희희낙락이었다.

"대각의 눈에 들 날이 왔구나. 생포한 호랑이를 상자에 넣고 어떻게든 살려서 일본으로 보내라. 최대한 신속히 수송하겠지만 일본까지는 여러 날이 걸리니 먹이로 조선 개 세 마리를 넣어두도록 하라."

이렇게 하여 가토 기요마사는 도요토미 히데요시가 그토록 먹고 싶어하는 조선의 호랑이를 상

자에 산 채로 넣어 일본에 특별 수송했다. 도요토미 히데요시는 반드시 아들을 낳게 한다는 조선 호랑이 고기맛을 볼 수 있다는 큰 기대를 가지고 조선에서 보내온 상자를 열어 보라고 명령했다.

"이것이 그렇게도 용맹스럽다는 조선 호랑이냐?"

그런데 이게 웬일인가? 사납게 포효하며 날카로운 이빨을 벌려야 할 상자 속에 호랑이는 온데간데없고 조선의 개(진돗개) 세 마리만이 입맛을 다시며 살랑살랑 꼬리를 치면서 마치 이렇게 조롱하는 듯했다.

"호랑이 한 마리 더 없수?"

사실 좁은 공간의 상자 속에서는 호랑이가 세 마리의 개를 당할 재간이 없었던 것이며 더구나 그때 호랑이 밥으로 넣어 주었던 개가 진돗개였으니 오죽했으랴? 그때 호랑이 밥으로 상자에 갇혔던 진돗개가 훗날 일본의 아끼다 겐(秋田犬)의 조상이라는 일설이 있지만 확인은 어려우며 어디까지나 에피소드일 뿐이다.

어쨌든 도요토미 히데요시는 얼마나 실망이 컸겠는가? 일이 이쯤 되니 그의 측근들은 조선에 있는 특수부대장에게 다시 재촉하여 명령한다.

"대각의 몸 보양에 절대 급선무니까 호랑이를 잡거든 소금에 절여서 보내라. 비싼 호랑이 가죽은 너희가 가져도 좋다. 하지만 머릿고기, 내장, 똥까지도 버려선 안 된다. 소금 간을 진하게 하여 속히 보내라."

가토 기요마사의 특수부대는 몹시 바빴다. 드디어 천신만고 끝에 호랑이 두 마리를 잡아 진하게 소금에 절이고 호랑이 똥까지 일본으로 수송했다. 이로써 도요토미 히데요시는 소원을 이룬 것 같았다. 환장을 하여 호랑이 고기를 먹은 도요토미 히데요시는 1593년 8월, 드디어 아들을 낳는 데 성공하지만 첫 번째 아들은 단명으로 낳자마자 죽고, 두 번째로 낳은 아들로 대를 잇는데 후에 '히데요리'라고 부르는 아들이다. 정말 놀라운 사실이 아닌가? 환갑을 바라보는 57세에 벌어진 상황이니 말이다.

그럼 실제로 도요토미 히데요시가 먹은 한국 호랑이 고기 맛은 어떨까? 두 번 다시 먹고 싶지 않은 고기가 호랑이 고기란다. 호랑이 특유의 고약한 냄새는 말끔히 없앨 수 없는 것이어서 역하기 짝이 없었기 때문이다. 그래서 옛날부터 호랑이 고기나 멧돼지고기는 흙속에 하룻밤을 묻어 두었다가 소금에 반나절 절인 뒤에 이것을 냉수에 넣어 반쯤 익을 때까지 삶다가 다시 물을 바꾸고 파와 후추, 술과 소금을 넣어 푹 삶아야만 제 맛을 낸다고 한다. 호랑이 고기 맛이야 어쨌거나 도요토미 히데요시의 끊임없는 아들타령 때문에 조선 호랑이들이 엄청난 수난을 당했던 것이다.

6 선조 몽진이 만든 물고기 이름 '충미어'와 '도루묵'

전쟁 때문에 생겨난 요리

조선 호랑이를 잡기 위한, 아니 대를 이을 아들을 얻기 위해 일으킨 전쟁이 그 아들에게 물려줄 땅뺏기 전쟁으로 변하였다. 도요토미 히데요시는 본격적으로 조선을 공략하기에 이르고, 선조대왕은 도요토미 히데요시가 일으킨 임진왜란을 피해서 피난길을 떠날 때였다. 다급한 상황에서 몽진을 하는 바람에 모든 물자가 궁핍하게 되었다.

가히 상상이 가리라. 요즘같이 좋은 세상에 하루 이틀 놀러 가는데도 준비하려면 복잡한데 더구나 전쟁이 나서 도망치듯이 몽진하는 길이니 준비할 시간이 어디 있겠는가? 그러므로 피난길에 오르는 선조의 수라상은 반찬도 식물성뿐이었고 급기야는 굶기가 일쑤였다. 그야말로 궁중에서 배 튀기던 검정소고기니 민물뱀장어 마늘백숙이니 흑색식품이니 하는 것은 모두 꿈속의 이야기가 되었다.

왕이라 해서 먹고 배설하는 일을 안 하는 것도 아니다. 어쩌면 왕은 그 호칭에 걸맞을 만큼 먹고 마시며 누구보다 힘(?)을 많이 쓰고 많은 왕자를 거느리길 마다하지 않던 인물들이 아니던가? 그런데 침략을 당해 피난길에 오르고 보니 눈앞에 보이는 것이 모두 먹거리가 아니었을까 싶다. 아니, 보이는 게 아니라 그려지는 것이 모두 먹거리였으리라. 배고픔을 참아야 하는 이러한 생활을 하던 어느 날 피난길에서 백성 한 명이 선조께 바치는 작은 정성의 요리가 있었다. 받아보니 궁중에서는 전혀 먹어 본 일이 없었던 조그만 생선이었다. 한참 시장기를 느끼던 판이라 왕 이하 대신들이 정말 꿀맛같이 맛있게 먹었다.

선조가 맛있게 다 먹은 후에야 그 생선을 가지고 온 백성을 크게 칭찬하며 여지껏 보지 못했던 물고기의 이름을 물으니 백성은 다음과 같이 대답하였다.

"상감마마! 우리 지방에서는 이 물고기를 묵이라고 부릅니다."

"뭣이라? 묵?"

"예. 그러하옵니다."

백성의 이 같은 대답에 선조는 그만 깜짝 놀랐다.

"아니? 이렇게 맛있는 생선을 그렇게 천하게 묵이라고 부르면 되겠는가? 속히 다른 귀한 이름으로 부르도록 하라."

선조가 엄명을 내리자 수행하던 대신들이 의논한 결과 왕께 충성을 하였고 아름다운 맛을 가진 고기라 하여 '충미어(忠美魚)'라는 이름을 지어 아뢰게 되었고, 선조는 쾌히 그 물고기 이름을 하사하였던 것이다. 침략을 당해 피난을 가는 왕도 왕은 왕이었나 보다. 백성을 지키지 못하고 서둘러 북쪽으로 피난하는 왕을 대접하는 백성이야말로 아름답다 아니할 수 없으나, 자신의 입맛에 따라 생선의 이름까지 바꾸는 걸 보면 말이다.

그 후 임진왜란을 일으킨 도요토미 히데요시가 전쟁 중에 세상을 떠나자 선조는 다시 평온을 되찾고 궁중생활을 시작하게 되었다. 그러던 어느 날 선조는 그 옛날 피난길에서 먹었던 '충미어'의 맛을 잊을 수가 없어 사람을 시켜 그 고기를 잡아 오도록 하였다. 이윽고 그 충미어는 갖은 양념을 다하여 임금의 수라상에 올랐다. 그렇지만 이미 기름진 음식으로 배가 부를 대로 부르고 맛있는 음식에만 길들여진 선조의 입에는 아무리 양념을 잘 하였다 하더라도 원래 맛없는 고기가 맛이 있을 리 없었다.

사실 간사하고 까다로운 입맛이 변한 탓이지 고기 맛이 변한 것이 아니건만 우리 인간들은 혀의 간사함을 깨닫고 꾸짖기가 쉽지 않은 일이다. 선조도 자신의 배고픈 때의 입맛이 아니었음을 깨닫기보다는 생선의 맛없음을 탓했던 것이다.

"어째 맛이 이런가? 그 옛날과는 전혀 다르구나! 아마 그때는 너무나 배가 고픈 나머지 이 고기가 맛있었나 보구나. '충미어'라 부르기엔 너무 과분하니 옛날 그대로 이름을 돌려줘서 '도루 묵'이라 부르는 게 좋겠노라."

이렇게 해서 묵의 이름을 '충미어'라 붙여 줬다가 '도루 묵'이라고 본래 이름을 다시 부르게 했다 해서 오늘날 도루묵이란 생선 이름이 탄생하는데, 알고 보면 이것은 순전히 도요토미 히데요시 때문에 생겨난 물고기 이름이 아니겠는가?

'시장이 반찬'이라고 나라가 패전의 길을 걸을 때는 그처럼 맛있던 충미어도 결국은 도루묵으로 변하고 만다.

그렇지만 오늘날 생선이 얼마나 사람에게 이로운가는 확실히 증명되고 있다. 인간의 진화에까지 영향을 주어 왔다는 DHA. 도대체 어떻게 섭취할 수 있는 것일까? 그 해답은 그때 역사 속에서 선조가 피난길에 먹었던 바로 그 생선이 저절로 해결해 준다. 극히 일반적인 생선에 DHA는 풍부하게 포함되어 있어서 회로 먹거나, 아니면 조리거나 구워 먹어도 DHA는 파괴되지 않는다. 더구나 DHA가 뇌의 활동에 얼마나 좋은 영향을 미치는가에 대해서 연구자들 사이에서는 이미 의견일치를 보았다.

그럼 왜 DHA가 머리를 좋아지게 하는 것일까? 사람의 뇌 지방에는 DHA가 약 10%가 들어있는데, 최근의 연구에 의하면 DHA에는 기억 학습능력을 유지하는 효과가 있다는 것이 증명되었다고 하며 인간의 뇌활동을 높인다는 것이다.

따라서 임진왜란 같은 전쟁을 치를 때 수뇌들은 고도의 전술적인 머리를 써야 하므로 임금이 생선을 먹는다는 것은 대단히 바람직했고 그것을 백성이 '묵'이란 생선을 요리해서 진상했으므로 자연스럽게 이루어지게 된 것이다.

'시장이 반찬'이라고 이렇게 선조의 뇌활동에 기여했던 '충미어'도 전쟁이 끝나고 결국은 '도루묵'으로 변하고 말았다. 왕은 너무나 고급스런 음식에 길들여져 있었던 것이다.

하긴, 어디 선조뿐이겠는가?

오늘의 우리들이 뭐가 다르겠는가…….

7 장희빈과 숙종의 '흑색식품'

정상을 KO시킨 요리

우리 역사드라마 중에서 가장 많이 반복되어 안방에 소개되었던 TV 사극의 주인공은 아마도 장희빈과 숙종이었으리라.

뜨겁게 사랑했던 역사 속의 장희빈과 숙종은 한겨울에도 부채질을 했다면 여러분은 믿어지겠는가? 일반 서민들이야 삼복 무더위에 더위를 식히려고 부채질이지만 조선시대를 대표하는 사랑의 커플이었던 장희빈과 숙종은 뜨거운 정열을 억누를 길이 없어 한겨울에도 부채가 필요했다고 한다.

그때 그 시절에도 밤은 있었고, 그때의 밤에도 여지없이 숨가쁜 속삭임들이 입에서 입으로 새어나왔을 것이다.

"희빈! 희빈..."

"상감마마! 더 힘껏 안아 주시와요."

로미오와 줄리엣보다도 뜨겁고 왕관을 버린 윈저공과 심프슨 부인

보다도 더 지독했던 장희빈과 숙종의 역사적인 사랑은 너무나 유명하지만, 알고 보면 그 모두가 스태미나 요리가 따로 있었기 때문이다. 그런데도 이런 사실이 지금껏 별로 알려지지 않아서 우리 시대의 많은 남자들을 고개 숙이고 살게 한다. 그래서 여기에 흑색식품을 공개하겠다.

'흑색식품!'

그렇다. 스태미나 요리라면 우리 궁중에서는 뭐니뭐니해도 흑색식품이 최고였다. 모든 재료를 까만 색깔만 쓰기 때문에 요리이름을 '흑색식품'이라 부르는데 재료는 다음과 같다.

먼저 6백년 이상의 역사와 내력을 지닌 검정소가 그 중의 하나다. 물론 지금은 검정소가 없어졌지만 그 당시 궁중에서 쓰던 쇠고기는 검정소가 아니면 쓰지 않았을 만큼 최고의 육질을 자랑하는 게 바로 검정소다.

원래 역사적으로 한우는 궁중에서 검정소였는데 불행하게도 일제 강점 시에 일본인들이 우리의 검정소를 싹쓸이 해간 것으로 알려졌다. 그 후로 우리는 누렁소가 우리 고유의 한우로만 알고 있는데 사실은 그렇지가 않다고 한다. 수탈의 명수들인 일본인들이 일제 강점 시에 검정소인들 그냥 놔뒀을 리 없다. 지금도 일본 천황가에서는 검정쇠고기를

먹고 있다는 일설이 있다.

검정소에 이어서 두 번째가 검정콩이고, 검정콩에 이어서 세 번째가 검정깨이다. 옛 신선들은 산중의 동굴에서 검정깨만 먹고도 150년 이상 장수를 누렸다고 할 만큼 검정깨는 해독작용과 강정작용을 동시에 잘 해낸다고 한다.

여기에다 빠질 수 없는 흑색식품 재료로 흑염소가 들어간다. 예전엔 왕자나 공주가 쇠약하면 흑염소를 고아먹였다고 할 만큼 허약한 사람의 원기를 되살리는 데는 흑염소가 최고다.

마지막으로 씨암탉 세 마리와도 안 바꾼다는 영양가 투성이인 오골계가 빠지면 헛일이다.

이렇게 검정소, 검정콩, 검정깨, 흑염소, 오골계 등 다섯 가지 재료로 '흑색식품'을 만드는데 조리법은 너무 쉽고 간단하다. 삼계탕 만드는 기술이면 충분하다. 설명하자면 먼저 오골계를 삼계탕 요리하듯 뱃속을 비운 뒤에 그곳에 검정소고기와 흑염소고기, 검정콩, 검정깨를 넣고 2시간 정도 푹 고아준다. 그러면 점점 새까만 국물이 우러나는데 바로 그 국물이 흑색식품의 진가인 것이다. 건더기인 고기는 소금에 찍어 씹는 맛을 내고 후룩후룩 새까만 국물을 마시고는 늘어지게 한숨을 자고 나면 온 몸이 뜨거워지고 아랫도리 하인 녀석은 빳빳하게 고개를 쳐들고 하늘을 찌를 듯이 바라보니 한겨울에도 부채질을 하지 않고는 타오르는 그 열기를 식힐 수 없는 것이다.

이 흑색식품을 고아 먹은 숙종은 장희빈 없이는 길고 긴 겨울밤을 견뎌낼 재간이 없어서 오늘날까지도 대표적인 사랑이야기로 역사드라마 소재의 주인공이 되지 않는가? 한때 대궐 밖으로 쫓겨났던 장희빈이 국화주까지 담가와 숙종의 원기를 더욱 북돋워 줬다고 하니 이때 금상첨화란 말을 쓰나보다.

한국의 남성들이여! 젊었거나 늙었거나 모두 고개를 들자! 빳빳하게 치켜들고 푸른 하늘을 보라! 장희빈을 녹인 숙종이 빳빳하게 고개를 쳐들고 보았던 하늘이 보일 것이다. 장희빈과 숙종의 비법을 배웠는데 우리 시대의 남성들이라고 못할 게 뭔가? 더구나 흑색식품의 재료값은 그리 비싼 것도 아니다. 만드는 방법도 삼계탕 수준의 요리솜씨면 십에서도 얼마든지 가능하다.

오늘부터 당장 흑색식품을 먹자. 그리고 장희빈과 숙종 같은 뜨거운 사랑을 체험하자. 한겨울에도 손에 부채를 들고 다니는 뜨거운 정열의 사나이로 변해보자는 이야기다. 그럼 어느새 자기도 모르게 숙종이 되어 지금 사귀고 있는 애인이거나, 아니면 여우같은 마누라도 장희빈처럼 찰싹 달라붙어서 따라옴을 보고 깜짝 놀라고 말 것이다.

8 에비타와 페론의 '엠파나다스'

정상을 KO시킨 요리

"날 위해 울지 말아요. 아르헨티나!........"

이 한 마디는 지금도 아르헨티나 국민들은 물론 전 세계인에게 메아리치는 에비타의 전설적인 사랑이야기를 떠올리게 한다. 자기가 원하는 남편을 만날 때까지는 수많은 상대를 갈아치우면서 끝내 페론 대통령을 만드는 에비타!

에비타는 1940년대에 권력의 울타리를 넘나들던 거대한 독수리 페론 대령을 대통령의 권좌에 올려놓기까지 그 뒤안길에서 신화를 창조하는 보좌역을 하였다. 그 결과 20세기 여인 중에서는 가장 아름다운 악녀요, 압제자이며, 또한 성녀로까지 추앙받으며, 후세에까지 사랑이야기를 남긴다.

그렇지만 에비타는 그녀의 보잘 것 없는 과거의 신분과 출세 과정에서 먹고 살기 위한 더러운 창녀소리를 듣는 처녀시절을 거쳐야만 했다.

그래서 퍼스트 레이디가 되었을 때는 에비타 자신의 불우한 어린시절을 생각하여 훌륭한 고아원을 세우고, 여성들에게 투표권을 주었으며, 가난한 자들을 따뜻하게 보살폈다. 그런가 하면 스위스 은행으로 빼돌린 막대한 거금과 더불어 인간이 누릴 수 있는 최고의 영화를 누리다가 서른 세살의 짧은 생을 마감했다.

에비타를 가리켜 한 전기 작가는 "모든 면에서 신화를 창조하려는 어떤 야심가라도 결코 에비타의 역사를 능가하지는 못할 것"이라고 표현했고 또한 그녀의 숭배자들은 "결코 에비타가 죽었다고 말하지 말라." 고 외치고 있다.

"날 위해 울지 말아요. 아르헨티나!........."

마지막까지 이 애틋한 말로 아르헨티나를 지배한 여인! 그래서 그녀는 지금도 아르헨티나 국민들의 마음속에 살아있다. 그렇다면 그녀가 페론 대통령과 즐겨 먹은 정력요리는 무엇일까? 영화와 수차례의 뮤지컬로 우리에게 접근해 온 에비타지만 그녀와 페론 대통령이 함께 즐겨 먹은 정력요리 부분은 쉽게 나오지 않았다.

나는 동분서주하여 에비타의 정력요리를 찾기 위해 혈안이 되었지만 그때마다 자료 찾기 노력은 무산되었다. 대형서점에 나와 있는 에비타의 전기는 세 가지 종류가 있었지만 내용은 그게 그거였다. 전혀 정력요리에 대한 언급이 없었다. 그런데 우연히 정독 도서관에서 발견된 좀 오래된 에비타의 전기에서 찾아내는 기쁨을 얻었고 그 대목을 그

대로 인용해 본다.

「......흔히들 부패와 사치가 난무하는 생활로 알고 있지만 실제로는 에비타와 페론 대통령은 호화로운 관저에서는 간소하게 살았다. 에비타는 때때로 샴페인을 한 잔 마시는 일을 제외하고는 거의 술도 담배도 하지 않았다. 하지만 방문객을 위해서 립스틱처럼 빨간 필터가 달린 자신의 소인이 찍힌 전용 객초 담배를 내놓는 일은 결코 잊지 않았다.」

자! 그러면 오늘의 주제인 정력요리에 대한 그녀의 좀 더 깊은 사생활로 들어가 보자. 원래 정력요리라는 것은 공개석상에서는 잘 먹지 않는다. 역시 남이 보지 않는 곳에서 먹는 것이 통례인데, 에비타와 페론 대통령의 경우는 좀 다르다. 에비타 부부는 아르헨티나 수도인 부에노스 아이레스에서 좀 떨어진 곳에 있는 산 비센테(San Vicent)에 그들의 영지가 있었는데 거기서 자주 주말을 보내며 전원생활을 즐겼다.

페론 대통령이 통나무를 쪼개며 운동을 하고 있을 때, 에비타는 아르헨티나 고기파이인 '엠파나다스(Empanadas)'를 돌로 만든 벽난로에 굽고 있다. 엠파나다스는 아르헨티나의 대표적인 스낵으로 이른 바 미트파이다. 꼭 우리나라의 만두같이 생겼는데 속에는 말린 포도나 옥수수, 달걀, 올리브 등을 넣는다. 껍질도 부드러운 것과 질긴 것이 있는데 그것은 아르헨티나의 각 지방에 따라 다르다.

엠파나다스 요리가 다 만들어지면 통나무를 쪼개던 페론 대통령이 들어와 에비타와 단둘이 앉는다. 그리고 에비타가 정성껏 만든 엠파타다스 요리를 함께 나눠먹은 뒤 에비타는 그날 밤 뜨거운 정열로 페론 대통령을 사로잡고 마는 것이다.

사실 나는 이 엠파나다스가 어떻게 생긴 요리인지 알 길이 없었다.

그래서 평소 가까이 지내는 오기환이란 탤런트에게 이 이야기를 했더니 직접 아르헨티나 대사관에 문의하여 알려 주었다.

아르헨티나 대사관에서도 3일 간의 시간을 요청했고 그 날짜가 되자 한 권의 칼라판 요리책을 친절하게 전해 주었는데 거기에 엠파나다스의 요리사진이 들어 있었는데 꼭 우리나라의 만두처럼 생겼다.

"이 요리가 정말 대단(정력에)한가요?"

"!..........."

대사관 직원은 대답 대신 빙그레 웃으며 직접 먹어보라는 손짓을 한다. 어쨌거나 에비타는 아르헨티나의 최고의 정력요리를 먹고 밤을 지새고는 낮이 되면 자선을 기다리기 위해 날마다 줄을 선 군중들 앞에 모습을 나타내며 손을 흔든다.

이렇듯 성공한 에비타도 알고 보면 그 성공의 원인이 간단하다. 어린 시절 불행했던 에비타는 잘 먹는 것이 꿈이었고 그 욕망은 아르헨티나의 정상을 남편으로 삼는데 성공을 한다. 그리고 그녀가 먹고 싶었던 엠파나다스를 실컷 먹을 수 있었던 것이다.

우리 시대의 여성들이여! 사랑하는 남자를 위해 엠파나다스를 구해 먹자. 그러면 당신의 남자는 이 사회에서 정력이 넘치는 리더가 될 테니까!

9 백제 의자왕이 삼천궁녀를 녹이는 '가을참새 세 마리 죽'

나라를 망하게 만들었던 요리

삼천궁녀와 매일 잠자리를 하자면 8년하고도 3개월 정도가 걸린다. 여간한 정력가가 아니고서는 그런 복을 줘도 감당해 내지 못하는데, 백제 의자왕은 웬 정력이 그리도 좋았기에 국난을 당해서 나라가 망할 때에도 한결같이 삼천궁녀가 의자왕을 그리워하며 낙화암에서 모두 뛰어내렸단 말인가? 분명코 백제 의자왕은 대단한 정력요리를 먹었을 것이기에 그 많은 여인네들의 사랑을 받았을 것이라는 큰 기대를 걸고 의자왕의 정력요리를 조사했다. 그런데 뜻밖에도 참새 세 마리로 죽을 쒀 먹고 그 많은 삼천궁녀를 탐닉하다가 나라까지 망쳤다는 데에 나는 그만 깜짝 놀라고 말았다.

삼국사기 의자왕 16년(656년)의 한 부분을 보자면 이렇게 적혀 있다.

왕은 궁녀들과 더불어 음란, 탐닉에 빠졌다. 이에 좌평과 성충이 간언하니 왕은 그들을 옥에 가뒀다. 성충은 병으로 임종하면서 왕에게 글을 올렸다.

"시세의 변화를 보건대 반드시 전쟁이 일어날 것 같습니다. 무릇 군사를 쓸 때는 지리를 살펴 늘 상류에서 적을 맞아 싸워야 합니다. 육로로는 적이 탄현을 넘지 못하게 하고 수군은 기벌포 언덕으로 들어오지 못하게 하십시오."

이렇게 간절히 청했건만 백제 의자왕은 충신들의 간언을 듣지 않아 결국 나당연합군에게 패망한다. 하지만 의자왕은 처음부터 주색잡기에 몰입했던 인물이 아니었다고 한다.

≪삼국사기≫의 의자왕 편 집권 원년의 기록은 이렇다.

「의자왕은 무왕의 아들로 담이 크고 결단성이 있었다. 그는 무왕 재위 33년 태자로 책봉되었는데 부모에 대한 효도와 형제우애가 강해 해동증자로 불렸다. 641년에 즉위하니 당태종은 사신을 백제로 보내 왕에 책명하고 계국대방국 백제왕으로 삼았다.」

그런 의자왕이 왜 삼천궁녀를 탐닉하는 혼군으로 변했을까?

단재 신채호는 '김유신이 요녀를 보내 의자왕을 유혹하게 하여 국사를 그르치도록 미인계를 썼다'고 기록하고 있다. 실제 역사적으로 이러한 유형의 계략은 빈번했고, 백제 의자왕도 그런 음모에 걸려들어 결국은 탕군으로 변해 버리고 삼천궁녀를 거느렸다는 전설 같은 이야기를 만들어 냈다. 이유야 어쨌거나 백제 의자왕은 무슨 정력으로 그 많은 삼천궁녀를 거느릴 수 있었을까? 이는 곡창지대였던 백제의 지리적 이점과 상당한 관계가 있었으리라.

끝없이 펼쳐진 황금들판! 그리고 수많은 참새들과 허수아비와의 싸움! 아무래도 가을벼가 황금물결을 이루는 들판과 벼이삭을 쪼아 먹으려는 참새 떼에게서 그 숙제를 풀어야만 할 것 같다. 황금들판에 벼가 익어가기 직전에 강장제로 쓰는 메뚜기를 잡아먹는 참새는 비록 몸집은 작지만 오골계 세 마리와도 안 바꾼다고 했다. 가을에서 초겨울 사이의 참새와 참새알은 어떤 강장, 강정식품도 추종을 불허한다고 했다. 참새알을 풀어 먹으면 밤에도 눈이 잘 보이고 귀도 밝아지며 노인의 허리와 무릎을 튼튼하게 하는 보양식으로는 으뜸이라고 한다.

참새죽은 10월에서 2월까지가 가장 정기가 솟는 보음보양의 정력요리라고 고전에서 말하고 있는데, 정력이 너무 생겨서 탈인 참새고기는 몸뚱이에 비해서 머리가 큰데 바로 이 참새의 머리가 강정의 핵심이다.

요리법은 매우 정성이 드는데, 먼저 부리를 자르고 털과 더러운 것을 깨끗이 제거한 다음 대충 씻어 물기를 뺀다. 그것을 마늘즙을 조금 넣은 청주 속에 담가 냄새를 제거한 후 쌀을 넣고 강한 불로 끓인 다음, 중간 온도로 죽이 되게 만들고 간장과 후추와 소금으로 간을 한 뒤 다시 한 번 낮은 온도로 천천히 끓이면 엷은 갈색이 된다. 건더기는 갖은 양념에 찍어서 통째로 씹어 먹는다.

그러면 아마도 효과는 상상 이상일 것이다. 효과를 본 사람들이 늘어갈수록 가을 들판엔 참새떼를 찾아볼 수가 없으리라. 그러니까 허수아비가 필요 없어진다는 이야기다.

다시 한 번 귀띔해 드리자면 참새 세 마리 죽에서 보다 센 강정효과를 바라거든 브랜디를 한 잔 곁들여 보시라. 게다가 수박씨나 호박씨를 곁들이면 정력이 넘쳐서 오히려 걱정하게 될 것이다.

의자왕의 참새 이야기가 믿기지 않는다면 중국의 화화작(禾花雀)이야기를 증거로 제시한다. 화화작이란 것은 중국의 쌀 산지인 광동지방에서 벼를 베는 추수시기에 떼를 지어 날아오는 참새를 말하는데, 한껏 벼이삭을 쪼아 먹는 그 화화작이란 참새를 한 번 친 그물로 1천 마리쯤 잡을 수가 있다고 하니 얼마나 많은 숫자인지 알만하다. 바로 이 중국 참새는 살이 많아 맛도 좋고 뼈도 단단하지가 않은데다 엄청난 강정식품이라서 일주일만 계속해서 먹는다면 임포텐스로 고민하는 남성들도 활짝 웃음을 터뜨릴 것이며 아무도 없는 곳에서는 소리 질러 말하기를,

"오늘밤은 나도 백제 의자왕이다!"

10 중국 하나라 걸왕의 망국요리 '곰발바닥'

나라를 망하게 만들었던 요리

"죽기 전에 마지막으로 곰 오른쪽 앞발바닥 요리를 다오."

얼마 전 태국에서 일부 몰지각한 우리나라 사람들이 곰 사냥을 하여 세계적인 뉴스거리로 망신을 당했던 일이나, 멸종 직전의 지리산 반달곰의 불법사냥을 보고 느낀 바가 있어 이번엔 곰발바닥 요리에 얽힌 망국요리(亡國料理) 이야기를 해본다.

뭐니뭐니해도 곰발바닥 요리라면 단연코 중국 하나라의 걸왕을 빼놓을 수 없다. 3천여 년 전 하나라 폭군 걸왕은 옥으로 만든 잔에다 술을 따라 마시면서 상아 젓가락으로 곰발바닥 요리를 안주 삼아 먹었다는 기록이 있는데, 그것도 꼭 곰발바닥 중 오른쪽 앞발바닥 요리였다고 한다. 곰은 중국에서도 진귀한 야생동물로서 그 중에서도 만주지방의 동북곰은 주로 소흥 안령산맥과 백두산 깊은 곳에서 산다. 겨울철 큰 눈이 내려 산을 뒤덮으면 곰은 동굴 속에서 겨울을 나려고 준비하면서 혀로 앞발바닥을 핥으며 동면에 들어간다. ≪본초강목≫에는 이런 문구가 있다.

"겨울철이 되면 곰은 굴속에서 칩거하는데 아무것도 먹지 않으며 배가 고플 때는 발바닥을 핥는다. 그래서 곰 발바닥 중에서도 앞발바닥이어야 한다."

더욱 재미난 사실은 곰 앞발바닥 중에서도 꼭 오른쪽 앞발바닥을 최고로 친다는 것이다. 왜냐하면 곰이 제일 즐겨서 먹는 것은 로열젤리가 든 벌집이기 때문이다. 잡식성인 곰은 유난히 벌집을 좋아한다. 벌집을 발견하면 곰은 그 벌집이 나무에 달렸거나 바위틈에 달렸거나 일단 두 발을 들고 일어서서 사정없이 벌집을 덮친다. 뒷발로는 땅에 단단히 버티어 서고 왼쪽 앞발로는 나무든 바위든 꽉 잡고 오른쪽 앞발로 벌집을 툭툭 건드린다. 그러니 그때 꿀벌들이 가만히 있겠는가? 공격하는 곰을 무차별로 쏘아대는 꿀벌들의 뾰족한 침 끝에 묻은 작은 양의 꿀 성분이 오른쪽 앞발바닥 두꺼운 피부 속에 무수히 박혀서 더욱 곰 오른쪽 발바닥 육질을 영양가 높게 한다는 것이다.

중국인들이 곰발바닥 요리를 최고의 진귀한 요리로 치는 이유는 그

것이 진하면서도 신선하고, 연하면서도 감칠맛이 난다는 것과 특히 남녀의 몸을 보양하고 보정하는 탁월한 정력효과가 있다고 알려졌기 때문이다. 재미있는 사실은 곰발바닥 요리가 전부 완성되는 기간은 짧아야 사흘이라고 한다.

그래서 옛날 반란군에 패하여 사형을 당하게 된 하나라 걸왕은 죽기 전에 곰발바닥 요리가 먹고 싶다고 애원하였다. 대개 이런 경우 패장의 마지막 소원은 들어 주는 게 관례다. 하지만 정말로 먹고 싶었다기보다는 최소한 사흘이라는 시간을 벌어서 지금 처해 있는 최대 위기상황을 반전의 기회로 삼겠다는 계산으로 봐야 할 것이다. 이런 걸왕의 저의를 알아차린 은나라 장수들은 걸왕의 소원을 들어주지 않고 가차없이 처벌하였다.

사실 하나라 17대 임금이었던 걸왕은 본래 똑똑하고 훌륭한 임금이었으나 이웃나라를 정벌하고 조공으로 매희(妹喜)라는 미녀를 알게 되면서부터 현명함은 눈이 멀고 오직 곰 오른쪽 앞발바닥 요리만을 먹어가며 극을 치닫는 사치와 도를 넘는 음란을 일삼다가 마침내 은나라 탕왕(湯王)에게 4백년 역사의 하나라를 송두리째 바치게 된다.

요즘 우리 일각에서도 월남 등 동남아 일대를 여행하며 곰의 웅담과 목피와 곰발바닥 요리를 즐기려는 사람들이 늘어나고 있다. 우연한 기회에 동남아 일대의 곰 사냥에 참가했던 사람들의 이야기를 들어봤는데 곰을 도살할 때 상황이었다. 특이한 것은 곰을 죽일 때 수장(水葬)을 시켜 죽이는데 곰은 사람이 물에 빠졌을 때와는 달리 물 한 방울도 마시지 않고 그대로 물속에서 죽는다는 게 특징이란다. 그러니까 곰은 물먹고 죽는 일이 없는 것이다. 워낙 뛰어난 성분의 각종 영양가를 가지고 있는지라 그 누구도 곰을 평가 절하할 수는 없는 것 같다. 오죽하면 옛 성현이었던 맹자께서도 이런 말씀을 하셨다.

"물고기는 내가 먹고 싶은 것인데 곰발바닥 요리는 내가 더욱 먹고 싶은 요리구나!"

그 바람에 우리나라 사람들의 곰에 대한 극성이 난리를 피우고 세계적인 망신까지 당하고 만다. 자! 꼭 명심해야겠다. 하나라 걸왕 때부터 지금에 이르기까지 곰발바닥을 선호한 사람들은 거의가 나라를 망치거나 가정을 망치는 파멸의 길을 걸었으니, 이제 곰발바닥 요리는 옛 이야기로 남기고 지금부터 우리는 멸종 위기에 처한 곰을 사랑하고 보호하는 데 전념하는 것이 옳을 것이다.

지리산의 반달곰이 안심하고 살 수 있도록 우리가 지켜주고 보호하는 것이 그 첫 번째 의식전환이 아닐까?

11 인간 사냥꾼 히틀러는 뜻밖에도 '채식주의자'

적국 총사령관과 다른 음식

"하이, 히틀러!"

발을 힘차게 구르고 손을 높이 쳐들면서 외치는 병사들의 외침을 우리는 영화에서 많이 보아왔다. 같은 시대의 정적이었던 처칠이나 스탈린이 철저한 육식주의자인데 비해 히틀러는 그야말로 완벽한 채식주의자였다. 히틀러는 공식행사에서 늘 한손을 높이 쳐들고 광신적으로 날뛰는 모습이 절정에 달하고 있을 때, 다른 한손은 자신의 생식기 앞에 꽉 쥐고 있기 일쑤였다.

이것은 히틀러가 광신적으로 날뛰는 진짜 이유는 그가 임포텐스였기 때문이라는 것을 증명해 주는 증거로, 1932년경부터 20살 가량 어린 에바 브라운과 동거해 왔다는 것도 더욱 이를 뒷받침해 주고 있다.

어쨌든 히틀러처럼 역사상 악명을 떨친 독재자도 찾아보기 힘들 것이다. 13년 동안 권력을 누리면서 3천 5백만 명 이상을 죽음으로 몰아넣은 장본인이요, 철저한 인종 차별주의자가 아니었던가? 독재자 히틀러를 연구해 온 학자들은 그의 정신적·성적인 타락이 모친의 근친상간에 의한 출생 때문이라고 분석하고 있다.

그래서 히틀러는 일생을 결혼식 같은 것은 올리지 않고 살았으며, 자신의 고환이 하나밖에 없다는 선천적 불구로서 확실하지는 않지만 임포텐스라는 성기능 장애를 극복하기 위해 러시아를 정복하고 유럽을 지배한 다음 미국을 타도하여 세계를 손아귀에 넣으려던 악마적 정복욕으로 대리만족을 받으려 했던 것이니, 이것은 불확실한 남성의 보상심리가 아닌가 싶다.

히틀러의 풍채는 앞이마에 늘어뜨린 머리카락과 콧수염을 제외한다면 지극히 평범했다. 다만 그의 눈은 묘한 광채를 띠고 있었다. 미소 짓고 있다가도 다음 순간에 냉랭하고 오만한 표정으로 바뀌고 비웃는 듯하다가도 언제 분노로 얼굴이 일그러지는지 알다가도 모를 일이었다. 히틀러는 복장에 대해서 무관심했으며, 먹는 것에 미식가는 아니었고 소식가였으며, 고기를 전혀 먹지 않는 채식주의(菜食主義)였다. 그는 특별히 야채전문 요리사를 두고 있었으며, 다른 사람에게도 적극적으

로 채식을 권했다. 그의 전쟁 상대자인 처어칠의 어록에도 이런 말을 남기게 할 정도였으니, "전쟁에서는 채식주의가 육식주의를 이길 수 없다."는 말을 남기게 할 정도로 철저한 채식주의자였다.

전쟁 놀음광인 그는 자신을 위한 운동은 거의 하지 않아서 늘 위장장애와 불면증에 시달려야만 했다. 그는 또 감기나 전염병에 걸릴까 몹시 두려워하고 있었으며 식사에 세심한 주의를 하여 술과 담배와 커피나 차까지 삼갔다. 그는 성능이 뛰어난 자동차로 과속질주를 즐겼으며, 특히 좋아하는 음식으로는 '크림 케이크'와 '단것'들을 좋아했다. 이상하게도 '단것'을 좋아한 것은 당시의 일본 히로히토 천황도 마찬가지였다는데 그들의 동맹관계와도 밀접한 연관성이 있어 보인다.

아울러 히틀러는 개와 꽃을 좋아하고 미녀들과 어울리는 것을 즐겼다. 히틀러는 사무적이고 판에 박은 일을 가장 따분해 했지만 남에게는 이것을 엄격히 지키도록 강요했다. 그는 호사스럽게 살았지만 사치를 즐기지는 않았는데, 다만 특이한 점이 있었으니 히틀러는 밤에 더욱 정신이 멀쩡해지는 타입이었기에 저녁식사가 끝난 다음 손님들을 앉혀두고 밤 두세 시가 지나도록 자기 머리에 떠오르는 갖가지 이야기들을 혼자 떠들어 대기를 좋아했다.

그러는 동안 다른 사람들이 딴청을 부리거나 하품을 하거나 옆 사람과 속삭여서는 안 된다는 것을 주지시키면서 이렇게 늦게까지 담소를 즐긴 다음날에는 아침 11시가 지나도록 일어나지 않았다. 히틀러는 여자와의 잠자리를 할 때에 묘한 버릇이 있었는데 어느 곳에서도 장화를 벗지 않는다는 것이다. 에바 브라운도 그런 말을 한 적이 있었다.

"그는 장화를 벗지 않아요. 어떤 때는 침대에 오르지도 않고 덤비곤

하죠. 마루바닥에 그대로 누워서 말이에요. 그럴 때는 얼마나 에로틱한지 몰라요."

히틀러는 몇 명의 여인과 관계를 맺은 일이 있지만 한결같이 그녀들은 자살하거나 아니면 의문사(疑問死)했다. 그리고 마지막 연인 에바 브라운과는 1945년 4월 29일 베를린의 총통관저 지하 방공호에서 결혼식을 올리고 다음날 에바 브라운은 청산가리로, 히틀러는 권총자살로 생을 마감했다. 광신적인 권력자가 최후를 섹스로 위장하면서 죽었지만 알고 보면 가장 콤플렉스를 느꼈던 것 같다. 왜냐하면 진짜 바람둥이들은 대중 앞에서는 절대로 요란법석을 떠는 일이 없기 때문인데, 이렇게 요란법석을 떨었던 히틀러 때문에 같은 시대에 살던 인접한 국가의 수많은 나라가 전쟁놀음에 빠져들 수밖에 없었다.

히틀러가 즐긴 채식주의를 사양하자. 힘과 넘치는 정력은 역시 육식(肉食)에 있기 때문이다.

12 스탈린의 '사슴불고기'와 '구운 달걀'

적국 총사령관과 다른 음식

역사상 스탈린 만큼 양극단의 평가를 받은 사람도 드물다고 본다. 스탈린은 짧은 기간 내에 사회주의적 공업화를 완수하여 소련을 선진국(그 당시) 대열에 끌어올린 위대한 건설자인 동시에 모든 경쟁자들을 냉혹하게 제거하고 권력을 한 손에 움켜잡은 독재자였다고 역사가들은 입을 모은다.

역시 그의 장·단점을 합하여 본다면 그 모든 게 추진력 있는 힘이었는데, 대체 스탈린은 무슨 음식을 좋아했기에 그 작은 체구에서 그런 힘이 용솟음쳤단 말인가? 한마디로 대답하자면 스탈린이야말로 어릴 적부터 철저한 육식주의자였다는 점이다.

먼저 스탈린에 대해 잠깐 알아보자.

레닌의 후계자로서 소련 공산당 서기장과 수상 및 대원수를 지냈던 소련의 정치가인 스탈린은 일찍이 비밀결사 '사메 다시'에 가담하여 티프리스 신학교에서 추방당하고, 1901년 직업적 혁명가가 되어 카프카즈에서 지하활동을 하였다. 그 후 십년 동안에 체포당하기만 일곱 번이었고, 유형만도 여섯 번씩이나 가게 되지만 도망도 잘하여 다섯 번을 탈출에 성공하는 열렬한 혁명가로서 이름을 떨치게 된다.

내전(內戰) 때는 혁명군사위원으로 각 전선을 돌며 군사전략가로서 명성을 떨쳤고, 국가통제위원을 거쳐 초대 당서기장이 되어 이윽고 히틀러와 제2차 세계대전에서 마주치게 된다. 그렇게 마주친 히틀러와의 전쟁을 승리로 이끄는 데 공헌하다가 1953년 뇌일혈로 죽을 때까지 소련에서는 막강한 권력을 휘두른 절대 권력자다. 어찌 보면 히틀러가 있었으므로 인해 스탈린은 전쟁에 반드시 필요한 수호신이라는 인식을 소련사람들에게 심어주게 되어 1945년 그의 명성은 최고조에 달했다.

그러는 동안 스탈린은 철저하게 크렘린의 높다란 붉은 담장 속에 자신의 모든 것을 꼭꼭 숨겨 놓았지만 흐루시초프에 의해 스탈린의 많은 범죄가 공개되기 시작했다. 그래서 스탈린이 마구 처형을 일삼고 공포와 광신적인 집단학살로 초강국 소련을 유지시켜온 것이 백일하에 드러나고 훗날엔 스탈린의 딸이 소련을 탈출하는 아이러니컬한 사건마저 생긴다. 이것이 세기적인 망명 사건으로 한때 전 세계의 화제가 되었던 스탈린의 딸 스베틀라나의 망명을 지칭하는 것이다. 바로 이 망명 덕분에 스탈린이 즐겨먹은 요리도 알려지게 된다.

스탈린의 딸이 망명하여 저술한 자서전 ≪나의 아버지 스탈린≫을 읽어보면 스탈린이 좋아했던 요리가 나오는 대목이 있는데 그대로 인용해 본다.

「....인적이 끊어지고 모습도 완전히 달라지고만 아버지(스탈린)의 전용 사냥터는 역시 우리에게는 다시없는 정다운 장소였다. 우리의 친인척이 모두 함께 숲으로 온 날이면 외조부와 외조모도 자기네 방에서 어슬렁어슬렁 나온다. 이때는 외부에다 전화를 거는 일도 없고 숲에는 활활 모닥불이 피워진다. 낮에 잡은 사슴고기로 불고기를 굽고 그 자리에 식탁을 마련하여 모두에게 질좋은 그루지아 포도주를 대접하는 것이다. 그러다가 모닥불이 사그라져 뜨거운 재로 변할 즈음이면 아버지(스탈린)는 나에게 양금장(養禽場)으로 달려가서 꿩의 알이나 색시닭의 알을 가져오라고 했다. 꿩의 알과 색시닭의 알은 관목 덤불 속의 구멍에서 쉽게 찾아낼 수가 있었다. 그것을 삭아든 뜨거운 모닥불의 재에 구워서 먹는데 그렇게도 맛이 있을 수가 없었다 …….」

바로 그것이었다. 오늘날 목욕탕에서 파는 '맥반석'이란 구운 달걀이 바로 스탈린이 좋아했던 것이니 이 달걀요리의 원조격이 아닌가? 꼭꼭 숨겼던 스탈린의 요리를 지금 우리는 목욕탕에서 발가벗고 즐겨먹는 셈이니 한편으로 웃음이 터진다. 스탈린은 철의 장막을 치고 꼭꼭 숨겨 놓고 먹었었는데 말이다.

어린 날 스탈린은 그루지아 구두 수선공의 아들로 태어나서 아버지의 술주정 속에 숱한 구타를 당하며 자라났다. 하지만 세탁부인 어머니는 아들이 사제가 되기를 바라면서 아들에게 영웅심리를 불어 넣었고 그때의 가난은 계급의식을 불러 일으켰다. 그리고 그루지아의 험준한 산맥은 그를 거칠게 키웠으며, 환경에 적응하여 사슴사냥을 할 수밖에 없었기에 사슴불고기와 꿩과 색시 닭의 알을 구워먹는 요리를 자연스럽게 대할 수밖에 없어서 훗날도 이때의 음식을 찾는 철저한 육식(肉食)주의자가 되었던 것이다. 결국 채식주의자였던 히틀러와의 전쟁에서 스탈린은 영국의 처칠과 마찬가지로 육식주의로 맞섰던 셈이며, 승패의 끝은 스탈린의 압승이었다.

나는 오늘 목욕탕에 들어가면 스탈린을 생각하며 구운 달걀을 딱 두 개만 먹으리라.

13 이성계의 종합용광로 요리인 '난로회'

이반된 인심을 모으는 통치음식

'정월동이'라는 말은 '새해 아침에 부부사랑을 해서 낳은 아이다'라고 하면 웃음이 절로 나올 것이다. 누가 새해 아침에 섹스를 하는가? 그런데 한 개의 도시가 몽땅 그룹섹스를 한곳이 있었다면 새해의 화제가 아니겠는가?

새해가 되면 필자는 문득 그 유명한 개성상인들의 아들과 딸의 생일이 모두 똑같은 10월 달과 6월 달이라는 묘한 일치감에 웃음을 터뜨리게 한다. 그렇다면 왜 유독 개성상인들의 자녀들 생일이 이렇게 되었을까? 역시 그 유래는 이성계의 조선왕조 건국에 그 원인이 제공된다.

대세를 휘어잡은 이성계는 종종 '난로회(열구자탕)' 요리를 즐기고 있었다. 이성계는 정성껏 마련된 술상을 앞에 두고 곧 눈앞에 펼쳐질 창대한 조선왕조의 기틀을 준비하며 대청에 앉아 술잔을 기울이곤 했는데, 그때마다 측근인 퉁두란 장군이 끼었고, 개국 후에 현비(顯妃)가 될

두 번째 부인인 강씨가 연실 '난로회'에서 안주를 집어 입에 넣어 주었다. 이성계가 즐겨 먹고 힘을 쓴 이 '난로회'는 원래 중국에서 유래되었는데 '열구자탕'이라고도 하다가 연산군 때에 이르러서는 '신선로'라는 우리 명칭이 붙었다.

연산군 때에 한 선비가 세속을 떠나 산중으로 은둔하여 살았는데 한 그릇에 여러 가지를 요리재료를 넣어 만든 것이 난로회와 같았으며, 그 선비의 생활이 마치 신선과 같아 '신선로'라 이름 지어 불렀다고 한다.

'난로회'에 이용되는 재료는 동물성 식품으로는 쇠고기, 간, 천엽, 흰살생선, 해삼, 전복, 달걀 등이고, 식물성 식품으로는 표고버섯, 석이버섯, 느타리버섯, 미나리, 당근, 무, 은행, 호두, 잣 등이 들어가는데 한 가지 음식에 이렇게 다양한 재료가 이용되는 음식은 타의 추종을 불허한다. 달리 표현하자면 모든 것을 녹인 용광로 속의 쇳물이 단단하듯이 난로회 속의 결합된 음식은 이성계로 하여금 건국을 이루는 정력을 줬고, 건국의 상징으로 한양천도를 발상하게 된다. 결국 이성계가 한양천도를 단행하는 바람에 고려의 도읍지였던 송도(개성)는 썰렁해져 버렸고, 변절하지 못해서 이성계 쪽에 줄을 서지 않은 많은 고려유신과 귀족들은 차라리 절개를 지키느라 상당수가 장사꾼의 길을 택한다.

이런 귀족들이 장사를 시작했으니 영리하여 속셈이 빠르고 귀족신분이라서 경우가 밝을 수밖에 없어 지금까지도 신용하면 개성상인을 알아주지 않는가? 이들이 장사꾼이 되어 고려 망국의 한을 씹으면서 악착같이 장사에만 전념하였는데 얼마나 지독했는가 하면 한 번 장사길(행상)에 나서면 전국 각지를 떠돌아다니느라 개성에 있는 집에 돌아오는 날은 1년에 딱 두 번 추석날과 설날뿐이었다고 한다. 물론 다른 고장의 장사꾼들과는 달리 많은 돈을 벌어 와서 이성계가 즐기는 '난로회'를 끓여서 아내와 함께 배불리 먹는 호강을 누렸다.

그렇지만 그보다 더 행복한 현상은 그날 밤 아내와 잠자리를 같이할 수 있다는 뜨거운 기대였다. 정말 기대가 되는 것은 아내와 잠자리를 같이 할 수 있는 날이 추석날과 설날뿐이라서 그들이 정사를 펼치는 설날 밤이 어땠겠는가?

"여봉~~"

"아이고 못 참겠다!..."

코맹맹이 소리로 비명을 질러대며 온통 개성의 밤은 일찍암치 초저녁부터 불이 꺼지고 이집 저집에서 열기만 확확 오른다. 그리고 10달 후, 개성사람들의 아들딸이 탄생하는데 너나 할 것 없이 생일은 6월 달이거나 10월 달 뿐이다. 다시 말하자면 추석날 관계해서 낳은 아이는 6월이 생일이 되고, 설날에 부인을 잉태시킨 집에서 태어난 아이 생일은 10월이 된다.

조선조 때는 개성 아이들 생일이 모두 이렇게 두 가지 달만 있었다고 하는데 이를 부를 때 '추석동이(秋夕童이)'와 '설날동이(正月童이)'라고 별명지어 개성인임을 은근히 자랑했단다. 따지고 보자면 이 모두 이성계가 '난로회'를 즐겨 먹고 얻은 정력 때문에 개성에 남긴 건국의 후유증이 아니겠는가?

그래서 정월에 만나는 사람들에게 필자는, 나이깨나 든 어른들의 고향이 개성이라면 농담조로 그분들의 생일을 알아맞혀 버린다.

"저어! 생일이 6월 달 아니면 10월 달이시죠?"라고 물으면,

"어허! 자네 귀신같이 내 생일 달을 알아맞히는구먼."

14 중국의 모듬요리 건륭황제의 '만한전석(滿漢全席)'

다민족을 어울리게 만든 요리

중국요리를 떠나 세계요리의 정수라고 일컬어지는 것이 바로 '만한전석(滿漢全席)' 요리다. 그 '만한전석' 요리의 유래를 보자면 다음과 같다. 청나라는 북방의 만주족이 북경에 들어와서 세운 왕조였는데 시대가 지남에 따라 만주족의 독자적인 문화는 희박해지고 한족(漢族)의 문화에 동화되어 갔다.

음식문화라고 예외일 수 없었다. 특히 미식가였던 청나라 제6대 건륭황제는 중국의 각지를 순회할 때 그 지방의 요리를 음미했을 뿐만 아니라 그 지방의 요리사를 반드시 북경으로 데리고 오는 버릇이 있었다. 그 요리사 중에 양주 사람인 한 요리사가 만주족이 좋아하는 사슴과 곰 등 야생짐승의 고기와 양주사람들이 좋아하는 어패류와 야채 등 산해진미를 함께 배합하여 만든 것이 바로 '만한전석'이다. 그러니까 만주와 한나라의 모든 음식이 총망라됐다는 이야기다.

최고의 조리기술로 맛과 영양의 극치를 추구한 '만한전석'은 재료만 예를 들어도 그 규모가 방대하다. 상어지느러미, 제비집, 곰 오른쪽 앞 발바닥, 낙타의 혹, 원숭이 골과 입술, 코끼리 코, 표범의 태아, 백조, 공작, 거북, 대나무 벌레, 해삼 등 중국 전역에서 나는 것을 모아 진귀한 재료로 만든 324종이나 되는 메뉴를 사흘 동안 먹어야 한다.

청나라 제6대 건륭황제는 재위기간 동안 먹는 것이 일이었다고 할 만큼 미식가였으니 아마도 세계역사를 통틀어 그만큼 잘 먹다가 세상을 떠난 황제도 없었으리라.

요리를 먹는 사이사이에 탕과 면이 때를 맞추어 나오고 간식과 요리의 배열이 알맞게 짜여 있어 충분히 맛을 음미하면서 자연스럽게 배를 불릴 수 있다. 술과 차도 최고급 명품으로써 구미를 돋우고 소화를 촉진하여 식후에도 속이 편안하다고 한다. 이런 음식을 먹은 후에 아름다운 미녀와의 잠자리가 뜨거워지는 것은 굳이 필설로 말해 뭣하겠는가?

지금도 북경에는 청나라가 몰락한 후, 1925년 궁중요리를 재현하는 고급 음식점 '방선(房膳)'이 문을 열고 영업을 계속하면서 '만한전석'의 전통을 이어오고 있다. 이런 음식점이 새롭게 문을 열면서 324종류의 메뉴였던 것을 108종류로 간소화했고, 식사 시간도 사흘에서 이틀로 단축했다.

어쨌거나 청나라 건륭황제의 미각과 식용추구에 대한 정열과 세계 최대의 음식에 실로 감탄하지 않을 수 없다. 나로서는 이 '만한전석'을 먹어본다는 것은 꿈만 같은 일이고 단지 이야기로만 즐길 수밖에 없었는데, 신라호텔의 조리이사인 후덕죽 씨의 이야기가 실감난다. 후덕죽 씨는 중국요리사로서 성공을 하여 신라호텔의 상무이사까지 승진을 한 요리계의 베테랑인데, 최근에 '만한전석'을 먹어 본 이야기를 여기에 옮겨 본다.

"한 마디로 이 '만한전석' 요리를 예약하는 순간부터 건륭황제가 되는 겁니다. 우리 일행(신라호텔 요리사 연수팀)이 홍콩 공항에 도착하니 미리 대기하고 있던 롤스로이스에 타라고 하더군요. 카폰은 달리는 차의 위치를 계속 호텔로 알리고 있었죠. 이윽고 최고급 페닌슐라 호텔에 롤스로이스가 멎자 호텔정문에 일렬로 서 있던 지배인과 종업원들이 일제히 머리를 조아렸습니다. 국빈 대접 같았어요. 곧 스위트룸에서 따뜻한 중국차 한잔으로 여행의 피곤함을 녹였는데 그것도 잠시 뿐이었죠. 음식 먹기와의 전쟁이 시작된 것입니다. 저녁식사는 이미 한 달 전 예약을 해둔 '복임문'이란 인근 최고급 식당의 궁중요리(건륭황제) 풀코스였으니까요."

"1인분에 얼마죠?"

"5백만 원짜리죠."

"몇 명이 갔습니까?"

"그때 3명이 연수팀이었죠."

"어휴! 웬만한 차 한 대 값이군요!"

참 복도 많은 사람이다. 후덕죽 씨는 1994년 국내 중국식당 조리사

출신으론 처음으로 이사라는 자리에 오르는데 최고급의 요리와 서비스를 직접 보고 배우기 위해 1년에 두세 번은 외국 유명 호텔에 벤치마킹을 다녀온다. 수석 주방장이나 지배인 등 2~3명을 대동하고 세계 최고의 호텔을 순방하고 오는 것이다. 후덕죽 씨의 이야기는 계속된다.

"한 접시에 2백만 원짜리 곰발바닥 요리와 한 개 60만 원짜리 마른 전복, 45만 원짜리 제비집 요리와 사막을 걸어 영양가가 높다는 낙타 발바닥 등 2백만 원을 호가하는 건륭황제의 요리를 풀코스로 먹자면 음식이 입에 들어가는 게 아니라 돈이 입에 들어가는 기분이었죠."

나는 부러운 마음으로 웃으며 물었다.

"한 입에 몇 십만 원이라 생각하면 맛을 제대로 느낄 수 없었겠습니다."

"그랬어요. 하지만 요리는 값보다 얼마나 진귀하고 얼마나 정성이 담겼느냐가 더 관건이거든요?"

후덕죽 씨는 어깨를 으쓱하면서 먹고 나면 기분 때문인지 집에 두고 온 마누라 생각이 간절히 나기도 했고 요리사로서의 자부심도 새삼 느꼈다고 한다. 그렇지만 나는 후덕죽 씨의 이야기를 들으면서 정말 건륭황제의 대단함을 인정할 수밖에 없었다.

사실 이틀 동안을 계속 먹기만 한다는 것처럼 곤욕이 없었다고 실토한다. 비싼 방에 묵으면서 진귀한 음식만 먹는다고 마냥 행복한 것만은 아니라는 얘기다. 소화가 문제인 것이다. 그래서 호텔 계단을 일부러 뛰어서 오르락내리락 거리다가 들어와 보면 또 다음 요리가 차려져 있다는 것이다. 우스갯소리지만 청나라 건륭황제가 세상을 하직한 것은 음식을 먹다가 지쳤기 때문이 아닌가 싶다.

15 '북어국'과 '산삼녹용'

이승만 편

우리나라 역대 대통령들의 기호식품으로 정치풍자의 그림을 그려봅니다. 어느 음식을 선호하느냐에 따라서 대통령의 정치성향도 달랐다면 재미있지 않습니까?

한번 보실까요?

나! 이승만입네다.
건국의 아침은 나라가 시끄러워 속풀이 해장국으론 북어국이 최고입네다.
미국생활을 많이 해서 고춧가루는 사양! 공산주의가 붉은 색이라 고춧가루 정말 질색이었습네다.
한번은 말입네다. 강원도지사가 산삼을 진상해서 먹었더니 힘이 막 솟더구먼! 프란체스카 여사가 그날 밤 다 늙은 내가 글쎄 '싸나이'로 보이더랍니다. 허허허…
그 다음날, 강원도지사를 농림부장관 시켰는데 내가 생각해두 잘 했습네다.

약을 싫어하여 감기가 들어도 북어국으로 꼽뿔을 풀었던 자연체질의 이승만 대통령의 정력요리에 대해서 오스트리아 출신의 아내인 평생의 반려자 프란체스카 여사는 이렇게 적고 있다.

“팔순 고령에 대통령직을 맡았던 남편이지만 주치의는 따로 없었어요. 대통령은 여든 두 살 때도 그 높은 북한산 꼭대기까지 걸어 올라가서 문수사를 찾아가 ‘문수사’라는 휘호를 쓸 만큼 건강했기 때문에 남편이 병원과 의사 신세를 졌던 일은 별로 기억이 안 납니다.”

프란체스카 여사는 이승만 대통령의 건강에 대해 계속 말을 한다.

“결혼하기 전에 대통령은 병환이 나도 약을 사먹지 않고 견디며 자연치유될 때까지 혼자 앓으시다가 일어나셨다고 들었어요. 하긴 그때는 해외 망명중이라서 수중에 약살 돈이 없었던 까닭도 있었겠지만 대통령 스스로도 약을 별로 좋아하지 않았어요.”

그러면서 대통령의 건강비결로 감기에 걸렸을 때 맹물만 끓인 백미탕이나 북어국을 즐겨 들었던 요리를 소개하면서 의사의 지시나 약보다 재래식 요법으로 병을 이겨낸 것이라고 강조하였다. 사실 북어국이

란 술을 좋아하는 사람들이 그 이튿날 해장으로 먹던 음식이다. 하지만 이승만 대통령은 당시의 대통령 관저인 경무대에서 파티를 열 때에도 술 없은 미팅을 하기로 유명했다. 하긴 그래서 술 없는 경무대 파티에 익숙한 외국인들은 초대를 받으면 미리 한 잔씩 걸치고 오는 이들도 있었다는 에피소드가 있는데....

"대통령은 젊어서 한때 친구들과 어울리며 시도 짓고 술도 즐겨 마셨다고 합니다. 하지만 구국운동을 하면서부터는 나라를 위해 중요한 일을 하다가 실수해서는 안 된다고 술을 끊었다고 해요."

이승만 대통령이 담배를 피운 것은 철없는 개구쟁이 시절이었다. 어린시절 이웃 친구들과 함께 어른의 담배쌈지에서 담배를 몰래 집어내고 골통대를 만들어 한참을 빨았다. 그러다가 저녁에 집에 돌아와 아버지와 함께 저녁상을 받는 자리에서 구토가 시작되어 사정을 알게 된 어른들로부터 호되게 맞았다고 한다. 그 후 이승만 대통령은 평생 담배를 피우지 않았다.

"대통령은 보약으로 알려져 있는 산삼도 들지 않았습니다. 언젠가 강원도의 어느 노인이 대통령께 산삼을 선사했습니다. 그래서 요리사와 상의해서 우선 산삼의 한쪽을 떼어내어 대추와 생강을 넣고 함께 달였습니다. 산삼은 좋은 약이지만 체질에 맞지 않으면 오히려 해롭다는 말을 들은 적이 있어서 내가 먼저 그것을 대통령이 드시기 전에 마셔 보았어요. 그랬더니 눈이 곧 충혈 되면서 심한 두통이 났습니다. 그래서 나는 이것을 대통령에게 권하지 않기로 했습니다. 나중에 한약을 짓는 전문의에게 물어 보았더니 대통령은 태음인이고 나는 소양인이어서 둘 다 산삼이 맞지 않는 체질이라더군요. 이런 일이 있고 난 후부터 나는 대통령에게 보약을 권한 일이 없습니다."

이승만 대통령과 프란체스카 여사에게 권하는 건강요법은 무엇보다도 규칙적인 생활이다. 여든이 넘은 나이에는 수면이 중요하기 때문에 하루에 8~9시간 정도 잠을 자도록 했다. 그리고 일상음식은 가능하면 단순하고 정결한 반찬으로 한다. 닭고기를 좋아하는 편이기 때문에 주로 흰살부분을 요리해서 적게 들도록 권한다. 그리고 중요한 것은 자극성을 피하기 위해 양념을 하지 않는 것이 중요하다. 그리고 적당한 운동으로 오전에 한 시간, 오후에 두 시간 정도 정원을 산책하기도 하고 통나무를 쪼개기도 한다. 더욱 빼놓을 수 없는 것은 늘 보온을 해야 한다는 점이다.

하지만 지금까지의 이승만 대통령에 대해 전술한 것은 정석의 이야기고 다른 책자에서는 전연 다른 내용의 에피소드가 나오는데, 실제로는 이 에피소드가 이승만 대통령의 정력요리였다고 본다. 90세까지 장수한 이승만 대통령이 하와이로 망명한 후, 3년간의 혼수상태를 계속하고 있을 때 사람들은 그가 산삼과 녹용을 너무 많이 복용했기 때문에 심장이 강해져 마지막 고생이 길다고들 수군거렸다.

이승만 대통령은 실상 무던히도 많은 산삼과 녹용을 복용했다는 소문이 있다. 수백 년 묵었다는 산삼과 시베리아에서 특별히 산출했다는 최고급품 녹용까지 홍콩을 통해 입수하여 경무대 생활 12년 동안 지나칠 만큼 섭취했다는 일설이다. 그것도 그럴 것이 외국여행에서 돌아오는 정부 고위관리들은 대부분 홍콩에 들려 제일 좋다는 값진 녹용을 구해 경무대에 선물했다고 한다. 그 녹용은 유명한 한의원에 의해 특별 조제되고 프란체스카 여사의 손에 의해 약탕관으로 달여졌다.

이승만 대통령과 산삼이야기 중에 대표적인 일화가 있다.

하루는 강원도에서 촌부가 현몽을 하고 캐었다는 3백년 묵은 산삼이 경무대로 올라왔다. 그 당시 강원도 지사가 직접 들고 온 산삼을 본 이승만 대통령은 굳이 마다하고 거절했다.

"가난한 촌부가 캐냈으니 살림에 보태도록 해야지. 강원지사, 아니 그런가?"

그렇지만 결국은 이 산삼을 에워싸고 국무회의까지 벌어졌다. 이 국무회의가 그때 세인의 입에 오르내리던 바로 '산삼각의'란 것인데, 이대통령의 건강을 염려하는 각료들이 저마다 산삼 복용하기를 권유하는 발언을 한 끝에 당시 국방부 장관이었던 신00씨가 아들이 네 살 났을 때 너무 허약하여 산삼을 먹였더니 그 후 잔병치레 한번 앓아본 적이 없다고 증언하였다. 이 말을 들은 이승만 대통령은 그제서야 문제의 산삼을 받았다고 한다. 물론 훗날 산삼을 갖다 바쳤던 강원도지사 이00씨는 농림부장관으로 발탁되었다는데 우연보다는 필연이었다고 훗날까지 화제가 되었다.

산삼!

아마도 그 이상의 정력요리는 없을 것이다.

16 당뇨병 치료를 위한 '식이요법'

윤보선 편

저는 식이요법으로 몸 관리를 했어요.
워낙 짧은 대통령 시절을 보낸지라 힘이 솟는 음식을 먹을 겨를이나 있었겠어요?
먹었다고 해도 힘쓸 시간이나 있었겠냐구요. 빼앗기다시피 정권을 내줘야 했잖습니까?
정치도 식이요법이었다고나 할까요?
안국동 99칸 집에서 삼천리 금수강산을 지켜보는 수밖에요!

당뇨병 치료의 목적은 당뇨의 조절로 정상인과 동일한 신진대사 상태를 유지하는 것이다. 그러므로 식이요법의 목적은 체내에서 인슐린 필요량의 절감을 시도하고 인슐린 공급의 불균형을 시정하여 신진대사를 정상화 시키는 것이다. 그러기 위해서는 첫째, 표준 체중을 기준으로 적당한 에너지 공급이 필요하고, 둘째로는 각종 영양소를 균형있게 섭취해야 한다. 세 번째로는 식물성 섬유질을 많이 섭취해야 한다. 왕과 대통령의 정력요리에서 왜 갑자기 식이요법을 들먹이냐구요? 그것은 윤보선 대통령 이야기를 하기 위해서이다.

초대 대통령인 이승만 박사가 4.19학생운동과 함께 하와이로 망명길을 떠나고 민주화가 이루어지면서 다음 대통령으로 당선된 사람은 바로 윤보선 대통령이다. 그리고 곧이어 일어나는 5.16혁명으로 인하여 대통령직을 떠나야 했던 윤대통령에 대해서는 만부득이 당시의 주치의였던 손호영 박사의 글을 인용하지 않을 수 없다.

"제가 윤보선 대통령을 처음 뵌 건 민 박사님(이승만 박사 주치의) 시절부터였지만, 정식으로 진찰한 것은 작년 가을부터입니다. 그것도 윤보선 박사가 아니라 사모님이신 공덕귀 여사가 잠깐 입원하시면서 인사를 드린 겁니다."

이렇게 서두를 꺼내는 손호영 박사는 계속 다음과 같이 이야기를 하였다. 처음에는 공덕귀 여사가 안과에서 치료를 받고 있었단다. 그때 담당의이었던 김재호 박사가 "눈도 눈이지만 두 분 모두 조금씩 당뇨 기운이 있고 하시니 내과의인 손호영 박사가 주치의를 해드리는 게 어떻겠습니까?"라는 권유를 했다는 것이다. 존경하던 스승인 민박사가 주치의였기에 자연스럽게 맺어지게 되었단다. 하지만 그때 당시 손호영 박사는 자신이 나이가 어려서 경험을 쌓아야 할 나이었기 때문에 어색한 점이

많다고 겸손해 했단다.

"윤보선 대통령은 연세에 비하면 건강은 아주 순조로운 편입니다. 연령에 따른 질환으로 당뇨와 노안과 백내장이 조금 있는데 나이를 생각한다면 오히려 당연한 것입니다."

공여사는 일시적으로 치료를 위해 약을 권하기도 했으나 윤보선 박사는 식이요법만으로 치료하고 있었다고 한다. 집에서 직접 윤대통령을 돌보는 사람은 공여사이고 또 두 분이 당뇨를 갖고 있는 까닭에 서로가 건강을 돌보는 데 도움을 주고 있는 것 같았단다.

'늘그막 건강은 부부애가 최고'라는 옛 어른들의 말씀대로 노후 인생을 윤대통령 부부는 누리고 있었다고 말한다. 단지 제2공화국 시대의 대통령과 퍼스트레이디 이야기가 단조로운 것은 그 당시는 내각제였고 또한 한국 정치사의 한 과도기로 끝나 버리는 바람에 어쩔 수 없는 현상이었다. 그렇게도 이승만 대통령 때는 많이 진상되었다는 산삼이 단한 뿌리도 바치는 사람이 없었다는 후문이 들리면서...

어쩔 수 없이 윤대통령은 식이요법에 철저한 신앙인이었다는 것 외에 더 적지를 못하는 아쉬움을 남긴다.

17 '동치미 국수'에 막걸리면 땡치는 새벽종

박정희 편

♬ ♪ 새벽종이 울리네. 새아침이 밝았네.... ♪ ♪
분식장려 정책으로 국수를 즐겨 먹었고, 텁텁한 막걸리를 즐겨 마셨소.
그렇게 국민들도 따라 먹으라고 해 보니까 경제가 부흥이 되더라구요!
그렇지만 혼자 있을 땐 국수하고 막걸리만 먹고 살 수가 없어서 살짝궁
대하새우도 먹고 시바스 리갈 양주도 마셔 정력보강에 힘쓰면서 미인깨나
밝혔는데 훗날 말이 많다면서요?
아! 막말로 영웅호걸은 다 그런 것 아니겠소?

요즈음 정치권에서는 종종 박정희 신드롬이 일고 있고 항간에는 박 대통령 재직 시에 특별요리를 먹었을 것이라는 소문도 돌고 있어서 그 분의 정력요리를 추적해 보니 뜻밖에도 국수의 대가였으며 소문과는 달리 시바스 리갈이란 양주를 좋아하기 보다는 우리의 술 막걸리를 더

욱 좋아했었다는 게 전부였다. 박대통령이 얼마나 국수를 좋아했는가는 국수를 뽑아내는 국수기계가 없던 5. 16 직후에 가는 국수를 뽑기 위해 청와대 주방에서 모터가 달린 국수기계를 만들었던 것만으로도 충분한 설명이 된다.

박대통령은 겨울이면 특히 동치미 국수를 즐겨 찾았다. 잘 익은 동치미 국물에다 동치미 무를 고명으로 얹어 먹는 것인데 그 맛이 새콤하고 시원하다. 더구나 국가 시책 중 하나로 분식을 장려했던 시절이라 점심엔 꼭 국수를 들었다. 장관과 회의나 모임 후 식사시간이면 꼭 국수요리를 내도록 했고, 외국인과 오찬이 있는 경우에도 국수는 늘 빠지지 않는 요리였다. 잔치국수, 동치미국수, 칼국수, 해물삼선국수, 각기우동 등 청와대 국수요리는 그 당시 참으로 다양했다고 한다.

그런데 참으로 묘한 것은 국가 원수들의 정력요리가 국수일 때는 경제부흥을 일으킨다는 일치점이었다. 훗날 이야기 하겠지만 중국을 무서운 속도로 경제 부흥시키는 장쩌민도 알고 보니까 국수의 대가였다는 점이 그 증거다. 내가 이런 비유를 말하자 술좌석의 친구들이 재미있다는 듯 농담조로 물어왔다.

"그럼 칼국수도 국수인데 칼국수가 경제를 못 일으키는 이유가 뭐야?"

"칼국수는 길이가 짧잖아. 그냥 국수는 한없이 길고..."

"하하하. 말 되네."

나 역시 한때의 즐거운 술좌석을 만들려는 농담 섞인 대답이었을 뿐이니 혹여 오해 없기를 바란다고 웃으면서 양해를 구했다. 그러자 내 친구들은 박대통령과 술에 얽힌 이야기로 화제를 돌리자며 잔을 권했다. 술잔을 받아 마시고 안주로 나온 닭을 그냥 손으로 잡고 사정없이 찢어 먹어댔더니, "자넨 언제나 격식을 차리며 술안주를 들참이야?"하고 한 친구가 핀잔을 주었다. 그래서 나는 생글생글 웃으며 "박대통령을 존경하는 뜻에서 고치지 못하는 버릇인 걸" 했더니 모두들 의아하게 쳐다보았다.

사실 그랬다. 박대통령의 식사습관이 어찌나 농민다웠던지 술상에선 예사로 김치를 손으로 집어 먹었고 김을 밥숟가락에 척 붙여서 먹질 않나, 닭고기를 먹을 때는 격식을 차리지 않고 손으로 잡고 먹음직스럽게 뜯어 먹었다고 한다. 나의 이런 이야기가 무르익어 갈수록 어느 샌가 내 친구들도 하나 둘씩 체면을 불사하고 닭고기를 손에 들고 야성적으로 찢어먹고들 있었다. 박정희 대통령은 술을 좋아하여 술과 관련된 일화도 많이 남겼다. 어찌 보면 술이 그 분의 정력요리라고 말할 수 있을 만큼 술에 얽힌 사연들이 많았다. 박대통령은 술자리에 앉으면 먼저 앞에 놓인 젓가락, 술잔, 재떨이 같은 것을 반듯하고 가지런하게 다시 놓았다. 이렇게 주변을 깔끔하게 정리하는 게 그의 몸에 밴 버릇이었다.

그렇지만 술자리에선 참석한 사람들을 아주 편안하게 해 주었다고 한다. 특히 박대통령은 가끔 막걸리에 맥주를 타서 '맥탁'을 만들어 마시기도 했고, 막걸리에 사이다를 타서 '막사이'를 만들어 마시기도 했는데, 애주가였던 박대통령은 육영수 여사가 세상을 떠나자 한층 더 술을 가까이 했다고 한다. 저녁이면 어김없이 술을 마시는 게 낙이었는데 주로 막걸리를 즐겼다고 한다. 항간에는 박대통령이 포천 막걸리를 즐겨 마셨다는 소리가 있지만 실제 박대통령이 마시던 막걸리는 경기도 원당에 있는 한양골프장 근처에서 만든 원당 막걸리였다고 한다. 저녁이면 꼭 세 잔 정도의 막걸리를 마시곤 했는데 한 번은 술을 더 찾길래 과하다싶어 술이 떨어졌다고 했더니, "자네들이 먹으려고 꼬불쳐 놓은 거 있잖아. 그것 좀 줘." 하더라고. 그래서 큰 딸 근혜 양의 눈짓을 받고 내밀었더니, "거 봐. 자네들 먹으려고 따로 놓고선..." 하더란다. 그리고 술에 취하여 기분이 좋으면 흘러간 옛 노래인 '짝사랑'과 '황성옛터'를 즐겨 불렀다.

♬♪황성옛터에 밤이 되니 월색만 고요~해...♪♪

박대통령은 생을 마감하는 자리에서도 술과 함께 있었다. 1979년 10월 26일 박대통령의 마지막 술자리에서 그분이 들었던 마지막 잔은 막걸리와 함께 좋아하던 양주 '시바스 리갈'이었다. 물론 한없이 길게 뽑아져 내리는 국수를 좋아하면 경제부흥이 된다는 말은 터무니없는 말이겠지만, 요새 같이 경제가 어려울 땐 왕과 대통령의 요리 쪽에서 보자면 분명 위안을 주는 향수의 음식이 '국수' 아닌가 싶다.

18 '더덕'과 '두릅'

최규하 편

내가 언제 대통령 대행한다고 했었나?
윤보선 대통령이 생각나는군. 짧은 임기 기간 동안 뭘 하겠소? 난 그보다 더했지요.
좋아하는 더덕과 산나물 먹고 냉수 마실 시간도 없이 꾹꾹 입 다물고 있으래요.
더덕과 산나물이 깊은 산속에 숨어 있듯이 집안에서 입 다물고 꾹꾹~ ~
평생토록~ ~

더위에 약해 300m 산악지대에서 자라는 더덕이 가장 품질이 우수하다고 하는데 그것은 마치 최규하 대통령의 환경처럼 혼탁한 그 당시의 정치판을 벗어나고 싶은 심정과 그 성질이 닮지 않았는가?

5공청산 문제와 관련 최규하 대통령의 증언 여부가 정가의 관심사로 재등장했다. 1980년 8월 돌연 하야 후 서교동 자택에서 칩거해 온 최대통령! 강원도 태생인 최규하 대통령은 유난히 산나물을 좋아한다고 했다. 그러니까 더덕, 북어찜, 두릅, 메밀전병 등 주로 손이 많이 가는 반찬을 즐겨 든다. 아프기 전만 해도 직접 장을 보러 다녔다는 홍기 여사는 품이 많이 들긴 해도 남편이 좋아하는 음식을 손수 만드는 기쁨이 있다고 한다.

홍여사는 청와대 시절에도 그 솜씨를 발휘, 청와대 요리사들을 무색하게 만들었다. 홍여사의 나이 그때 74세라서 부엌일을 하기에는 다소 무리가 아닌가 싶다.

"뭘요. 두 식구 단출한 살림인데요."

슬하에 2남 1녀를 두었지만 모두 출가해 분가했다고. 큰아들 윤홍 씨와 작은 아들 종석 씨가 업무상 자주 외국에 드나들어 아직은 합칠 때가 아니란다. 외동딸 최종혜 씨는 외무부 총무과에 근무하는 남편이 해외연수를 떠남에 따라 그때 미국 보스톤에 살고 있었다.

"왜 일체 바깥 활동을 안 하십니까?"

"사람이 못나서 그래요."

홍기 여사는 집안 살림에만 온 정성을 기울이는 자신의 모습을 "못나서 그렇다"라고 표현했다. 하기야 너무도 개성이 뚜렷했던 전직 다른 퍼스트 레이디에 비해 상대적으로 무미함이 돋보이는 홍여사였다. 그러나 그 조용한 성품에서 우리네 보통 할머니의 푸근함이 느껴

진다. 시장에 가면 아직도 많은 사람들이 그녀를 알아보고 반가운 인사를 건넨다고. 그 중에는 "시장 같은 데도 오느냐?"며 놀라워하는 사람도 있지만 홍여사는 예나 지금이나 백화점보다는 시장이 편한 보통 할머니다.

1980년 8월 16일 군부세력의 격동 속에서 돌연 하야 성명을 발표했던 최대통령은 돌아가시기 전까지 서교동 집에서 칩거하며 세상에 일자소식 하나 전하지 않았었다. 그 동안 많은 기자들이 서교동 집 대문을 두드렸으나, "공직에서 물러났으니 조용히 지내는 게 바람직하다"는 침묵을 지켜온 최대통령이었다. 격동의 5공화국이 물러가고 6공화국이 지났지만 그때까지 최대통령은 어떤 세월을 보냈을까? 부인 홍기 여사에게 물었다.

최대통령의 하루 일과는 아침 6시에 일어나 조간신문을 모두 정독하는 것으로 시작된다. 외출을 거의 삼가지만 신문이나 텔레비전 뉴스 등은 열심히 본다고. 특별한 일 없으면 식사 시간도 일정하고, 10시 잠자리에 드는 것도 규칙적이다. 요 몇 달 사이 체중이 90kg에서 좀 줄긴 했으나 여전히 건강한 편. 좀 부족한 듯 식사를 하는 것이 최대통령의 건강비결이라고 한다.

오랜 세월 마주보며 살아온 부부들은 눈빛만으로도 서로의 마음을 읽는 법이다.

최규하 대통령이 좋아한 더덕은 한방이나 민간에서는 천식과 보익과 경풍, 한열, 보폐, 편도선염, 인후염 등의 약재로 쓰이며, 식용으로는 뿌리를 양념하여 불에 쪄서 강장식으로 식단에 올린다. 그리고 최규하 대통령이 역시 좋아한 것은 두릅인데, 봄철에 새순을 따서 끓는 물에 데쳐 초고추장에 찍어 먹든가 나물로 무쳐 먹으며 또한 뿌리를 캐면 도라지처럼 뿌리가 연한데 이것도 도라지 무치듯이 하여 반찬으로 먹는다.

나무껍질과 뿌리 말린 것은 한약재로 쓰는데 해수와 위암과 당뇨병에 좋으며 소화제로도 쓰인다. 뿐만 아니라 조용히 자택에서 칩거하려면 깊은 산속에 숨어서 자라는 더덕과 두릅이 그 환경에 맞는 음식인가 보다. 그래서 그런지 대통령께선 요란하게 세상을 떠나신 것이 아니라 아주 조용히 세상을 하직하셨지 않았는가?

19 '감자를 뺀 된장찌개'가 만든 터부 가이

전두환 편

너희들이 토종음식을 알아? 된장찌개 말이야…….
그 된장찌개를 좋아했다면 믿겠어? 물론 감자는 넣지 말라고 했지~
고추장찌개가 있었다면 그게 진짜 내 식성이야. 그게 더 매웠을 테니까!
어쨌든 내 임기 중에 토종의 매운맛들 단단히 보았었지? 나의 재임시절 말하는 거야.
혼쭐깨나 빠졌었지? 싱거운 대통령 만나면 내가 그리울 거야.
안 그래??

우리가 어릴 적에 벌에 쏘이거나 불에 데었을 때 어른들은 된장을 발라준다. 그러면 화끈거림을 방지하고 빨리 낫는다고 했다. 10.26이란 박정희 시해사건의 처방으로 된장처럼 나타나 강압통치를 했던 전두환 대통령은 우리 전통음식인 된장찌개를 좋아했다고 한다. 그 당시의 급박했던 정치사의 주인공에게 어울리는 음식이 아니던가?

전대통령이 즐긴 된장찌개. 조개국물에다 된장을 풀고 끓인 후 호박과 두부, 냉이, 고추들을 넣은 것인데 맛이 구수하고 시원하다. 막내아들 재만과 장남 재국은 중국요리를 좋아했고, 큰딸 효선은 요리를 잘 따라 했다. 전대통령이 좋아하던 요리는 된장찌개, 청어구이, 더덕구이, 양념구이 등과 함께 이순자 씨가 잘 하는 요리라고…….

전대통령의 식성을 나타내는 일화를 들려준다.

「전대통령이 아프리카 5개국을 순방할 때 검식과 요리보조를 위해 수행을 했었는데, 식사 요리로 준비된 것들이 대부분 비위가 상할 정도로 냄새가 심하더군요. 그래서 "준비해 간 재료로 요리를 할까요?"하고 물었더니 "외국사람들이 우리 보고 김치냄새 난다고 하는 것은 우리가 그들 보고 검둥이 냄새난다는 거와 별반 다름없으니 그냥 주는 대로 먹자"고 하시더군요. 긴장해서 배탈 날 새도 없을 거라고 하면서요.」

한식, 양식, 일식의 주방장 셋이서 3일에 한 번씩 당번을 맡아 요리를 하기 때문에 전문분야는 물론이고 모든 요리를 다 한다. 비번인 날에는 새로운 요리법을 개발하기 위해 국내의 요리책을 보고 시중에서 잘한다는 요릿집에 나가 시식을 하기도 한다.

이씨는 전대통령의 큰딸 효선양이 신부수업으로 '민물 매운탕'을 가르치기도 했다. 효선양의 요리수업을 위해 청와대에서 근무하는 한식, 일식, 양식의 3명 주방장이 틈나는 대

로 돌아가면서 가르쳤단다. 대통령의 자녀들이라면 무언가 특별한 것을 좋아하고 별난 생활을 할 것으로 생각하게 되지만 그가 본 대통령의 자녀들의 늦게 일어나면 아침도 먹지 않고 학교로 달려가는, 떡볶이와 자장면을 좋아하는 보통 아이들과 같았다고 한다.

검식관 이야기를 해본다.

검식관들은 대통령의 식성이 변하면 이를 즉시 요리에 반영하도록 요리사들에게 통보도 한다. 김태평 씨도 이런 지시를 받은 적이 있다.

"전두환 대통령 때 감자를 사용해서는 안 된다는 지시를 받았습니다. 전혀 예기치 못한 지시를 받고 처음에는 약간 당황했습니다. 서양요리에 감자가 필수라 뺄 수가 없거든요. 그래서 감자와 모양이 비슷한 마를 삶아서 감자 모양을 내곤 했습니다."

국내 일류 요리사들이 최고의 정성을 들여 만든 값진 음식을 대통령 입장에서 하루 세 끼 이상 시식을 하는 검식관. 이들은 자신의 직업에 대해 어떤 생각을 지니고 있을까? 옆에서 이들을 오랫동안 지켜본 김 씨는 이렇게 말한다.

"직업적인 매력보다는 대통령을 모신다는 점 때문에 그 많은 고충을 견뎌낼 수 있을 거예요. 하루 24시간 이상을 늘 긴장 속에 산다는 것이 어디 쉬운 일인가요? 또 검식이라는 것이 아무리 세밀히 한다고 해도 한계가 있는 것이고...."

그러면서 김태평 씨는 전대통령 시절에 있었던 찰떡사건을 예로 들었다.

청와대에서 찰떡을 만들어 검식을 거친 후, 대통령 앞에 내 놓았다. 검식 때는 아무런 문제가 없었는데 묘하게도 전대통령이 집은 찰떡에서 돌이 씹혔다. 맛있게 찰떡을 먹다가 돌을 씹은 대통령의 얼굴이 찡그려 들었고 후에 검식관은 "도대체 일을 어떻게 하는 것이냐?"는 상관의 질책을 피할 수 없게 되었다. 그렇다고 찰떡을 "일일이 다 먹어 볼 수 있는 것은 아니지 않느냐"는 항변을 할 수도 없고, 결국 그 검식관은 그 찰떡사건으로 인한 스트레스로 1년 뒤 청와대를 떠났다고 한다. 그리고 청와대를 떠난 뒤, 그 검식관은 한꺼번에 몰려 든 스트레스로 인한 질병으로 세상을 떠났다고 한다.

전두환 대통령은 대령 때 술을 배웠다. 담배는 1971년 백마사단 제29연대장으로 월남전에 참전해 초조함을 달래기 위해서 피우기 시작했다는 설명을 주위 사람들이 하고 있다. 그러나 술을 마시게 된 특별한 연유는 잘 모르겠다고 한다. 전대통령이 술자리를 마련하는 경우는 정부각료나 각계 인사들을 초청하여 질타를 할 때 어색해질지도 모르는 분위기를 고려하여 술을 준비했다.

민정기 비서관은,

"전대통령은 체질적으로 술이 맞지 않아 좋아하지 않는다. 그래서 아직까지 소주와 양주 맛을 제대로 구별하지 못한다."고 말했다.

전대통령이 특별히 좋아했던 술은 없는 것 같지만 굳이 꼽으라면 국산양주인 패스포드가 전대통령이 마련하는 술자리에 자주 올랐던 술이다. 전대통령의 수행비서인 손삼수 씨는,

"전대통령이 삼해주(三亥酒 : 亥년亥월亥시에 빚은 술이라는 뜻)라는 전통곡주가 좋다고 말씀 하신 적도 있다."고 말했다.

그의 주량은 2홉들이 소주 반병 분량은 마실 수 있었다는 게 주위에서 지켜본 사람들의 말이다. 전대통령의 측근들이 기억하는 인상 깊었

던 술자리로는 1983년 나카소네 일본수상이 방한했을 때 공식 연회가 끝나고 전대통령이 나카소네 수상과 비공식적으로 가진 술자리다. 이때 준비한 술이 '삼해주(三亥酒)'였다. 술자리가 무르익었을 때 전대통령과 나카소네 수상은 서로 어깨동무를 하고 노래를 주고받았다. 먼저 나카소네 수상이 '노란 샤쓰 입은 사나이'를 우리말로 부르고, 전대통령이 그의 18번이라고 할 수 있는 '사나이 맹세'를 답가로 불렀다고 한다.

손삼수 수행비서는,

"이때 양국 정상의 허심탄회한 술자리가 당시 한일 외교의 현안이었던 경협차관 40억 달러 타결과 전대통령 재임기간 동안 비교적 우호적이었던 한일 양국관계에 기여했다."고 말했다. 그것은 마치 된장의 특성 중에 독소를 없애고 비정상적인 조직의 생성을 억제하는 효과가 있어 찌개를 끓일 때 생선이나 고기의 비린내를 없애기 위해 필수적인 것이며, 또 쌈을 싸먹을 때도 반드시 된장을 먹어야 부작용이 적은 것처럼 말이다. 그만큼 어려운 정치사에서 지금껏 잘 버텨내는 전대통령의 복은 그래도 된장찌개의 덕이 아닐까?

20 몸을 맑게 하는 '호박죽'과 '전복죽'

노태우 편

매운 맛에 놀라셨지요? 나 보통사람 노태우가 죽으로 위로해 드리지요.
죽은 소화가 잘 되어 아주 좋습니다. 보통사람 노태우가 죽을 마다할 리 없지요.
호박죽, 해삼죽, 깨죽, 죽 종류도 많아서 고르기가 힘드네요.
죽을 좋아했지만 재임기간 중 죽만 먹다가 죽 썼습니다.
앞으로 죽 쓰는 후임 대통령 안 나오겠지요??

'물태우'라는 별명으로 대통령을 지낸 노태우 대통령은 음식 또한 그 별명에 걸맞게도 죽 종류를 즐겼다고 한다. 식성에 따라 차이가 있지만 대통령의 아침식사는 대부분 위에 부담이 가지 않는 범위 내에서 저녁 식사보다 간단하게 준비한다. 버터나 잼을 바르는 토스트 한 쪽, 주스 한 잔, 제철 과일과 브로콜리나 당근 옥수수 계절 야채에 간혹 국을 곁들일 때도 있다. 그러나 식단이 간단하다고 해서 요리하는 데 수월한 것은 결코 아니라고 한다. 오히려 적은 메뉴 속에 하루 필요한 칼로리와 영양소를 균형 있게 맞추어야 하므로 더 신경을 써야 한다는 것.

"노대통령은 다른 대통령들과는 달리 아침에 꼭 죽과 과일을 드셨습니다. 주방에서는 각종 죽을 번갈아 가며 준비했는데 노대통령이 특히 자주 드시던 죽은 호박죽, 전복죽, 잣죽, 깨죽 등입니다."

물론 그 중에서도 전복죽을 유난히 좋아했단다. 아침식사를 준비하면서 지키는 철칙이 하나 있는데 그것은 대통령에게 달걀 프라이를 권하지 않는다는 것.

"자녀들의 경우는 상관없지만 대통령과 영부인께는 가능하면 달걀요리를 권하지 않습니다. 달걀에 함유된 콜레스테롤이 성인병을 유발시키기 때문이지요. 부득이한 경우에는 찜을 하거나 달걀에 우유를 넣고 버무린 스크램블드 에그로 조리합니다."

가족이 함께하는 저녁식사는 7시쯤 한다. 음식을 만들기 전에 특별히 먹고 싶은 요리를 주문하면 인원수에 맞춰 요리를 만드는데, 대개 대통령 부부의 식사는 일주일에 한 번씩 작성된 식단에 따라 준비된다. 다행히도 대통령이 거의 군 출신이고 식성도 좋고 취향도 비슷한 편이어서 각 대통령의 식성에 따른 애로는 없었다고 한다. 대통령이란 직책이 음식 가지고 잔소리할 만큼 여유롭지는 않다는 것, 대부분 식단대로 들곤 했는데 그 동안 모셨던 네 명의 대통령

모두 가정적인 음식들을 좋아하고, 많이 차려 음식이 남는 것을 아주 싫어했고, 식사시간은 대체로 빠른 편이었다고.

"취임 초기엔 김옥숙 여사도 다른 영부인들과 마찬가지로 주방에 오셔서 이것저것 챙기기도 하고 노대통령이 좋아하는 죽 쑤는 비법을 직접 보여 주기도 했습니다. 한 번은 생태와 나물과 물오징어 등을 들고 오셔서 '오늘은 이 생태로 저녁을 준비해 주세요'라고 하더군요. 나중에 알고 보니 연희동에 사실 때 자주 가던 신촌시장에 장바구니 물가를 알아보기 위해 나갔다가 직접 골라 가지고 온 거라더군요."

요리사에게 그날그날 차려진 음식에 대해,

"맛이 있다. 국이 좀 싱겁다. 고기를 바짝 익혔으면 좋겠다."는 등의 이야기를 해주는 것이 요리하는 데 큰 도움이 된다. 김장철이면 청와대에 기거하는 모든 직원의 안식구들이 모두 모여 김장을 하는데, 이 날은 마치 잔칫날 같은 분위기라고……. 청와대 김치를 먹어 본 사람들은 이만큼 맛있는 김치는 아직 먹어보지 못했단다. 청와대 김치의 비결은 적당한 온도에 있다고…….

"새우젓이나 굴을 약간만 사용하고 젓갈은 많이 넣으면 일찍 군내가 나기 때문에 많이 넣지 않습니다. 그러나 무엇보다도 김치를 맛있게 하는 비법은 적당한 온도에서 익도록 온도를 맞춰주는 것입니다."

김장독을 땅에 묻어 두는데 그 위에 바람막이를 세운다. 청와대의 요리상에 자주 등장했던 음식으로는 화양산적, 호박전, 도토리묵이다. 호박전은 호박을 둥그렇게 썰어서 만든 것이 아니고 푸른 호박과 늙은 호박을 강판에 갈아 삶은 감자와 함께 버무려서 만든 이색 전으로 전라도식 음식이다. 검식관들에 의하면 경호원 애간장을 태우는 것은 대통령의 지방 순방이나 시장 순시 때 전혀 예상치 못한 곳에서 불쑥불쑥 튕겨져 나오는 돌발사태라고 한다.

노태우 대통령이 제주도를 방문해 제주의 명소인 수목원을 찾았을 때이다. 동양 최대를 자랑하는 이 수목원에는 때마침 열대과일이 탐스럽게 익어가고 있었다. 수목원 책임자로부터 이곳 현황을 들은 뒤 노대통령은 바나나를 가리키며 "잘 키웠다."며 칭찬을 했다. 그러자 그 말을 들은 수목원 책임자는 얼른 바나나 한 개를 따서 대통령에게 드렸다. 노대통령은 그것을 받아 그 자리에서 먹으면서 "정말 맛이 훌륭하다."며 칭찬을 아끼지 않았다.

그러나 이 일은 대통령이 떠난 뒤 경호차원에서 심각한 문제로 지적되었다. 바나나에 무엇이 들어 있는지 모르는 판에 제지를 하지 않았다는 점이 경호실수로 지적된 것이다. 그리고 수목원 책임자를 비롯 그때 노대통령 주변에 있었던 경호원들은 이 일로 곤욕을 치렀다고 한다.

검식관 김태평 씨의 말이다.

그리고 노대통령의 주치의 최규완 박사의 말씀 왈,

"노대통령의 건강비결에도 별다른 것은 없었습니다. 평소 소식에다가 규칙적인 운동, 채소와 생선위주의 검소한 전복죽 식사를 즐기실 뿐이죠. 주치의 입장에서 말한다면 노대통령은 의사 말을 잘 따르는 모범환자입니다."

그랬다. 전복죽을 좋아하면 몸의 열을 식히고 어지럼증과 뒷골이 당김을 방지하고 짜증내는 일이 없어진다고 말한 것처럼, 군부 독재시절에서 민주화로 전환되는 시점에 섰던 노대통령의 참을성은 전복죽의 힘이 아니었을까?

21 '우거지 인심'과 모래내 '봉이설렁탕'

김영삼 편

내를 마 '칼국수 대통령'이라고 부르지만 아니데이, '봉이 설렁탕'을 좋아했심더.
그러니까 대통령 할라꼬 도전하던 시기엔 내사 '우거지국' 엄청 끓여 먹었심더.
청와대에선 점심으로 칼국수 먹고 배고파서 간식으로 뭘 먹었는지 아시는교?
그 말하기가 무섭게 IMF가 대신 말합디다. '경제가 배고프다'라고...
나원참! 더러버서!!
이보시오! 노대통령, 죽 먹고 죽 쓰지만 칼국수 먹고도 죽 쓴단 말 들어봤습니까?

세월은 정말 빨라서 임기를 마칠 시간을 눈앞에 두고 있는 김영삼 문민정부 대통령이 탄생했을 때 한참 유머 책자들이 출판되어 시중에 나돌았다. 그 말 속에 음식에 관계되는 대목이 생각난다.

「김영삼 대통령이 청와대에서 점심때는 꼭 칼국수를 들었다. 그러자 시민 한 사람이 이렇게 물었단다. "점심에 칼국수를 드시고 배가 쉬 꺼지면 간식 참으로 모래내 봉이설렁탕을 드신다면서요?"」

김대통령이 청와대 입성할 때에 난무하던 유머들이다. 그렇지만 대통령이 되기 전으로 입맛을 돌려보면 감회가 새로운 요리 한 가지가 나오는데 그것은 김영삼 상도동 총재의 부엌살림을 23년간 꾸려온 최인례 씨가 공개하는 상도동 주방 비사의 우거지국 인심으로 상도동 정치를 만들어낸 이야기일 것이다.

상도동의 아침은 유난히 빨리 밝아온다. 상도동의 주방 아줌마 최인례(66세) 씨와 전정희(61세) 씨는 아무런 제재도 받지 않고 민자당 김영삼 대표 최고위원집을 드나든다. 그들은 이곳에 처음 와서 집이 거실에 비가 새도록 낡은 것을 보고 적잖이 실망했다. 하지만 어느새 23년째 김대표 집안 살림을 해오고 있는 최인례 씨와 상도동에서 4번째 겨울을 보내고 있는 전씨, 그들이 김대표 집의 부엌을 들어서면 대개 5시경. 부지런히 손을 놀려 아침식사 준비를 한다.

비가 오나 눈이 오나 김대표는 왕복 4km의 조깅을 위해 5시 20분에 트레이닝복 차림으로 집을 나서고 동네 사람들 등과 어울려 달리기 시작한다. 새벽바람의 상큼한 공기를 헤치며 돌아온 김대표에게 최씨는 과일주스,

생수, 우유 한 잔과 과일 한 접시, 그리고 미역국이나 된장국을 올려 내간다. 이 때가 6시 30분경. 전씨는 부엌에서 아침 준비에 한창이다. 매일 아침마다 30인 분의 밥을 한다. 보좌관, 비서진, 국회의원, 출입기자 등 김대표 집에 모인 사람은 누구나 똑같이 몇 가지 안 되는 반찬을 앞에 놓고 간단히 아침식사를 하기 때문이다. 식탁에는 이 집의 별미음식으로 유명한 우거지국이 주로 등장되는데 조미료가 조금도 들어가지 않는 게 비결이라고…….

신문을 간략히 살펴 본 김대표는 아침 7시면 아버지 김홍조 옹에게 마산으로 안부 전화를 잊지 않는다. 7시 10분 김대표가 당사로 가기 위해 집을 나서면 상도동은 썰물이 빠져나간 갯벌처럼 썰렁해진다.

문민정부 출범 후 청와대로 입성한 김영삼 대통령은 '칼국수' 붐을 일으키며 대통령 임기를 채우고 있다. 지금도 '모래내 봉이설렁탕'을 잊지는 않은 채…….

그렇다면 먼저 우거지에 대해 살펴보자.

한마디로 우거지는 변비 예방에 좋다고 한다. 종로 청진동에 가면 우선 해장국집의 간판이 눈에 띈다. 어느 집은 방송국에서 취재하여 전파를 탄 후에 졸지에 유명해진 업소도 있다. 해장국의 성분은 우거지와 선지가 대부분을 차지한다. 무잎과 배추잎으로 이루어진 우거지에는 비타민 A의 근본이라고 할 수 있는 엽록소와 카로틴이 함유되어 있다. 엽록소는 인체 내에 없어서는 안 될 식품이다. 세포의 부활작용과 조혈작용, 말초혈관의 확장작용과 항알레르기 작용 등의 중요한 작용을 바로 엽록소가 하고 있기 때문이다.

시장바닥에 뒹구는 푸성귀의 겉껍데기, 배추나 무잎, 토란대 등이 선지와 만나면 훌륭한 배합식품이 된다. 왜냐하면 선지를 먹어 일으키기 쉬운 변비를 우거지가 예방시켜 주기 때문이다. 선지가 고단백이며 콜레스테롤 함량이 많은 식품이어서 자칫 이 한 가지만 먹게 되면 변비증세를 일으킬 위험이 있는데 콩나물이나 우거지 같은 식이섬유가 이를 보완해 주는 것이다. 이러한 채소에는 소위 펙틴과 리그닌 섬유소가 들어 있는데, 이들 식품은 칼로리가 적어 비만 예방에도 한몫을 한다. 또한 당뇨병에 걸린 사람도 식이성 섬유를 충분히 섭취하면 혈당치의 축소는 물론 콜레스테롤의 수치도 줄일 수 있다.

요즘에는 식이성 음료를 상품으로 많이 내놓고 있다. 특히 콩나물에서 추출한 식이성 섬유는 술 깨는 데 좋다고 하여 주당들에게 애호를 받고 있다. 손톱에 붉은 기가 없는 사람은 빈혈인 경우가 많다. 이들에게는 우거지국이야말로 으뜸의 식품임을 밝히고 싶다.

김영삼 대통령의 끈기와 배짱 역시 알고 보면 이 우거지국에서 나온 것이 아니겠는가?

22 '해조류'와 '생선류' 대식가

김대중 편

나는 식성 하나는 죽이도록 좋았어요. 그래 가지고 많이 먹어댔고. 음식도 가리지 않았당께. 그랑께 뭣이냐 육개장, 흑산도 홍어회, 복요리, 생선회를 좋아한 것입니다.
김정일 국방위원장이 대접하는 음식도 가리지 않고 다 먹었더니 놀라드랑께.
두 손잡고 높이 쳐들었더니 노벨평화상도 준다기에 식성 좋은 내가 마다할 리 없었으라우. 그래 가지고 지금도 식성 하나는 참 좋당께요.
뭐든지 내놓기만 해 보랑께요.

네 번의 낙선 끝에 드디어 대통령의 자리에 오른 김대중 대통령의 별명은 역사의 '인동초(忍冬草)'라고 한다. 그만큼 그의 정치적인 역경은 굴곡이 심했지만 또한 끈질기게 이겨내는 노익장의 진모를 발휘한다. 모진 고난의 세월을 이겨내는 데 모두가 찬사를 보내고 있지만 사실 그 내막을 파고 들어가면 마지막 해답은 얼마나 건강 하느냐가 아닐까?

필자가 먼발치로 지켜본 김대중 대통령의 건강은 고령의 나이임에도 아주 왕성한 쪽이라고 생각된다. 그렇다면 이렇듯 김대중 대통령의 노년 건강이 왕성한 까닭은 어디에 있었을까? 다시 한번 대선 때의 모습을 상기하면서 왕과 대통령의 건강요리 쪽으로 접근해 보고자 한다.

"여러 번 낙선했지만 IMF 사태를 보고 하늘이 나를 이때 쓰려고 예비한 것이 아닌가 생각한다. 외교대통령, 경제대통령이 필요하다. 고난의 이쪽에서 희망의 저쪽을 향해 위기의 강을 건너가는 다리가 되겠다."

이것은 그의 인생길에서 몇 차례나 사선을 넘고 옥고를 치르면서 네 번째 대통령 출마 때 TV합동 토론회에서 밝힌 소신 있는 말이었는데, 일흔이 넘은 나이에서 그만한 패기를 보였다는 것은 역시 그의 왕성한 건강을 묵과하고 이야기할 수 없는 대목이다.

이희오 여사에게 김대중 후보의 건강상태를 솔직히 말해 달라고 물었던 적이 있었다. 그때 이희호 여사는 "그 분 건강은 타고난 것입니다. 일전에 건강진단서 보여주지 않았습니까? 건강에 대해서는 걱정하지 않습니다."

타고난 건강!

그렇다면 타고난 건강을 지켜내는 그것이 궁금하지 않은가? 특히 음식측면사(飮食側面史)로 본 왕과 대통령의 건강요리에서 볼 때 객관성을 띄기 위해 여러 사람들에게 물었더니 김대중 대통령의 건강요리는 해조류다, 잡곡밥이다, 설렁탕이다, 중국요리다 등등 별의별 요리이름을 답해 왔다. 또한 매스

컴에서는 해조류, 생선류, 잡곡밥이라고 했고, 또 어떤 주간지에서는 유세기간중 동행취재 기사를 다음과 같이 비교적 상세하게 적고 있었다.

'푸짐하게!'

김대중 대통령의 식성은 미식도 탐식도 아닌 대식(大食) 스타일이다. 그는 음식점에서 추어탕을 날라다 먹고 호텔 중식당을 즐겨 찾지만 사실은 음식을 전혀 가리지 않는다. 대선 때 유세 행군 내내 하루 두 번씩 설렁탕을 먹었다. 수행원들은 설렁탕 냄새가 지겨울 정도였으나 김대중 후보는 언제나 국물 한 방울까지 남기지 않고 다 마셨다. 집에서 먹는 아침은 계란말이와 생선, 나물류가 단골 메뉴인데, 특이한 점은 김대통령이 아침식사 후 떡과 고구마와 삶은 밤 등을 디저트로 더 먹는다는 것이다. 그리고 오랫동안 즐기던 라면 밤참은 이희호 여사의 강한 만류로 최근에야 중단했다고 한다.

오랜 감금생활과 야당생활에서 그의 식성도 또한 가정적이 될 수밖에 없었던 것 같다. 음식 측면으로 본 가정사에서, 어느 인터뷰 기사에 따르면 김대통령은 일요일은 생각만 해도 즐겁다고 했다. 손주들도 그렇다고 했다. 카톨릭이나 개신교 등 각각의 예배를 본 후 세 아들과 며느리, 손주, 손녀들은 할아버지(김대중) 집으로 모인다고 했다. 이 모이는 것은 오랜 전통인데 이때 '집에서 해 먹는 음식만큼 맛있는 게 없다'는 할아버지(김대중)의 말마따나 집에서 만든 음식을 먹으면서 집안 이야기를 나누며 "우리 집같이 행복한 집이 또 있을라구....." 이렇게 되뇌이며 만족해했었다고 한다. 어찌 보면 고난의 정치 역정이 그를 집안에 많이 머물게 했고, 그로 인하여 어느 정치인보다도 집안 음식을 많이 대할 수밖에 없지 않았을까?

어쨌거나 이런저런 여러 가지를 분석해 보니 김대통령의 건강요리는 딱 집어 한 가지로 말할 수 없고 오직 대식(大食)이라는 판정을 내린다.

대식(大食)!

그렇다면 왜 대식(大食)도 정력요리가 된다고 보는가? 그 이유를 굳이 만들어 보자면 이렇다.

대식가는 실컷 먹고 포만감을 즐긴다. 그리고 곧 이어 식곤증에 의해 곧바로 졸게 된다. 이름 하여 이때 조는 것을 '토막잠'이라고 하는데, 이 토막잠을 무시해서는 안 된다. 오히려 섣불리 서너 시간 자는 잠보다 이때 자는 10~20분의 토막잠이 더 달콤하고 건강에도 그렇게 좋을 수 없다는 것이다.

하긴 필자도 상당한 대식가인데, 실컷 먹어 포만감을 즐기고 곧 이어 불어나는 체중은 대중목욕탕 한증막에서 2~3kg씩 매일 감량한다. 그러면 금세 탈진상태가 되어 졸음이 오고 대중목욕탕 안에 마련된 수면실에서 1시간가량 깊은 잠에 빠진다. 그리고 일어났을 때의 상쾌함이란 그 어느 것과도 바꿀 수 없을 정도이다. 1회성이지만 매일 틈만 나면 거르지 않고 11년째를 그렇게 해 왔더니 육십이 넘었어도 이 때까지 단 한 번도 잔병치레를 한 적이 없다. 그래서 김대중 대통령의 대식과 토막잠을 잘 이해한다.

어쨌든 김대중 대통령이 대식의 건강요리로, 토막잠의 건강비법으로 IMF를 잘 극복해 나간 것은 반가운 일이었다.

그러나 노무현 대통령이 서거한 같은 해(2009년)에 김대중 대통령도 역시 서거한 것은 묘한 우연의 일치라는 생각이 들면서 왠지 모를 안타까움이 가슴을 저리게 한다.

23 코드요리 '삼계탕'

노무현 편

참여정부 대통령으로서 식사도 가정식을 원했습니다만, 효자동 토속촌 삼계탕을 즐겨 먹는 답니다.
그래서 재벌총수와 오찬회동 때도 이 삼계탕 집을 찾아서 코드를 맞춰 봤습니다.
"삼계탕으로 보양을 했으니 경제도 통통하게 살찌워집니다"라고 했더니, 글쎄 저쪽 비난 층들은 삼계탕도 안 먹는지 '계륵(닭갈비)'이라고 날 비하합디다.
못해 먹겠어요. 임기도 얼마 안 남았는데 다음 대통령 뭘 먹는지 지켜보겠습니다.

김해 봉하마을 부엉이바위에서 뛰어내린 전직 대통령 노무현의 서거는 전 국민에게 비통함을 안겨 주었다. 그의 지지자는 물론 그를 지지하지 않았던 국민들까지 그가 부엉이바위에서 뛰어내렸다는 뉴스를 듣는 순간 가슴이 메어지지 않는 국민은 아마 한 사람도 없었을 것이다.

필자 역시 그날 너무 가슴이 아팠다. 그리고 지금 그가 즐겨 먹은 음식 이야기를 하려 한다. 그런데 서민적인 대통령이었던 그의 정력요리 이야기는 별로 할 것이 없다. 그냥 서민 음식이었기 때문이다.

16대 노무현 대통령은 삼계탕, 설렁탕, 된장찌개를 좋아했다고 한다. 그리고 부산 출신답게 복집을 자주 갔다고 한다. 노무현 대통령 역시 식성이 까다롭지 않은 편이다. 국회의원 시절부터 식사 메뉴에 불평하지 않는 것으로 알려져 있다. 특히 담백한 맛이 나는 맑은 탕 종류 음식을 즐긴다. 삼계탕은 노대통령이 가장 좋아하는 메뉴 중 하나인데 청와대 근처 효자동 토속촌 삼계탕 집을 즐겨 찾는 것으로 알려졌다. 노대통령은 대통령 경선 때에도 참모진과 수시도 복요리집에 갔던 것으로 알려졌다. 여의도 옛 민주당사 근처에 있는 부산복집도 노대통령이 '일반인'(?) 시절 자주 다녔던 음식점이다.

노대통령은 술을 즐기는 편은 아니지만 반주로 소주 한 잔 기울이는 것은 마다하지 않는다. 삼계탕 외에 설렁탕, 된장찌개 등도 노대통령이 선호하는 메뉴다. 기자단 오찬을 할 때나 외부 인사와 식사할 때도 한식 메뉴를 주로 낸다. 이미 많이 알려진 노무현 전 대통령의 대표적인 단골로 꼽히는 곳은 청와대 옆 삼계탕집 토속촌(이곳에서 재벌총수들과 첫 식사를 했다), 여의도의 부산복집, 개고기집인 마포의 대교집 등이 있다. 서울 외에는 제주도에 위치한 한식집 유리네가 노 전 대통령의 단골식당이다.

노무현의 건강비결은 규칙적인 식사, 하루 최소 6시간 수면, 기상 후 30분간의 스트레칭 등 맨손체조가 건강관리 비결이다. 이외 특별한 비책은 없다고 참모들은 입을 모은다. 특히 지방방문 등 바쁜 일정이 있더라도 반드시 하루 세 끼의 식사를 챙기고, 외부에서 숙박하더라도 사우나와 스트레칭을 거르지 않으려고 애쓴다. 부산상고 재학 시절 몇 개월간 권투를 배우기도 했던 노 후보는 신장 168cm에 체중 62kg의 표준에 가까운 체형을 갖고 있고, 어릴 때는 종종 잔병을 앓아 약골이란 소리도 들었으나 커서는 때때로 강골이란 소리를 들을 정도로 건강을 유지하고 있다는 평이다. 병원 출입을 거의 하지 않아 단골 병원이나 주치의 개념도 없다.

역대 대통령들의 아침식사 유형은 제각각이다. 노무현 전 대통령은 잡곡밥과 쇠고깃국, 달걀찜, 굴비, 김치 등의 메뉴를 즐기면서, 일요일 아침은 고구마, 감자, 빵, 과일 등을 권양숙 여사가 직접 챙겼다고 한다. 그가 먹었던 음식이 서민들의 그것이었던 것처럼 그는 대통령이란 권위주의적 상징성을 국민의 머슴으로 낮추어 놓았던 공로가 있었다. 마지막까지 서민의 무덤처럼 작은 비석하나만 세워 달라면서 떠난 우리 이웃 같았던 대통령에게 삼가 명복을 빈다.

그리고 노대통령이 서민의 품으로 돌려보낸 '청남대'를 필자는 '왕과 대통령의 정력요리집'으로 만들어 세계의 부자들이 왕과 대통령 대접을 받으며 가장 비싼 요리를 먹는 명소로 만들고 싶어졌다.

24 '밥이 보약'이라면서 몽땅 메뉴

이명박 편

쌀로 만드는 제품을 많이 개발해야 한다. 예전에는 쌀이 비쌌는데 요즘은 밀가루와 차이가 많이 줄었다.
밀가루로 샌드위치 만들듯이 쌀가루로 샌드위치를 만들어 보자구요.
그리고 4대강 연결이 4대강 대운하 계획이 아닙니다.
밀가루와 쌀가루가 다르듯이 말입니다.
어쨌거나 경제 살리기와 일자리 창출이 최우선입니다.

"쌀가루로 샌드위치를 만들어 보면 어떨까요?"라고 건의를 하자 이대통령이 크게 웃었다고 한다.

이명박 대통령은 31일 금융위원회 업무 보고에 앞서 아침식사로 쌀샌드위치를 먹고 무척 만족스러워했다고 한다. 이대통령은 그 동안 여러 차례 가격이 급등한 밀가루 대신 쌀로 만든 제품을 사용할 것을 강조해 왔다. 그렇지만 쌀 샌드위치가 오히려 비싸다.

이명박 대통령 취임 후 가장 화제가 된 부분이 아침식사였다. 이대통령은 당선자 시절 샌드위치와 커피를 즐겼다. 한때 김밥도 등장했지만 별로 좋아하지 않아 금세 식단에서 빠졌다. 그 사이 밀가루 값이 급등하면서 이대통령 입에서 "아침 식단으로 쌀 제품을 준비해 보라"고 지시했고 실무자들은 도봉구 방학동의 한 제빵점에서 쌀 샌드위치를 사와 닭고기와 김치로 속을 채운 쌀 샌드위치를 내놓은 것이다.

그랬듯이 '밥이 보약'이라는 음식철학을 가진 이명박 대통령은 한마디로 가리는 것 없이 한식·양식·중식 등 모든 음식을 골고루 즐긴다. 평상시에 가장 좋아하는 음식은 순두부와 된장찌개, 여름에는 콩국수와 냉면을 즐겨 찾는다. 샌드위치, 스파게티, 김밥은 시간이 없을 때 신속하게 먹을 수 있는 음식으로 애용한다. 해외 출장 시에도 한식을 찾지 않고 방문국 나라 음식을 적극적으로 즐긴다.

전 대통령들이 대부분 한식 전담 요리사를 대동하고 출장길에 올랐던 것에 반해 이례적인 경우다. 오랫동안 외국을 드나들면서 현지 음식을 먹을 기회가 많았기 때문에 외국음식도 가리지 않는 편이라고 한다. 이전에 방문했을 때 현지 음식 가운데 웬만한 음식은 한두 번씩 먹어보았고 별다른 거부감이 없었기 때문에 가리지 않고 무엇이나 즐긴다고 한다. 평상시에 김치도 있으면 먹지만 없어도 개의치 않는다. 그렇다면 대통령은 취임 이후 어떤 차를 즐겨 마실까? 특별히 선호하는 차는 없지만 김윤옥 여사가 직접 담가 주는 모과차를 즐겨 마신다고 한다.

입맛 없을 때 즐겨 찾는 메뉴는 집에서 만든 '냄비밥'이다. 따끈따끈한 흰 쌀밥에 날달걀을 얹고 간장 넣어 비벼먹는 음식으로 별미라고. '밥이 보약'이라고 생각하기 때문에 피곤할 때 특별히 찾는 보양식이나 스태미나식은 없다. 업무가 많은 날은 야식이나 간식을 찾지는 않을까? 따로 챙겨 달라고 부탁하는 것이 부담스러워 특별히 야식을 찾지는 않는다고 한다. 꼭 간식이 필요할 때면 남은 국에 밥을 약간 말아 먹는 정도라고.

해물순두부찌개, 묵 무침 등 단골집 소박한 메뉴를 즐겨 찾는 이 대통령은 남대문 콩국수 집처럼 이름난 맛집부터 이남장 같은 일반 체인점까지 두루 섭렵하는 소탈한 식성이다. 일명 청와대 칼국수로 유명한 인사동 '소람'의 경우, 국수와 소고기 국밥, 메밀묵 무침이 대통령이 즐겨 찾는 메뉴였다. 단체 모임시 애용했던 인사동 '사동면옥'에서는 만두전골과 파전을, 중국인 부부가 운영하는 인사동 중국집 '용봉채관'에서는 자장면을, 안국포럼 근처 '야우'에서는 전복죽을 즐겨 시켰다는 후문. 인사동 쌈지길 지하의 '두부마을'에서는 청국장과 콩비지, 종로구청 '순두부집 감촌'에서는 얼큰한 해물순두부, 신문로 '황우촌'에선 돌솥밥상과 사골우거지탕이 단골 메뉴였다고 한다.

기회가 닿는다면 한번 직접 알아보고 싶어진다.

정말 좋아하는 특별요리가 무엇인지 …….

재임 중에 두 명의 전직대통령이 세상을 떴다. 그 두 분들의 유지가 이명박 대통령에게는 '밥이 보약'처럼 큰 도움이 되었으면 하는 바램이다.

25 덩샤오핑의 인어공주 같은 한 몸에 두 가지 성격의 '동충하초'

대륙을 호령하게 만든 음식

"고양이의 색깔이 검든 하얗든 상관없다. 쥐만 잘 잡으면 된다."

중국 경제부흥의 원동력인 덩샤오핑의 지론이다. 특히 키 작은 사람들에게 강한 정력의 희망을 주었던 작은 거인 덩샤오핑!

두 번씩이나 실각했다가 오뚝이처럼 다시 일어나 11억 인구의 중국을 호령했던 덩샤오핑은 사회주의 가난한 중국을 서기 2000년에는 선진국 대열에 올려 잠을 깬 호랑이 역할을 하겠다고 자신만만해 하면서 필생의 목적을 오로지 중국의 경제발전과 번영에 두고 있었던 만큼 그의 배짱 또한 대단하였다.

어느 날 마오쩌둥 주석이 공산당 간부회의를 열고는 다음과 같이 말했다고 한다.

"내 의견에 반대하는 사람은 일어서서 반대의사를 표시하라."

이때 모든 간부들이 감히 반대의 의견은 상상조차 못하고 찬성의 표시로 앉아 있었는데 제일 말석에서 덩샤오핑이 벌떡 일어났다. 그러나 마오쩌둥은 모두들 앉아 있으니 의안은 통과된 것으로 선포했다는 것이다. 덩샤오핑이 워낙 키가 작아서 일어섰어도 앉은 거나 다름없었기 때문이다. 물론 150cm의 작은 키를 과장하여 표현한 일화지만, 사실은 감히 마오쩌둥에게 정면으로 반대를 할 수 있었던 덩샤오핑의 배짱과 성격의 일면을 보여준 것이라 하겠다.

그렇다면 이런 배짱이 가능하도록 뒷받침해 주는 덩샤오핑의 정력음식은 과연 무엇이었을까? 그는 '음식이 가장 좋은 약'이라고 생각했다. 특히 건강식으로 남성 스태미나 강화에 탁월한 '충조전압탕'을 즐겼다. 중국 고유 음식인 충조전압탕에서 가장 중요한 재료는 동충하초(冬蟲夏草)로 겨울에는 곤충, 여름에는 풀이라는 뜻인데 박쥐과에 속하는 곤충이면서 또한 버섯의 일종이다.

동충하초의 실제 모습은 흙속에 묻히는 몸체의 절반은 애벌레와 같이 12개의 짧은 다리를 가지고 있고, 지상에 나오는 그 윗부분은 예쁜 풀이다. 세계에서 유일하게 중국 본토에만 있는 것으로 애벌레 모양을 한 아랫부분은 땅속에서 영양을 섭취하고, 여름이면 이 애벌레를 토양으로 해서 땅위에서는 풀이 자라는데 이는 마치 상상 속의 동물인 인어공주가 아래는 물고기이고, 위는 사람인 것처럼 동충하초도 한 몸에 곤충과 풀이라는 다른 성질을 동시에 지녔다.

이렇게 한 몸에 다른 두 가지 모양을 갖추었기 때문에 유난히 견인차 역할을 잘 한다고 하는데, 그 증거로 십이간지에서 쥐띠(子)가 맨 앞에서 12띠를 끌고 가는 이유와 비슷하다. 다시 말해서 쥐는 앞발의 발가락 수가 짝수고 뒷발가락 수가 홀수라서 쥐띠를 맨 앞에 놓았다는 것이 옛 문헌의 기록이다. 한 몸에 음양을 동시에 지니고 있으면 양이 음을 쫓아가기 때문에 어느 동물보다 견인차 역할에 있어 강하다는 것이다. 어쨌거나 덩샤오핑이 단신으로 가장 거대한 나라를 다스렸던 것은 동충하초나 인어공주나 쥐띠처럼 아주 상반되는 극과 극의 자세였다는 데 일맥상통하는 바가 있다.

충조전압탕을 만들 때는 말린 동충하초를 쓰는데, 중국 한의학 사전에 의하면 약재인 동충하초는 스태미나를 좋게 해주고 특히 나이가 들면서 찾아오는 기관지 천식치료에 아주 좋은 효과가 있다고 한다. 여성보다는 남성의 스태미나를 증진시키는 데 더 큰 효과가 있다.

덩샤오핑은 이 요리를 먹은 결과 어떤 환경에 처해도 자기 목표를 바꾸거나 포기한 일이 없었다고 한다. 중국경제의 주역인 그는 사실 대담한 스타일이었고 수단이나 과정보다는 목적과 결과를 중시하게 되었다. 그러나 사심과 사리를 떠난 명분 있는 웅지의 인물이었고 그는 뜻을 관철하기 위해서 오뚝이 같은 백절불굴의 근성을 가지고 싸웠는데 이 모두가 동충하초의 위력이 아니었나 하는 생각이 든다. 땅속에서 받쳐주고 땅위에서 뻗어나는 이 동충하초가 들어가는 충조전압탕의 재료는 오리 한 마리와 동충하초 15개 정도가 준비되어야 한다.

요리법으로는 오리의 내장과 털을 뽑고 생강과 양파를 크게 썰어 오리 뱃속에 깔고 동충하초를 그 속에 넣는다. 후추와 소금으로 간을 맞춘 뒤 술을 조금 넣어 냄새를 제거한다. 그런 다음에 찜통에다 정향(丁香)과 육계(肉桂), 그리고 초두구(草頭久)의 약재를 조금 넣고 고기뼈를 푹 고아서 만든 국물을 부어서 한 시간 이상을 찌면 된다.

그런데 과식은 금물이니 많다고 생각되면 남겼다가 여러 번 먹어도 효과는 변함없다고 한다. 중국과 수교 이후 이 동충하초는 구하기가 어렵지 않게 되었다.

키 작은 사람들이여! 덩샤오핑처럼 백절불굴의 오뚝이 같은 정력으로 매일같이 쓰러져도 끈질기게 다시 일어나는 즐거움을 향유하시라.

26 세종대왕의 18남 4녀를 낳은 '흰수탉 고환요리'의 힘

닭요리 최고의 하이라이트

"국어는 중국말과 다르므로 한자를 가지고는 잘 표기할 수 없고, 우리의 고유한 글자가 없어서 문자생활의 불편이 매우 심하기에 이런 뜻에서 새로 글자를 만들었으니 일상생활에 편하게 쓰라."

세종이 여러 학자의 도움으로 1443년(세종25)에 훈민정음을 만들어 발표할 때의 첫머리 말씀이다. 낮에 그런 말씀을 하셨던 게 분명할 것이고 그렇다면 세종대왕의 밤 말씀은 어땠을까? 밤에 여자를 잘 다루는 자만이 낮에 가장 좋은 세상을 만든다고 어느 현인이 말을 했는데 그 증거의 사나이가 바로 우리가 우러러 뫼시는 세종대왕이시다.

생전에 18남 4녀의 다복함이 대변해 주지 않는가? 세종은 32년간 왕위에 있으면서 우리 역사에 큰 업적을 남긴 것은 누구나 다 아는 일이니만큼 오늘 여기서는 성군(聖君) 이야기는 생략하고 단지 그분의 음식

이야기만을 살펴본다. 세종대왕은 보위에 오른 지 얼마 되지 않을 때 심한 탈수증(일종의 당뇨병)에 걸렸다. 아무리 물을 마셔도 갈증이 해소되지 않으므로 어의(御醫)를 불러 진맥을 받았다. 진맥을 끝낸 후 물러나간 어의는 왕의 음식을 맡아서 장만하는 수라간(임금의 식사를 짓는 부엌)에다 신신당부를 한다.

“전하께옵선 환후에 탕약을 지어드리는 것보다 약이 되는 음식을 잡수시는 것이 백 번 옳을 것입니다. 흰 수탉과 노란 암탉과 양고기를 고아서 장복하시게 하면 나을 것입니다. 특히 흰수탉을 명심하십시오.”

그 말을 들은 수라간 담당들은 그날로 흰수탉고기와 양고기를 고아 세종대왕의 수라상에 올렸다. 세종대왕이 수라상을 받고 보니까 전에 없던 음식이 놓여 있으므로 상궁에게 물었다. 그러자 상궁은 어의가 한 말을 그대로 옮기자 세종대왕께서는 “양고기는 우리나라에서 나는 것도 아니요, 또 과인의 병을 고치기 위해 그 귀한 흰수탉의 생명을 해칠 수 없다”고 거절을 하셨다는데……. 그런데 그 당시 어의는 왜 하필이

면 흰수탉 요리를 강조해서 권했을까? 이상하지 않는가?

우리가 귀한 닭을 말할 때는 흔히 씨암탉이라고 부르는데 세종대왕의 기록에서는 분명코 흰수탉을 강조하고 있다. 그 점이 의문점이어서 파고 들어가 보니까 바로 흰수탉이야말로 정력의 해결책이었던 것이다. 그것은 성군(聖君)이면서도 낮에 일 잘하던 힘이 밤이라고 어디 가겠는가? 밤이면 여색(女色)을 마다하지 않았던 세종대왕이었으므로 내심 중요한 정력요리로 흰수탉을 택해서 수라상에 올렸던 것인데 그 이유는 바로 흰수탉의 고환(睾丸) 때문이다.

지금도 시골에선 임산부가 수탉을 먹으면 아들을 낳는다고 해서 손귀한 집에선 수탉을 찾는다고 하며, 중국에서는 옛날부터 강정식품으로 먹어오고 있는 것이 수탉의 고환(睾丸)이란 것을 아는 사람들은 그리 많지 않다.

수탉의 고환껍질을 벗기면 속에는 백자(白子 : 흰바둑돌)처럼 생긴 진짜 성호르몬 투성이의 덩어리가 2개가 나오는데, 그것을 요리해 먹으면 그 독특한 맛을 알게 되고 맛이 좋다는 것도 느낄 것이다. 강정식품인 동시에 살결을 보드랍게 해주는 데 더없이 좋은 식품이지만, 한 가지 문제점은 닭이 흔한 지금이나 닭이 귀했던 옛날이나 한결같이 수가 적은 수탉인지라 수탉의 고환요리는 역사적인 비밀로 내려왔다. 옛날부터 귀부인들에게만 은밀히 전해져 내려온 수탉요리법은 다음과 같다.

백자(수탉 고환)에 벌꿀과 달걀흰자를 섞어 살짝 데쳐서 먹는 것이 그 비법인데 맛도 괜찮지만 보약으로 생각하고 먹으면 그렇게 좋을 수가 없다는 것이니, 이런 건강요리를 먹은 세종대왕의 밤은 정말 대단히 요란하면서도 분별력까지 있었다고 한다. 그 한 가지 예로 어느 날 밤

궁녀들 가운데 특히 미색이 뛰어나고 재기가 발랄한 여자가 있어 계속 세종대왕의 총애를 받았다. 그 궁녀는 갖은 교태를 부려 세종대왕의 밤을 사로잡았다고 생각되자 그만 베갯머리 송사를 했던 것이다.

"상감마마! 쇤네한테는 한 분 오라버니가 있사와요."

"오! 그래?"

"오라버니가 지금 호조의 미관말직으로 봉직하고 있는데 벼슬을 좌랑(지금의 차관 정도)으로 올려주실 수 없사옵니까? 하오면 쇤네가 더욱 지극한 정성을 바치겠나이다."

"……."

그날 밤은 아무런 대답 없이 오직 뜨거운 육체로만 지내다가 그 다음날 아침에 세종대왕은 내관을 조용히 불러 그 궁녀를 아예 대궐 밖으로 쫓아 버리라는 엄한 분부를 내렸으니 수탉요리의 비법은 이렇듯이 왕성함과 침착함을 겸비해 주는 특성이 있었던 것 같다.

세상의 왕과 대통령이 미색에 혹하여 실정을 연발하는 것은 동서고금을 통해 흔한 일이었지만, 흰수탉요리의 비법을 터득한 세종대왕께선 일찍이 왕성할 때와 물러설 때를 정확히 알고 있었던 것이다.

우리도 세종대왕을 생각하며 퇴근길에 우리 주변에서 흰수탉 전문요리집이 보이거들랑 한번 들려봄이 어떨까? 아니 흰수탉집이 아니라 그냥 수탉집이어도 상관이 없다.

27 김춘추의 '수꿩 장끼'의 고환요리

수꿩(장끼)의 비아그라

"후다닥…… 캐갱 캥 —"

요란한 꿩소리가 나지만 바로 창공을 날지 않고 상당한 이륙 거리를 필요로 하는 것이 바로 꿩이다. 그래서 꿩고기를 먹으면 상대 여자에게 전희의 서비스를 오래 할 수 있다나?

김유신과 함께 협심하여 당나라와 손을 잡고 삼국통일을 이룩한 김춘추는 왕위에 올라 태종이 된다. 그런데 바로 삼국통일을 이룩한 태종(김춘추)의 정력음식이 전자에서 언급한 수꿩(장끼)인 것이다. 먼저 김춘추의 역사적 이력서를 소개한다.

신라 제29대 태종대왕의 이름은 춘추이며 성은 김씨이다. 용수(龍樹), 또는 용춘(龍春)이라고도 쓰며, 각간으로 추봉된 문흥대왕의 아들이고 어머니는 진평대왕의 딸인 천명부인이다.

부인은 문명황후 문희이니 곧 김유신의 끝 누나였다.

처음 문희의 언니인 보희가 꿈에 설악산에 올라가 오줌을 누는데 그 오줌이 서울에 가득 찼다. 다음날 그 꿈 이야기를 문희에게 했더니 문희가 듣고 나서 말하기를,

"내가 그 꿈을 사겠어요"라고 하였다. 언니가 말하기를,

"그럼 대신 무엇을 주겠니?"하고 묻자 문희가,

"비단치마를 주면 되겠지요?"하고 대답하니 언니가 좋다고 승낙했다. 문희가 치마폭을 벌리고 꿈을 받을 때 언니가 말하기를,

"어젯밤의 꿈을 너한테 준다"라고 하였다. 동생은 그 값으로 비단치마를 주었다.

열흘이 지나 김유신이 김춘추와 함께 정월 상오기일(이것은 최치원설이다)에 자기 집 앞에서 공을 찼다(신라 사람들은 공을 차는 것을 '농주의 희(弄珠戱)'라고 한다). 이때 김유신이 짐짓 김춘추의 옷을 밟아 옷고름을 떨어뜨리게 하고 청하여 말하기를,

"집에 들어가서 옷고름을 답시다."

김춘추는 김유신의 말을 따랐다. 김유신이 보희에게 바느질을 하여 옷고름을 달아드리라고 하였으나 그녀는,

"어찌 사소한 일을 해서 가볍게 귀공자와 가깝게 한단 말입니까?" 하고 사양하였다(옛 문헌에는 병 때문에 나오지 못했다고도 한다). 이에 김유신은 문희(아지)에게 다시 말하였는데 승낙하였다. 김춘추는 김유신의 뜻을 알아차리고 마침내 문희와 관계를 맺었다. 그 후로 김춘추가 김유신의 집에 자주 왕래를 하였다. 김유신이 그 누이가 임신한 것을 알고 꾸짖기를,

"네가 부모도 모르게 임신을 하였으니 무슨 까닭이냐?" 하고서는 온

나라에 말을 퍼뜨려 문희를 불태워 죽인다고 하였다. 하루는 선덕여왕이 남산에 거동을 한 틈을 타서 뜰에 나무를 가득 쌓아놓고 불을 지르니 연기가 일어났다. 왕이 그것을 바라보고 연기가 나는 까닭을 묻자 좌우에서 시중하는 신하들이 아뢰기를,

"김유신이 그 누이를 불태워 죽이는가 봅니다."

그 소리를 들은 선덕여왕이 다그쳐 물었다.

"그것이 누구의 소행이냐?"

그때 김춘추는 선덕여왕을 모시고 있다가 얼굴색이 크게 변했다. 선덕여왕은 김춘추의 얼굴색을 보고 짐작하여 말하기를,

"그것은 너의 소행이니 속히 가서 구하도록 해라."

김춘추가 선덕여왕을 명을 받고 말을 달려 왕명을 전하여 죽이지 못하게 하고, 그 후 떳떳이 혼례를 올렸다. 진덕왕이 세상을 떠나자 서기 654년에 김춘추는 왕위에 올랐다.

김춘추(태종)는 김유신과 신비스러운 꾀와 서로 힘을 합함으로써 삼국을 통일하여 나라에 큰 공을 이룩하였다. 그렇기 때문에 사직에 묘호(廟號)를 태종이라 하였다.

태자 법민과 각간 인문, 각간 문왕, 각간 노지, 지경, 개원 등은 모두 문희가 낳은 아들로 당시에 언니 꿈을 샀던 징조가 여기에 나타난 것이

다. 서자는 개지문 급간과 차득 영공, 마득 아간이라 하는데 딸까지 합하면 다섯 명이다.

태종(김춘추)대왕은 한 끼에 쌀 서 말과 꿩 아홉 마리를 먹었는데 경만년(660년)에 백제를 멸망시킨 후에는 점심은 그만 두고 아침과 저녁만 먹을 뿐이었다. 그래도 하루를 계산하여 보면 쌀이 여섯 말, 술이 여섯 말, 그리고 꿩이 아홉 마리였다.

이렇게 엄청난 요리를 먹었다는 김춘추. 신라의 29대왕이며 삼국을 통일하였고, 일본과 당나라에 가서 외교적 성과를 거두었던 인물이다. 김춘추는 일본 ≪서기≫에도 미남이고 능변이라 좋은 인상을 주는 사람이라고 하였으며, 당나라에 가서도 그의 인품과 수완으로 외교가 성공되었다.

이와 같은 유능한 왕족으로서 두 여왕을 모시다가 나이 53세에 겨우 왕위에 올랐다고 하는 것은 왕실 내에 복잡한 사정이 있었던 것 같았는데, 앞에서도 말한 것처럼 김유신의 매부가 되며 신라 중대의 왕족은 김춘추의 직계 자손으로 8대가 계속돼 왕위계승 문제가 가장 순조롭게 잘 되어간 황금기인 120년이 전개되는데, 이 모든 것이 하루 아홉 마리씩 먹은 꿩고기의 힘이 아니고 무엇이겠는가?

특히 장끼(수꿩)를 많이 먹었다고 하니 일찍이 그 무엇을 알고 있었던 것이다. 왜냐하면 수탉을 먹은 세종대왕이나 클린턴이나 김정일 등등이 다 특별난 정력가들이지 않는가?

28 김정일의 불가리아 '수탉요리'와 펄떡이는 '다랑어'

닭에 관한 최고의 달인

아버지 김일성의 후광으로 북한의 최고 실력자로 대물림을 한 김정일에게 진상되는 식품은 이른바 1호식품이라 하여 완전 무공해식품이라고 한다.

김정일에 대한 진상용 특산물은 농약은 물론 인분이나 화학비료를 일체 사용하지 않고 파종에서 재배・수확・포장・수송・저장・조리에 이르기까지 철저한 검사와 관리를 거친다.

내외통신 자료에 따르면 북한은 김정일 일가가 먹는 농축수산물의 조달을 위해 각 지역마다 8호 또는 9호의 직장농장, 작업반 농장, 수산사업소어장 연구소 등을 두고 지역 특산물을 재배하거나 특정 품종만 진상하고 있다.

진상되는 대표적인 특산물을 보면 함경남도 금야군의 쌀, 요덕 고추,

흥원 고등어와 청어, 신포 어패류, 북창군 신장일 해삼술, 함북 길주군과 명천궁의 배, 양강도 삼지연군의 들쭉술, 해산시의 양강주, 삼수군의 감자와 콩, 후창군의 토종꿀, 감산군의 입쌀과 찹쌀, 자강도 만포시의 백도라지, 황해남도 배천군의 야채와 과일, 사리원의 포도, 송림시의 칠색송어, 남포시의 농어와 송어, 원산시의 왕문어, 통천군의 돔 등이다.

북한은 약초 재배월(2~5월)을 맞아 약초재배 사업을 전군 중점운동으로 확대, 약초지원 마련과 조성 대상지 확보에 주력하고 있다. 당기관지 노동신문은 최근 주체농법을 철저히 지켜 약초 수확고를 늘릴 것을 당부하는 한편 약초재배의 중요성을 언급한 김일성, 김정일의 지시 내용을 강조했다.

김일성은 생약의 효율성을 높게 평가하고 제약공업이 발전해도 생약 생산은 계속 발전시켜야 한다고 말한 바 있다. 이에 따라 북한의 전문 약초농장과 협동농장의 약초분조들은 약초 조사・채취・증식・보호사업에 전력을 기울이고 있으며, 수집된 약초는 곧바로 약품으로 가공돼 의료기관과 약국에 배급되고 있다.

북한이 약초재배 사업을 독려하는 것은 고려약(한약)의 공급량을 늘림으로써 만성적인 의약품 부족난을 완화하기 위한 것이다.

어느 한때 목격된 김정일의 파티 모습을 감상해 보자.

「술이 날라져 왔다.

유백색 병에 붉은 라벨 - 중국의 명주 마오타이였다.

연단 앞에는 누구나 보일 수 있도록 조리대가 만들어지고 초밥준비가 갖추어졌다. 조리사가 그 앞에 서서 능숙한 솜씨로 초밥을 만들기 시작했다. 무공해 참치, 싱싱한 오징어, 펄떡이는 다랑어 등의 고기로 하는 그 능숙한 손놀림이 눈앞에서 펼쳐지자 좌석에서는 박수가 터져 나왔다. 완성된 초밥을 김정일에게 갖다 나르자 한 손엔 술잔을, 다른 손엔 담배를 쥔 채 입을 벌려 아가씨한테 먹여 달라고 어리광을 부렸다.」

이것이 건강했을 때의 김정일이 거의 밤마다 벌이는 향연의 모습이었다.

그리고 어떤 잡지에서는 김정일이 불가리에서 황제수탉을 수입해다가 먹는다고 쓴 기사를 본적이 있다. 세계적인 정력요리의 공통점인 추세로 수탉요리를 치는데, 수많은 영화와 외국정보에 밝은 김정일이 수탉요리의 정력을 모를 리 없었을 것이란 생각이 든다. 생각해 보면 세종대왕을 비롯하여 김춘추와 클린턴, 그리고 중동지역이나 파키스탄의 정력가들은 그렇게도 수탉요리를 즐겨 먹음으로써 왕성한 정력들을 유지하지 않았던가?

모르긴 해도 김정일 정도라면 수탉요리의 정력에 대해선 이미 박사가 되었을 것이다.

남북이 분단된 대한민국에서 지금까지 김정일 국방위원장이 미치는 영향력은 너무나 크다. 민족을 위해 남아 있는 그의 정력을 좋은 쪽으로 쏟았으면 하는 바램 간절하다.

29 강태공의 '잉어탕'

기다릴 줄 알게 만든 요리

'강태공의 곧은 낚시로 천하를 낚는다'라는 고사 성어야말로 70세 노익장이었던 강태공의 처세와 그 파란만장하며 흥미롭게 구사되는 지혜와 참고 기다리는 경영비법의 처방을 일시에 모두 해결해 주고 있다. 강태공은 명문가에서 태어났지만 어찌나 가난했던지 소를 팔아 잡고 밥을 지어 파는 등 젊은 시절을 사방으로 떠돌아다니면서 보냈다. 그렇지만 나이 70세가 되었어도 위수강 북쪽에서 낚시질이나 하면서 더없이 흘러가는 세월 속에 좀처럼 오지 않는 기회를 끈질기게 기다릴 줄 알았다.

그러던 어느 땐가 사흘 밤낮 낚싯대를 드리웠지만 물고기를 한 마리도 낚지 못했다. 화가 난 그는 옷과 모자를 벗어 팽개쳤다. 그때 마침 한 농부가 낚시 방법을 일러 주었는데, 낚싯줄은 반드시 가는 것을 사용할 것이며, 미끼는 고기가 좋아하는 것으로 고를 것과 낚싯대를 드리울 때는 인내심을 가지고 침착하게 던져야 고기가 놀라지 않는다는 귀띔이었다.

강태공은 농부가 일러준 대로 낚싯대를 드리우자 순식간에 붕어가 물렸고 곧이어 커다란 잉어까지 물려 올라왔다. 잉어의 배를 갈라보니 이상한 문구가 뱃속에 들어 있었다고 하는데, '여망이 제(齊)에 봉해지다'라는 글씨였다. 여망이란 강태공을 일컬음이니 곧이어 높은 벼슬이 기다린다는 암시였다.

그와 때를 같이 하여 낮잠을 자던 문왕이 꿈을 꾸었는데 "그대에게 훌륭한 스승이자 현신이 될 자를 한 명 하사하겠다."라고 계시를 했던 것이다. 사실 문왕이 나라를 다스리면서 간절히 소망한 것은 정치적 지혜를 주는 국사(國師)를 찾는 일이었는데 드디어 현몽을 받았기에 문왕은 사흘 동안 목욕재계를 한 다음 사냥용 수레를 타고서 위수강 북쪽으로 꿈속의 국사를 찾아 나섰다.

마침내 문왕은 위수강에서 낚시질을 하는 강태공을 발견하고는 그가 찾는 국사감인지 시험하는 질문을 던진다.

"낚시질을 하시는데 낚시질 자체를 즐기시는 것 같지는 않은데요?"

그러자 기다리던 때가 왔음을 눈치 챈 강태공이 오묘한 뜻의 답변을 한다.

"낚시에는 세 가지 권도가

있습니다. 먹이로 물고기를 낚는 것은 녹봉을 주어 인재를 취하는 것과 같습니다. 후한 녹봉을 주면 반드시 목숨을 아끼지 않는 충신이 나오게 마련인데, 이는 좋은 먹이를 주면 크고 살찐 고기가 잡히는 것과 같은 이치입니다. 물고기는 그 크기에 따라 요리법이 다르게 마련인데, 이는 인재의 됨됨이에 따라 벼슬이 다른 것과 같습니다. 낚시질은 겉으로 보기에는 하찮은 것 같지만 이 세 가지 권도로서 행하는 낚시에는 실로 심원한 이치가 숨어 있습니다. 낚시라는 작은 일로 천하의 큰일을 관찰할 수 있는 것입니다."라고 대답하자 문왕은 즉시 국사(國師)로 추대하고는 '태공망'이라 불렀다.

태공망의 성이 강씨였기에 오늘날 우리는 그를 강태공이라 부르게 되는데, 어쨌거나 때를 기다리며 낚시질을 일삼은 강태공은 늘상 붕어와 잉어요리를 즐겼음은 더 말할 나위가 없다. 특히 잉어는 민물고기의 왕으로 지칭되며, 중국에서는 축하용 요리에 많이 이용되었고, 연말연시에 빠뜨릴 수 없는 특별요리로서 '잉어탕'을 먹으면 정력이 강해지고 정자의 수효가 늘어난다고 한다.

이것은 잉어 속에 단백질을 구성하는 아미노산의 역할이 크기 때문이라고 하는데, 90세 노인에게도 정력효과가 나타나 젊은 여인에게 잉태를 시킬 수 있음은 물론이요, 잠자리에서도 잉어를 먹은 날은 젊은 상대 여인이 노익장의 머리카락을 움켜잡고 별의별 사랑 놀음을 펼친다 해도 머리카락 한 올 빠지지 않는다고 했다.

그러니 70세 무렵에야 때를 만난 강태공도 충분히 천하를 주물러 댔던 것이다. 자! 그렇다면 90세에도 왕성한 정력을 얻게 하는 강태공의 '잉어탕'을 만드는 법에 대해 간단히 알아보면, 먼저 싱싱한 잉어 한 마리를 통째로 껍질을 벗기고 마른 행주로 잘 닦아 그릇에 담고는 그 위에다 청주 약간과 팥 한주먹 분량에 다진 생강을 조금 넣어 한 시간쯤 끓인 뒤 소금과 후추로 간을 해서 먹으면 때를 만난 강태공처럼 팔딱팔딱 뛰는 힘을 과시하게 된다.

이제 노인들도 세월이 흘러갔다고 나이 탓을 할 필요가 조금도 없다. 청춘의 마음이 곧 육체적으로도 실현될 테니까.

30 정복자 칭기스칸의 필수음식 '야전식 보르츠'

세계 정복 요리

세계사를 공부하다 보면 가슴 가득히 담겨오는 정복자들이 있지만, 그 중에서도 제일 먼저 떠오르는 정복자라면 단연코 몽고의 칭기스칸이다. 그러나 칭기스칸은 너무나 단순한 음식을 즐기면서 역사적으로 왕성한 정력을 유지했다. 정력요리라기보다는 차라리 전쟁터를 질주하는 신속한 무기의 일종이었다고나 할까?

몽고에서는 황제도 요란하게 치장된 건물에서 살았던 것은 아니다. 일반 국민들과 같은 천막집 '겔'에서 살았다. 국민들과 가족같이 지내며 상하 차별이 없는 공정한 통치를 했다. 그래서 칭기스칸도 '야전식 보르츠'를 즐긴 것이다. 칭기스칸이 1백만 명도 채 안 되는 몽고인들을 가지고 1억이 넘는 인구와 세계 역사상 전무후무한 대제국을 건설할 수 있었던 것은 유목민이기 때문에 가능했다고 한다.

칭기스칸 군대에게는 병참, 즉 보급이라는 개념이 필요치 않았다. 몽고군들은 진격할 때마다 후방 병참기지로 그들의 가족을 불러들였다. 1945년에 제작된 몽골영화 '초그트타이지' 즉 초그트공의 일대기는 가족 병참부대의 활약상을 잘 그려내고 있다. 몽고군은 진격하면 300~400km 후방으로 자신들의 가족들을 불러들였다.

그들의 식사로는 여름이면 소, 말, 양, 낙타, 염소젖이었고, 겨울이면 고기와 약간의 곡물류면 충분했다. 식사를 따로 준비할 필요도 없었다. 언제나 배가 고프면 물을 마시듯 가축의 젖을 짜 먹으면 충분했다. 지금까지도 시골에서는 칭기스칸 시대의 식습관 그대로 살아가고 있다. 많은 사람들이 몽골을 13세기와 20세기가 공존하는 유일한 국가라고 부르는 이유가 바로 이것이다.

후방에 따라 온 가족들은 전방의 병사들에게 가축의 젖을 짜 보내면 모든 것이 해결되었다. 또 장기전을 대비해 가축을 잡아 고기를 말려 가루를 만들어 보냈다. '보르츠'라고 불리는 고깃가루는 가볍고 부피까지 작아 휴대하기에 가장 좋은 군사용 식량이었다.

몽고인들의 주식인 양 한 마리를 잡아 '보르츠'를 만들면 무게는 3~4kg. 부피는 우리나라 중·고등학생들의 신발주머니보다 약간 큰 크기로 줄어든다. '보르츠' 한 주머니면 유사시 한 달 이상을 견딜 수 있다는 것이다.

칭기스칸은 세계 최대 제국을 건설하는 위업을 달성했지만 그의 흔적은 몽골족의 마음속에 남아 있을 뿐이다. 무덤까지 비밀로 한 칭기스칸이었으니까. 칭기스칸은 황제들이 사는 요란한 치장된 건물에서 살지 않았다. 일반 국민들과 같은 천막집 '겔'에서 살았다. 국민들은 가족 같은 유대와 상하 구별이 없는 평등하고 공정한 통치자 아래서 살았다.

특히 한국 속에 스며 녹아 있는 몽골의 흔적은 수없이 많다. 제주도의 조랑말은 몽골에서 건너 왔으며, 조랑말이라는 단어도 몽골어의 조로모리에서 유래된 것이고, 연지곤지도 조혼풍습과 함께 전해졌다. 마을 어귀에서 풍요한 안전을 기원하던 곳, 즉 성황당도 몽고에서 '어버'라는 단어와 함께 건너왔다. 한편, 인두라는 말의 의미는 조금 변질되어 쓰인다. 우리나라에서는 인두라고 부르는 것은 몽골어의 '일루'이며, 몽골인들이 인두라고 말하는 것은 우리나라의 다리미에 해당된다. 뼈를 곤 물에 밥을 만 설렁탕도 몽골인들의 식습관에서 배워 온 것이다.

몽골인들의 음식 얘기를 잠깐 언급해 보자. 음식 종류는 단순하다. 육류가 주를 이루지만 서양식의 두툼한 고기를 먹는 것이 아니다. 일정한 고기의 양을 가지고 여러 사람이 오래 먹는 방법으로 국물이 있는 조리를 한다. 우리나라의 칼국수 혹은 수제비 같은 음식(고릴테 슐)이 주메뉴이고, 군만두(호쇼르), 찐만두(보츠)와 유사한 음식을 가끔 먹는다. 그리고 앙락(머유주)을 마시는데 그것은 말의 젖으로 만든 발효식품이다. 주정이 7~8°로서 우리나라의 맥주보다 독하다.

특이한 것은 다섯 동물들(말 · 양 · 염소 · 낙타 · 소)의 내장 속에 똥을 빼고는 100% 활용한다는 점이다. 한 축산업자는 몽고인들이 세계에서 가장 높은 이용률을 나타내고 있다고 설명했다.

재미있는 일화 한 가지는 우리나라 음식점의 몽골음식은 진짜 몽골 음식과 같은 것이 하나도 없다는 것이다.

일대의 영웅 칭기스칸도 생명에 관해서는 별 수가 없었던 것 같다. 서쪽으로 정복하여 멀리 북인도를 차지하고 있을 때는 오래 살고 싶다는 일념에서 당시 북중국에서 이름을 날리고 있던 노도사 장충진인을 멀리까지 불러들여 장수(長壽)에 대해 물었다는 이야기가 전해지고 있다. 북중국에서 북인도까지 머나먼 곳까지 끌려 온 장충진인 이야기는 '장충진인 서유기'에 나오는데, 장충진인이 간단히 대답하여 이르기를 "위생(衛生)의 길은 있으나 장수의 술(術)은 없다"라고 대답했다고 한다. 곁들여 솔잎 약효를 강조했다고 적고 있다.

잠시 솔잎 약효에 대해 알아보자. 소나무는 관절염 치료에 탁월하여 예로부터 한의학에서는 솔잎이나 송진은 신선이 되기 위해 정신기공 수련을 하는 이들이 먹는 것으로 알려져 왔는데, 솔잎이나 송진의 약효는 우수하고 다양하다고 ≪본초강목≫에 쓰여 있다.

또 한 가지 알 수 없는 것은 칭기스칸이 몇 살에 죽었느냐 하는 것이다. 어느 책에는 72세라고 기록되어 있고, 어떤 책에는 68세라고 적혀 있다. 60세였다는 주장도 있다. 그것은 태어난 해가 확실하지 않기 때문인데 이를 반영이라도 하듯이 1162년에 태어났다는 설이 있는가 하면 1167년에 태어났다는 설 등 출생에도 말이 많다.

먹는 것이나 자는 것이나 죽은 뒤에도 크게 남다르지 않았던 칭기스칸의 이런 면면들을 보고 다시 놀라지 않을 수 없다.

혹시라도 자신의 환경을 탓하는 독자분이 있다면 칭기스칸의 성장과정을 생각하면서 처한 환경 극복에 큰 도움을 받길 빈다.

31 정복자 알렉산더 대왕의 달콤하고 고소한 '캔디'와 '호두'

세계 정복 요리

기원전 333년에 벌어진 이슈스 전투에서 알렉산더 대왕을 비롯한 수많은 병사들이 오랜 전투 끝에 모두들 심한 갈증을 느끼고 있었다. 알렉산더 대왕은 부하 병사들에게 물을 있는 대로 가져오라고 명령했다.

"만 명의 병사들이 심한 갈증을 겪고 있다. 이들이 마실 물이 충분히 있는가?"

그렇지만 보급부대 병사는 단 한 그릇의 물을 가져와 심한 갈증을 겪고 있는 대왕에게 마실 것을 권했다. 그러자 알렉산더 대왕은 큰소리로 명령했다.

"물을 땅에 쏟아 버려라."

인도 정벌을 마친 알렉산더가 그의 군대를 이끌고 이 도시에 입성한다. 하지만 그는 고국을 떠나 기나긴 행군 중 계속된 갈증과 기아, 그리고 일사병으로 군사의 거의 절반을 잃었다.

알렉산더가 아프가니스탄과 키버협곡을 거쳐 페르시아의 영향을 받고 있던 마지막 라자(자바국)의 펀잡평야까지 진군했을 때는 라자 왕 포루스가 4만 명의 군사와 300마리 코끼리를 이끌고 강 건너에서 그들을 기다리고 있었다. 하지만 야음을 이용하여 강을 건너간 알렉산더는 당황한 인도군을 무자비하게 공격해 버린다. 이 전투에서 2만 명의 보병을 비롯하여 3천 명의 인도 기병들이 희생되지만 알렉산더는 80명의 희생자만을 낸다.

알렉산더는 인도를 침입하여 인도 왕 포루스를 생포했다. 생포된 인도 왕은 즉시 알렉산더 대왕 앞으로 끌려왔다.

"그대를 어떻게 대우하면 좋겠소?"

"왕 같이 대해 주십시오."

"필요한 것이나 요구사항이 있으면 말해 보시오."

"아무 것도 없습니다."

"아무 것도 없다니? 그건 무슨 뜻이오?"

"왕 같이 라는 말에 모든 것이 다 포함된 것으로 생각합니다."

그제서야 포루스 왕의 말을 이해한 알렉산더는 정복한 인도의 땅을 포루스에게 되돌려 주고 왕과 같이 대우해 주었다.

그런가 하면 알렉산더는 집단결혼식을 장려했다.

정복지 페르시아에서 군인들 중 80명의 고관과 1만 명의 병사를 뽑아 페르시아 여성과의 일대 결혼식을 거행하고 자신도 페르시아 왕 다레이오스의 딸 스타레이라를 왕비로 맞이했다. 그것은 동서 융합책의 하나로 각 정복지에 창설했던 알렉산드리아 시는 수가 70개에 이르고,

그 중 25개가 실제로 확인되었다.

12년 8개월 동안 유럽 · 아프리카 · 아시아 3개 대륙에 걸쳐 일대 제국을 건설한 그는 유럽과 아시아는 본질적으로 원수라고 한 플라톤이나 아리스토텔레스의 사상을 초월한 전 인류는 동포라는 신념을 가지게 했다. 오늘날 우리가 지구촌 단일화를 내다본다면 이미 알렉산더는 그 시대에 단일 세계국가의 테마를 이미 기원전 4세기에 구체화시켜 준 셈이다.

그럼 알렉산더가 음식문화에 기여한 점을 살펴보자.

설탕과 캔디와 호두!

설탕에는 수수설탕, 무우설탕, 단풍당, 옥수수당, 종려당 등 많은 종류가 있다. 설탕에 관해 언급한 가장 오래된 문헌으로는 기원전 4세기에 알렉산더의 인도 원정에 수행했던 한 지휘관의 보고서를 들 수 있다. 이 보고서는 "인도에는 꿀벌의 도움을 받지 않고도 꿀을 만들어 내는 갈대가 있다" 고 기록하고 있다. 그러나 그 이전에도 사람들은 단것이 군침을 돌게 한다는 것을 알고 그 욕구를 충족시킬 방법을 찾았다.

위의 보고서에서 말한 갈대는 사탕수수였는데 이것은 여전히 세계 최대의 설탕 공급원이 되고 있다.

알렉산더 대왕이 거느리고 있던 장병들은 향료 · 꿀 · 물감을 입힌 사탕갈대인 페르시아 당과를 몹시 좋아했다. 페르시아 인들은 그것은 칸드(kand)라고 불렀는데, 설탕을 뜻하는 아랍어 칸드(qand)와 비슷해 그 어원이 되지 않았나 생각된다. 물론 캔디(cand)의 어원이다.

호두주스를 애호하는 페르시아만 해안 여러 섬에서는 강정의 전쟁을 시작하면 멈추지 않았다. 일찍이 음미(淫靡)한 천일야물어(千一夜物語)

를 낳은 그들은 사탕수수를 짠 즙에 호두를 가하고 밀크 상태로 된 주스를 마신다. 이것은 기초 체력의 향상, 건강 강정, 노화방지, 아름다운 피부, 기미 제거, 변비와 생리불순 해소, 이명(耳鳴), 불면증의 해소, 중풍예방, 노이로제 근치 등에 주로 효과를 본다.

이것이 바로 끝없는 정복자 알렉산더 대왕의 정력음식이었던 것이다.

"나의 최대의 요리는 아침에 일찍 일어나서 점심을 맛있게 먹는 것"이라고 한 연회석상에서의 말처럼 그는 또한 대제국의 왕이면서도 호사를 멀리하고 절도의 덕을 간직한 인물이기도 했다.

무관한 이야기지만 알렉산더 대왕하면 생각나는 것이 디오게네스와의 일화들이다.

디오게네스가 인간의 뼈를 모으고 있는 것을 보고 알렉산더는 신기하다는 듯 물어 보았다.

"뼈들 속에서 대체 무엇을 찾고 있습니까?"

그러자 디오게네스는 대답하기를,

"당신의 아버지 필립 왕의 뼈들을 찾고 있소. 그런데 도무지 노예들의 뼈와 당신 아버지의 뼈를 구분할 수 없으니 어찌된 일입니까?"

또 한 가지는 알렉산더 대왕이 고린도를 방문했을 때 철학자 디오게네스가 시내 외곽지역의 흙으로 지은 토굴에서 살고 있다는 말을 듣고 그를 만나기 위해 그곳에 갔을 때 햇볕을 쬐고 있던

디오게네스를 만난다. 알렉산더는 디오게네스 앞으로 다가가서 나라를 위해 자신을 도와달라고 부탁했다. 그랬더니 디오게네스가 하는 말이,

"좀 비키시오. 당신의 그림자가 햇볕을 가리고 있습니다."

그러자 알렉산더의 부관은 디오게네스가 좀 돈 사람 같다고 말했다. 그러자 알렉산더는 뜻밖에도 이렇게 말한다.

"만약에 내가 알렉산더가 아니라면 디오게네스가 됐을 거야."

역시 영웅은 달랐다.

역사를 바꾸는 사람들은 '또라이'거나 '돈키호테' 같은 류의 사람들이란 걸 알렉산더는 이미 알고 있었던 것이다.

32 대원군의 '거시기' 요리

최고 실력자를 보장해 주는 요리가 가져온 효과

'3D 기피현상'이 사라지게 생겼다. 하기 싫은 일거리도 없어서 못 할 판국이 된 이 시점에서 우리는 저잣거리를 방황하던 시절의 대원군이 새삼스레 떠오른다. 북병남주(北餠南酒)란 말이 있는데 그 뜻은 북촌에는 떡이 유명하고, 남촌에는 술이 유명하다는 것이다.

"빌어먹을 웬 놈의 술집이 이리 보이질 않는 게냐?"

즐비한 술집거리를 걸으면서 대원군은 중얼거린다. 술집 많은 거리에 찾아와서 술집이 없다고 불만을 터뜨리는 대원군의 속사정을 들여다보면 사실 지닌 돈이 단돈 한 닢도 없었다. 그럴수록 갈비 굽는 냄새, 두부 지지는 냄새, 생선 조리는 냄새, 술 냄새, 술집 작부들의 지분냄새가 코를 찌르건만 대원군은 술집이 없다고 연실 중얼거린다. 그러다가 어느 술집에 이르러 그냥 성큼 술집 안으로 들어선다.

"커엄~ 주모는 나와서 한상 잘 차리렷다."

"아이고 오랜만에 오셨군요. 그래 안주는 무엇으로 해 올릴까요?"

"며칠 전에 주문해 놓았던 거시기!"

순간, 주모는 얼굴이 홍당무처럼 달아오른다. 그리고는 쏜살같이 부엌으로 들어가 버리고 대원군은 은근한 미소를 짓는다. 이때의 대원군은 왕손으로서 체통을 버리고 시정잡배들과 어울려 거렁뱅이의 극치를 이루고 돌아다닐 때이다. 대원군이 말하는 '거시기'는 고기 질감이 매우 부드럽고 소화가 잘 돼 옛날부터 체력이 허하고 소화기관이 약한 사람들의 보신용으로 애용됐다고 한다.

대원군이 주문해 찾은 '거시기(수캐 성기)'야 말로 정력보강에는 그만이란다. 남성 음경을 굳세고 뜨겁게 만들어 자식이 없는 사람이 그것을 먹으면 아이를 낳게 되고, 여자가 먹으면 대하증이 낫는다던가? 드디어 '거시기'가 나왔다. 대원군은 그것을 아끼며 안주로 삼아 단숨에 술 한 잔을 쭉 들이킨다.

"이건 술이 아니라 사랑이구나!"

"어머나! 그럼 두 번째 이 잔은요?"

"크으~ 맛좋다. 이건 술이 아니라 세월이야?"

"하오면 이 잔은요?"

"이 잔은 미움이로다."

"정말 재미있으시네. 그럼 이번 잔은요?"

"그야 세월과 사랑과 미움을 모두 합한 잔이지."

그러면서 대원군은 연거푸 술잔을 비우더니 어정쩡하게 술값을 물었다.

"주모. 여기 술값 얼만가?"

"석 냥 반이에요."

"어지간히…."

비싸게 바가지를 씌었다는 말은 차마 못하고 대원군은 허리춤에서 종이뭉치를 꺼내 주모의 젖가슴에다 깊이 찔러 넣어주면서 인심을 쓴다.

"옛다! 술값, 거스름돈은 가슴 만져본 값으로 받아둬."

그러면서 가슴에 넣었던 손으로 주모의 젖무덤을 짓궂게 주물럭거린다. 썩어도 준치라고 왕손이란 기대에 찼던 주모인지라 대원군의 술값을 슬그머니 꺼내어 풀어본다. 그런데 이게 웬일? 그 종이뭉치는 엽전도 아니고 어음도 아닌 한 조각의 그림일 뿐이었다. 단단한 바위틈에 연약한 난초를 휘휘 휘갈기듯 그려놓은 그림이 아닌가?

순간, 주모의 눈에서는 불똥이 튕긴다.

"여보세요. 당장 술값 내요."

"어허! 이걸 술값으로 받아두면 주모는 큰 횡재라니깐!"

"냉큼 돈 내요. 난 이런 것 맡기 싫어요. 돈이 없으면 껍데기라도 벗든가. (그러더니 안채에다) 여보! 이리 나와 봐요."

날카로운 주모의 부름에 험상궂게 생긴 주모의 서방이 나와서며 금새 때려 죽일 듯이 대원군을 노려본다. '아아! 이 일을 어찌 모면할까?' 이렇게 주눅이 든 대원군이 떨고 있는데 팽개쳐진 석파난초 그림을 흘낏 본 주모의 서방이 뜻밖에도 안색이 부드러워 지면서,

"이것 봐. 두말 말고 저 어른께 사과드려. 이런 보배를 몰라보다니? 정말 무식해도 유분수지."

그러면서 우락부락하게 생긴 주모의 서방은 공손히 허리를 굽히고,

"미련한 것들이라 보배를 몰라 뵈서 죄송합니다."

그러자 위기를 넘긴 대원군은 간신히 체통을 차리면서

"이것 참! 어쩐다? 그 귀한 수놈의 '거시기'를 먹고 엽전으로 갚지 못하다니..." 하고 대원군이 얼버무리자 정말 엉뚱한 명대답이 나왔다.

"괜찮습니다. 까짓것 암캐 잡은 셈만 치면 되죠. 그러면 어차피 '거시기'가 없으니깐요"

이런 재치에 놀란 대원군은 자기도 모르게 훗날의 측근으로 점을 찍었다.

"자네 이름이 뭔가?"

이렇듯이 쑥대처럼 살아남는 환경 속에서 대원군은 '거시기'도 마다않고 먹었기에 훗날 임금의 아버지가 되어 더욱 천하를 호령하지 않았는가? 대원군이 감수하던 저자세와 큰소리치는 고자세를 우리가 어쩔 수 없이 배워야 할 때가 온 것 같다.

33 이스라엘 골다 메이어의 '허니 케이크'

외교관을 설득한 정력요리의 효과

'정상급 정치가들은 정력요리를 최대의 외교무기로 쓴다'라는 말이 있는데 이것을 가장 잘 활용했던 정치가는 다름 아닌 골다 메이어다. 그녀는 이스라엘 국민들이 서슴없이 그들의 어머니라고 부르는 건국의 공로자로서 오늘의 이스라엘 공화국을 탄생시키면서 좌우명으로 외치기를 "힘없는 나라와는 아무도 평화를 나누려 하지 않는다."며 이스라엘을 중동의 강대국으로 일으켜 세웠다. 특히 시나이 전쟁의 신출귀몰한 6일 전쟁이 그녀의 최첨단 무기의 뒷받침에 의해 이루어졌다는 사실이 핵심 포인트인데, 바로 외교적 정력요리가 그녀를 외교의 마술사로 만들었다면 믿겠는가?

내용으로 들어가 보면, 미국 덜워드 상원의원이 군수문제 협의차 골다 메이어 수상을 만났을 때 장소는 골다 메이어 수상관저였다.

"상원의원님, 뭘 좀 드시지 않겠어요? 시장하시죠?"

“아닙니다. 커피면 족합니다.”하고 상원의원이 사양했지만 골다 메이어 수상은 부엌으로 들어가서 5분이 지나도 나오질 않았다. 그러자 상원의원은 궁금하여 비서관에게 물었다.

“수상은 뭘 하고 계십니까?”

그러자 비서관은 미소를 지으면서,

“제 생각대로라면 아마 또 뭔가(정력요리) 먹을 것을 만들 겁니다.”고 귀띔하자 상원의원은 더 이상 기다리지 않고 행동파답게 수상의 부엌으로 들어가 둘러보니 정말 골다 메이어가 손수 요리를 만들고 있었다.

“상원의원님. 이 요리들은 저의 특기거든요? 자! 이리 앉으세요.”

상원의원은 자신이 평소 그렇게도 유명하게 듣고 있던 여수상이 다른 평범한 주부나 다름없이 부엌에서 식탁을 차리는 모습을 보고는 미소를 짓지 않을 수가 없었다. 그리고 이내 상원의원은 자기 앞에 놓여져 있는 달콤한 냄새를 풍기는 먹음직한 음식을 보고 마음이 느긋해졌다.

“협상에 긴장하다 보니까 사실 오늘 점심을 걸렀단 말입니다. 스케줄이 너무 빡빡해서요.”

“정치가들은 그래도 배고프다고 하는 사람은 없어요. 그럴 때 내가 권하면 아주 좋아들 하지요. 자! 어서 드세요.”

상원의원은 마침 시장한 터라 먼저 허니 케이크를 한 입 베어 물었다.

“음! 맛이 기가 막히군요!”

골다 메이어가 상에 차린 음식은 두 가지인데, 허니 케이크와 이스라엘 주요 요리인 베가레(Begale)였다. 허니 케이크는 모양새가 아름다워 식욕을 돋우었고, 베가레는 참깨가 많이 붙어 있어서 고소한 냄새가 나는데다가 씹는 맛이 독특했다. 속에는 햄과 야채를 조화시켜 넣었는데 그것이 바로 골다 메이어의 비법을 자랑하는 외교적 정력요리라는 걸 그 자리에선 상원의원은 눈치조차 채지 못했었다.

시장했던 덜워드 상원의원은 한입씩 가득가득 허니 케이크를 씹어 먹으면서 감탄을 연발하더니 또 이번에는 베가레 덩어리를 집어서 입으로 쑤셔 넣으며 함빡 웃고는,

"나는 이때까지 어떤 곳에서도 이런 식의 영접을 받아 보지 못했어요."

"맛있게 잡숴 주시니 기뻐요."

"잘 먹었으니 접시 씻는 것을 도와 드릴까요?"하고 상원의원이 묻자 골다 메이어는 기다렸다는 듯이 허락을 했다.

"암요. 의원님이 도와 주셔야죠. 그러나 접시 씻는 일이 아닙니다." 이러면서 골다 메이어가 앞치마를 벗어 버리자 덜워드 상원의원은 순식간에 변모해 버린 이스라엘 수상의 외교모습을 보게 되었다.

"도와 주세요. 팬텀기와 함께 우리가 필요로 하는 것은 최신형 탱크 M-60이니까요."

그렇지만 상원의원은 그날은 선뜻 대답을 하지 않았다. 원래 최첨단 무기판매는 협상대상에서 제외되어 있었기 때문이다. 물론 골다 메이어 수상도 그 자리에서 대답을 기다리는 눈치는 아니었다. 그런데 그 이튿날 상원의원은 돌변하여 적극적으로 첨단무기 구매 허락을 내렸다. 상원의원이 하룻밤 만에 태도를 바꾸게 만든 비결이 무엇이었을까?

간단했다. 상원의원이 수상과 헤어진 그날 밤 호텔에서 자고 아침에 일어났을 때 골다 메이어가 대접한 음식의 효과로 인하여 평소엔 고개만 숙이고 있던 상원의원의 심볼이 야성적인 수놈으로 변해 빳빳해지는 바람에 진정하는데 쩔쩔매었단다. 하지만 내심으론 얼마나 기뻤는지 몰랐다고 훗날 사석에서 실토를 했던 것이 그 해답이었다. 골다 메이어의 외교적 정력요리는 한 치의 오차도 없이 다음 날 주효했던 것이다.

우리나라 속담에 '아침에 거시기가 서지 않는 자에겐 돈을 꿔 주지 말라'는 말이 있잖는가. 이스라엘 골다 메이어 여수상은 우리의 속담을 잘도 활용하셨구나!

34 나폴레옹의 섬유질 부족과 '로열젤리' 남용

음식이 판단을 흐리게 한다면?

"내 사전에 불가능이란 없다."

이 유명한 말을 남기며 유럽천지를 그의 말발굽 아래 넣었던 나폴레옹은 승승장구를 거듭하다가 1815년 벨기에 중부에 위치한 워털루 전투에서 웰링턴 장군에게 패하고 마는데, 나폴레옹의 패배 원인을 음식 이야기로 살펴보면 어이없게도 섬유질 부족 때문이라는데, 그게 대체 무슨 얘긴지 자못 궁금하다. 아마도 나폴레옹이 자서전에서도 차마 쓰지 못하고 마음속 깊이 두고두고 후회한 대목이 있다면 바로 이런 중얼거림이었으리라.

"그토록 좋아했던 로열젤리만 먹은 것을 후회하노라!"

연승만을 노래하던 시절 나폴레옹의 전법은 주로 언덕 위 마상에서 그 작전명령이 떨어진다.

"보병 앞으로~"

"아니 기병 앞으로~"

말 잔등에 올라앉아 언덕 아래를 내려다보며 수시로 작전 변경 지시를 잘 하던 나폴레옹이 이 워털루 언덕에서만은 실패했다는 것이다. 이는 평소 섬유질 음식을 적게 섭취한 탓에 변비와 치질로 인한 통증이 생겨 그만 머리를 쓰는 데 지장을 받았을 것이라는 일설이다.

"보병 앞으로~" 해야 할 것을 그만 궁둥이의 통증으로 인해,

"기병 앞으로~" 했던 것이다.

섬유질에 대한 연구가 한참인 지금 결코 나폴레옹의 이 이야기가 허무맹랑한 것만은 아닐 것이다. 그래서 나폴레옹이 좋아했던 로열젤리를 거론하기 전에 먼저 섬유질부터 짚고 넘어가려고 한다. 최근 섬유질의 중요성이 심심치 않게 사람들 입에 오르내리지만 사실 섬유질이 왜 우리 몸에 필요한지를 아는 사람은 그리 많지 않다.

첫째, 섬유질은 잘 씹어야 하기 때문에 타액 분비가 잘 된다. 타액이 많으면 위 운동이 잘 되는 것이다. 둘째, 소화하는 데 시간이 걸리기 때문에 쉽게 배고픔을 느끼지 않는다. 셋째, 소장 안에서 전분이나 당의 흡수 속도를 늦추어 췌장이 적당한 속도로 운동할 수 있게 한다. 넷째, 소화물이 대장을 통과하여 배설하기까지 모든 과정에서 중요한 역할을 한다. 그런데 그 중에서도 대장 안에서의 역할이 가장 중요하다. 배설이 잘 안 되고 변비가 생기면 여러 가지 증상이 동시에 나타난다. 변의 독소가 흡수되어 간이 나빠지고 여성들의 경우는 피부가 거칠어지며 또 치질에 걸리기도 한다.

섬유질의 중요성은 바로 이런 점에 있는 것이다. 실제로 나폴레옹이

즐겨 먹은 음식을 조사해 본 결과 고기요리는 많았지만 섬유질은 아주 적었다고 한다. 나폴레옹의 섬유질 부족이 그의 몰락을 부를 줄 누가 알았겠는가? 알았으면 배추나 상추, 오이를 열심히 먹었을 텐데……. 섬유질은 끈기와 지구력, 인내를 길러 준다고 한다. 그러나 나폴레옹 시대에는 신비한 섬유질의 비밀을 알 리 만무했으니 나폴레옹의 운명도 거기까지이었나보다. 누군가 그 비밀을 알아 나폴레옹에게 전했더라면 워털루 전쟁에서 패하지도 않았을 것이고, 인류의 역사를 또 한번 다른 방향으로 바꿔 놓았을 것이다.

나폴레옹은 사랑했던 조세핀을 위해 정력제만 먹다보니 이처럼 섬유질을 소홀히 한 것 같다. 나폴레옹의 강인한 정신과 정력은 여왕벌이 평생 먹는 로열젤리에서 나왔다고 훗날 식품학자들이 증명하여 화제가 된 적이 있다.

로열젤리!

세기의 영웅 나폴레옹이 즐겨 먹었던 로열젤리는 어떤 식품인가 알아보자. 옛부터 꿀은 꿀벌이 추운 겨울 동안 먹으려고 저장해 둔 먹이로써 불로강정, 만병통치에 좋다 하여 민족 대대로 사랑을 받아온 식품이다. 꿀은 벌이 꽃에서 따 온 단물을 침을 분비해서 포도당과 과당으로 바꾸어 놓은 것인데, 로열젤리를 먹는 여왕벌이 일벌의 수명보다 무려

40배나 길다고 하니 로열젤리는 경이적인 스태미나 식품이 아닐 수 없다.

로열젤리는 건강식품만이 아니라 의약품으로도 여러 가지 효과를 인정받고 있다. 자양강장과 허약체질, 육체피로, 영양장애, 발열성 소모질환, 임신 수유기의 영양보급 등이다. 하지만 이상하게도 담배 피우는 사람에게는 효과가 없다. 또 로열젤리에는 철분이 있어 빈혈에 큰 효과가 있는데 차를 함께 마시면 그 철분의 효과가 없어진다고 한다. 그것은 차 속의 탄닌이 로열젤리 속의 철분흡수를 방해하기 때문이므로 한 시간 이상 있다가 마시면 괜찮다.

남녀관계에서 파생되는 여러 가지 문제들이 본질적으로 여성에 대한 남성의 관념에서부터 비롯되는 것임은 정복자 나폴레옹의 경우에도 여실히 입증된다.

코르시카 출신으로 눈빛만 날카로울 뿐 어느 모로 보나 볼품없는 외모를 가졌던 나폴레옹은 하급장교 시절 여러 차례 실연의 고배를 마셨다. 그가 흠모해마지 않던 상류사회의 여성들은 그를 거들떠보지도 않았다. 사실 가슴은 누구보다 뜨겁고 야망 또한 누구보다 크게 불타오르는 욕망의 사내였던 나폴레옹이 단 한 가지 외모가 볼품없다는 이유로 당하는 굴욕은 얼마나 큰 열패감이었으며 자존심 상하는 일인지 동정이 간다.

그로 인하여 누구보다 정력적이고 여색을 탐했던 나폴레옹은 파리의 뒷골목에서 거리의 창녀를 찾으며 귀족 출신 동료들이 상류사회의 여성들과 어울리는 데 대해 질투와 선망을 함께 키워갔다고 볼 수 있다. 그 같은 감정이 분노로 확대된 것은 당연한 일이었고 마침내 유럽 정복의 대야망으로 발전했다는 것이다.

어쨌거나 나폴레옹은 섬유질 식품을 등한시하고 로열젤리만 선호하다가 워털루 전쟁에서 대패하는 큰 비극을 치루고 만 것이다.

결국은 섬유질에 대한 무지가 아니라 '편식'이 나폴레옹을 망쳤다고 할 수 있으니, 독자 여러분께서도 '편식'하는 식습성이 있다면 꼭 명심하시길…….

35 김일성의 500 m 고도에서 먹은 '산삼죽'과 '김치'

호강음식이 정상회담 직전 타계?

"서울을 불바다로 만들어 버리겠다."

반세기에 이르도록 한국을 으름장을 놓으면서 공포 분위기를 만들었던 북한의 김일성. 언제까지고 불로장생할 것 같았던 김일성이 죽었다고 발표하던 날 믿기지 않는다는 사람들이 많았다고 한다. 단단하고 두꺼운 피부가 그를 죽지 않으리라 말하는 것 같았고, 그 많은 찬사와 형용사의 동원이 그를 죽음으로부터 영원히 비껴갈 것처럼 만들었다. 그만큼 김일성은 영원히 죽을 것 같지 않았고 건강한 모습으로 장수하였다.

그렇지만 그만한 장수 끝에는 피나는 노력이 따랐던 것이다. 80이 넘은 나이까지도 그렇게 건강을 유지할 수 있었던 김일성의 건강비결은 무엇일까? 숱한 사람들이 이런 궁금증을 가지고 있을 때 김일성은 오직 한 가지로 대답했다고 한다. '낙천적인 사고' 뿐이라는 것이다.

하지만 전문가들에 따르면 김일성의 건강유지는 본인은 물론이고 북한당국의 지극한 정성에 의한 결과라고 한다. 지금까지 바깥에 알려진 김일성의 건강비결은 크게 식생활, 장수연구소, 휴양생활의 세 가지로 살펴볼 수 있다. 이 세 가지 요소의 유기적인 결합에 의해 특별한 건강이 유지되고 장수하였다는 것이 일반적인 시각인데, 그 특징들을 구체적으로 살펴보면 무척 흥미롭다.

김일성의 장수연구소에서 발견했다는 가장 특이한 건강비법 중의 하나가 바로 그 유명한 일정고도(一定高度)에 위치한 별장생활이다. 이것은 88세까지 생존했던 유고의 티토 대통령의 장수비결에서 결정적 힌트를 얻었다고 하는데, 자세한 내용은 이렇다.

사람이 가장 좋은 조건의 위치가 바로 해발 400~500m에 위치한 장소라고 한다. 그곳에서 살 때 가장 장수의 효과가 있다는 말이 된다. 이 때문에 북한 곳곳의 이런 명소에는 김일성 별장이 만들어졌다고 한다. 그렇다면 이 위치에서 사는 것이 또한 정력이 왕성해지는 지점이라는 이야기가 아니겠는가?

이 이야기를 쓰면서 나는 절로 웃음이 나왔다. 얼마 전가지만 해도 빈민촌이 유난히 산꼭대기까지 이어졌었는데 그 동네를 가보면 얼마나 아이들이 많았던가? 그리고 오늘날은 또 어떤가? 고층아파트가 속속 생기는데 그 꼭대기 층에 사는 사람들이 줄줄이 아들딸들을 생산할지 모르지 않는가? 언젠가는 고층아파트의 아래층과 맨 꼭대기 층의 자녀들 숫자를 조사해서 고도 차이점이 과연 있는지를 비교해 볼 참이다.

평양을 비롯하여 산수 좋은 전국 각지에는 대략 80여 개 정도의 김일성 전용 휴양소가 마련되어 있는 걸로 알려져 있는데, 매년 7월 말~9월 초까지 백두산 일원을 비롯하여 남강도, 자강도, 함북도 등 북부 산간지방 별장에서 김일성은 시간을 보내며 이른바 현지지도를 하였다. 김일성이 수시로 찾는 이들 별장에는 모두 3천여 명의 여성 관리원이 있고, 외곽에는 완전무장한 경비 병력이 배치되어 있는 것으로 알려지고 있다. 여성 관리원들은 별장에 상주하면서 차 심부름, 외래객 접대, 경호임무 등을 맡는다.

김일성은 비만체질인지라 목욕을 자주하는 편이며, 기쁨조가 목욕을 거들어 몸을 씻어 주거나 안마를 해준다고 하는데, 전국 휴양소나 초대소에 있는 김일성의 침실은 해발 500m 높이를 정확히 측정해서 지었으며, 침대에는 각 신체부위에 닿는 곳마다 몸에 좋은 약재를 넣어 꾸며 놓았다고 한다.

어디 그뿐인가? 참새 턱밑 잔털만으로 만들었다는 이불을 덮고 잤다는데, 이때 김일성 이불을 만들기 위해 들어간 참새 턱밑 잔털만도 칠십만 마리분의 참새가 소모되었다고 한다. 이렇듯이 그 대단한 황제병 환자 김일성의 장수법과 힘 있는 삶의 방법엔 그만 혀를 내두르지 않을 수 없었다.

어쨌거나 이런 자연과의 접근 방법을 중요시한 것이 김일성을 장수케 했지만, 실은 김일성 스스로 장수의 밑천이라고 자랑하고 있는 식품은 산삼죽과 김치였다. 놀랍게도 가장 구하기 힘든 것과 가장 구하기 쉬운 것들이 합해져 하모니를 이룬 것이다. 산삼은 연간 300뿌리 이상 북한 전역에서 진상되는데, 이 중 500년근 이상으로 모양이 빼어난 것만을 골라 죽을 쑤어 먹는다고 한다.

그리고 김일성은 육류 중에서도 소・돼지・닭・오리 등 가축보다는 꿩・노루・사슴・멧돼지 등의 산짐승 고기를 주로 먹었는데 가급적 육류는 피하는 편이며, 식사는 잡곡밥을 주식으로 하고 산나물과 버섯, 그리고 백두산 천지에서 잡힌다는 산천어 등을 좋아했다고 한다.

김일성은 180cm의 키에 90kg의 거구로서 한때 인삼주를 너무 좋아해 사발치기로 마실 만큼 대단했었다고 한다. 하지만 나이 들어서는 거의 술을 마시지 않았으며, 주량은 포도주 4잔 정도였다나? 또한 60세부터 피우기 시작한 담배는 의사들의 권유로 75세부터 끊었다고 하며, 식후에는 중국산 화차(花茶)를 마시는 것으로 알려졌다. 화차는 일반적으로 노화방지와 고혈압・당뇨・비만억제에 효과가 있다고 한다.

그리고 김일성 말년에는 싱싱한 잉어회를 특별히 좋아하여 잉어 모습 그대로 회를 떠오면 잉어가 아가미로 숨을 쉬고 꼬리를 치는데, 마지막 회를 다 먹을 때까지 뼈만 남아도 꼬리와 아가미는 움직일 정도로 살아 있었다고 한다. 개인적인 생각인데 김일성은 세상에 태어나서 가장 호강을 하며 원 없이 살았던 사람 같다.

36 효종의 '취타리 나물'과 산토끼로 만든 '우정요리'

영원한 친구와 함께하는 요리

"왕과 대통령에게 진정한 친구가 있었을까?"

내가 이렇게 물었더니 "나 여기 있네" 하면서 뜻밖에도 조선왕조의 효종께서 나오셨다.

효종! 병자호란을 겪으면서 왕자라는 신분으로 청국에 볼모로 잡혀가는 수모를 겪다가 돌아와 보위에 오르자 북벌정책을 최우선으로 했던 임금이었다. 단명으로 인해 북벌의 꿈을 이루진 못했지만 그에게 진정한 백성친구가 있었다는 건 정치판 세태로 보아 깊은 산속 맑은 옹달샘을 찾아낸 기분이다. 그 효종이 청나라에 인질로 잡혀 갔다가 돌아온 후 등극하여 세상을 떠나기까지 뜻밖에도 백성들이 즐겨 먹는 취타리 나물과 산토끼 고기를 그의 정력요리로 삼았다면 믿기지 않을 것이다.

조충의는 천하에 둘도 없는 기형으로 생긴 순수한 시골백성인데, 임금님을 친구로 두는 행복을 얻고도 10년 동안이나 효종이 임금님인 줄 모르고 사귀었다. 순진한 백성 조충의는 효종을 만나러 한양에 올라올 때는 언제나 뒷산에서 캔 취타리 나물과 앞산에서 잡은 산토끼 고기를 들고 상경했던 것이다. 두 사람의 처음 만남은 이러하다.

"우르르 꽈르릉……."

갑자기 천둥번개가 치며 소나기가 쏟아지자 시골서 올라온 백성 조충의는 그만 얼떨결에 비를 피해 빠끔히 열려 있는 대문 안으로 들어가 버린다. 마침 그 집은 아무나 들어와선 안 되는 임금님의 사저(私邸)였는데, 낯선 사람이 들어오자 집안에서는 일대 소란이 벌어졌다. 이를 사랑방에서 봉림대군(훗날 효종)이 내다보고 엄한 소리로 집안 가솔들을 꾸짖는다. 그리고 그릇이 큰 봉림대군은 시골서 올라온 조충의를 사랑방으로 정중히 모셔 들여 수인사를 청한다.

"그래, 한양은 무슨 일로 올라오셨소?"

"임금님을 만나러 왔다우." 나이가 위인 조충의는 말을 낮췄다.

"임금님은 왜요?"

"이 취타리 나물과 산토끼 고기를 전해 드리려고요."

봉림대군은 계속 신분을 속이면서 물었다.

"저런, 아직 전달 못했군요."

"만날 수가 있어야지. 혹시 자네가 전할 수 있으면 전해 주게." 그러면서 조충의는 소잔등에 한

바리 싣고 온 취타리 나물과 산토끼 고기를 선뜻 내주는 게 아닌가? 그러자 이내 준비된 산해진미의 주안상이 사랑방으로 들어왔다.

"자! 한잔 받으시지요."

"아이고 고맙네."

잔을 받고 주안상을 바라보던 조충의가 별안간 일어나 안주들을 보고 공손하게 무릎을 꿇는 게 아닌가?

"아니? 왜 그러시오?"

봉림대군은 혹시 자기가 왕자인 것이 밝혀져서 이러는가 싶었다. 그러나 이내 그것은 오해라는 걸 알고 미소를 띠울 수밖에…….

"어서 친구도 무릎을 꿇게."

"무릎을 꿇으라고요?"

"술안주로 아주 높으신 상감마마께서 나오셨어."

"상감마마요?"

"대추 말이여."

"아니? 어찌 대추가 상감마마신가요?"

"이런 답답하긴? 대추 속엔 씨가 한 개밖에 없으니 만인지상 상감마마가 아닌가? 어서 무릎 꿇어."

"허허허. 듣고 보니 그렇구먼요."

봉림대군은 재밌다는 생각이 들어 천진난만한 시골양반이 시키는 대로 무릎을 꿇었다. 그 모습을 본 조충의는 아주 만족하여 연방 절을 했다.

"이 밤한테도 절을 하게."

"아니, 밤은 또 왜요?"

"깜깜소식이구먼. 밤송이를 까봐. 이런 밤알이 대개는 세 알이 들어 있거든? 그러니까 밤은 좌의정·우의정·영의정이 든 삼정승이야. 밤한테도 또 절하게."

"허허허. 또 없습니까?"

"이번엔 감인데 이거한테도 할까 말까?"

"감은 뭐죠?"

"육판서야. 감은 씨가 여섯 개가 들어 있거든. 감도 꽤나 높은 벼슬이니, 에라! 절하세."

"그러다가 어디 술안주 먹겠나요? 그냥 편하게 호박전이나 들까요?"

그러자 조충의는 화를 버럭 내면서,

"그 무슨 당치 않는 말씀인가? 아무리 힘없는 백성이라지만 무시해서는 안 되는 거야. 백성이 있고 나서 육판서·삼정승도 있고, 나아가 임금님도 있는 것 아니여?"

"허허허. 어째서 또 호박이 백성이란 말이오?"

"한양 사람들은 참 무식하구먼. 하긴 호박을 키워봤어야 알지. 호박을 반으로 쫙 갈라보면 웬 씨가 그렇게도 많이 들었는지 ……. 안 그려? 씨가 많으니까 백성이지."

"허허. 이 술상에 나라의 백성과 벼슬아치들이 다 놓였구만요."

"그런 셈이여! 이제 드세나."

"재미난 이야기도 썩 잘 하시는 걸 보니 백성들의 사정도 너무 잘 아시겠으니 내 친구가 되어 줬으면 합니다."

"이 취타리 나물과 산토끼 고기를 임금님께 전해 준다면 친구를 하구 말구, 암!"

이렇게 맺어진 두 사람은 10년간을 친구로 지냈는데 조충의는 10년 동안을 만나면서도 상대가 임금님인 줄 몰랐다. 물론 조충의를 만나러 나올 때는 효종이 평복을 하고 나왔기 때문이다. 그러다가 효종이 조충의의 한 가지 소원을 들어주어 사포벼슬을 시켜주게 된다. 조총의는 부임 직전에 임금님께 사은숙배를 하러 어전에 나아갔다.

"지례현감 조충의 알현이오."

"특배된 지례현감은 고개를 들라."

조충의는 이마에 땀을 비오듯 흘리면서 덜덜덜 떨며 고개를 들어본다. 순간, 고개를 들어 임금님을 본 조충의는 귀신한테 홀린 듯했다. 10년 친구가 거기 '임금님입네' 하고 떠억하니 용상에 버티고 앉아 있지를 않는가?

"지례현감은 부임하여 백성을 내 몸같이 잘 다스리거라."

당부하는 효종을 본 조충의는 박장대소를 하면서,

"핫핫핫. 장난도 잘한다. 친구가 날 속이려고 임금님 노릇까지 하다니? 자넨 친구를 위해선 못하는 장난이 없구만. 어서 내려와. 장난 그만하고……. 거기 오래 앉았다간 큰일 나네!"

이렇게 하여 효종은 순진한 시골백성과 친구가 되어 그 친구가 정성을 담아 보내온 취타리 나물과 산토끼 고기를 즐겨 먹으며 가난한 백성들을 늘 생각했다고 한다. 사실 토끼 고기는 열이 많은 사람의 팔다리가 저리고 아픈 것을 치료해 주는 약재로 사용했으니, 북벌정책에 중점을 둔 효종에겐 큰 위안이 되는 요리가 아닌가?

요즈음 우리는 자연식품을 찾느라 애써야 하지만, 그 당시 우리 선조들은 지천에 널려 있는 것이 자연식품이었으니 조상님들이 부러울 만큼 행복했던 것 같다. 녹색성장은 꼭 필요한 것이란 생각이 든다.

37 군사들과 함께 하는 제갈공명 '만두'

군사들과 한 몸이 되는 요리

"내 애인은 강한 정력의 소유자 앞에 서 있고, 내 환경은 나 자신을 스스로 지키기도 어렵다"고 말을 하는 독자분이 있을 것이다. 지금 우리의 처지가 그것과 같아서 역사를 공부하여 지혜를 빌려 봐야겠다. 소설 삼국지의 한 대목을 읽어 보자면 이런 대목이 나온다.

「건너야 할 노수 강이 앞을 가로막는데 음산한 바람이 크게 불고 있어서 파도가 높이 일어나니 제갈공명의 군사가 도저히 강을 건너갈 수가 없었을 때 제갈공명은 크게 탄식을 했다.

"이것은 모두 나의 죄다. 아무리 전쟁이라 하지만 내가 남만 사람을 많이 죽여 이곳에 버렸기에 미친 귀신과 원귀들이 한을 풀지 못해서 이렇게 된 것이다. 내가 친히 이곳에 제사를 지내겠다"고 말하자 원주민이 아뢰었다.

"그전에도 이런 일이 있을 때 사람을 49명이나 죽여 머리를 잘라 제사를 지내서 원귀를 달랬습니다."

이 말을 들은 제갈공명은 고개를 가로저으며 "원귀란 사람이 죽어서 되는 것인데 어찌 또다시 생사람을 죽일 수 있겠는가? 내게 다른 방도가 있다"고 말했다. 그리고 제갈공명은 곧바로 군사들의 음식을 담당하는 행주에게 소와 말을 잡아 고기를 다져서 밀가루를 반죽하여 그 속에 고기를 넣고 사람 머리처럼 만들게 했다.」

이것이 바로 오늘날 만두(饅頭)의 기원이 된다. 어쨌든 제갈공명은 이 만두를 빚어 노수 강변에 제사상을 차려 향을 피우고 옥등잔 49개를 준비하여 원귀를 달래는 제사를 지냈는데, 이때 49개의 만두를 제사상에 놓은 것은 물론이었다. 제갈공명은 원귀를 달래는 제문을 통곡하면서 외우고 난 뒤에 이 제사음식을 노수 강에 버리자 거짓말처럼 성난 물결이 잔잔해지고 제갈공명의 군사들은 아무 일도 없었다는 듯이 이 노수 강을 건널 수가 있었다고 한다. 그렇지만 강을 건넜다고 해도 문제가 해결된 것이 아니다.

특히 남만을 평정할 때에 제갈공명은 그곳의 지배자인 맹획을 7번이나 잡았다가 놓아주는데, 재미있는 것은 그들의 군사들이 단체로 먹어대던 정력요리였다. 그들은 비가 내리는 계절이 되면 씨앗을 뿌려 농사를 짓지만 만일 농사를 그르쳐 양곡이 부족하면 뱀을 잡아서 죽을 끓여 먹거나 코끼리까지 잡아먹었다

고 한다. 그러니 이들이 만일 전쟁에서 이기면 그 점령지역의 여성들을 가만히 놔두었겠는가? 점령지의 여성들은 숱한 고통을 당해야만 했다. 이것은 가까운 우리 역사 속에서도 찾아볼 수 있는 대목이었다.

임진왜란 때 도요토미 히데요시는 조선을 침략하는 군사들에게 복어 요리는 일체 금하고 전투 직전에는 반드시 마늘을 먹였다. 그러면 삶의 희망이 없던 병사들이 정력이 솟아나 점령지의 여성들을 노리고 무척이나 용감히 싸웠다고 한다.

다시 이야기를 제갈공명 쪽으로 돌려서 보자면 이렇게 뱀죽으로 정력을 왕성케 한 적군들과 맞닥뜨렸을 때 이겨내는 처방으로 제갈공명과 그의 군사들은 역시 대응하는 단체적인 정력요리로 백자다(栢子茶)와 송화채(松花菜)를 선택하여 먹었다고 한다.

먼저 '백자다'란 잣으로 만든 차를 말하며, 송화채란 소나무의 꽃가루로 만든 것인데 묘하게도 이것을 복용한 제갈공명의 군사들은 물불을 가리지 않고 덤비는 야만족의 군사들을 침착함을 잃지 않고 대응하여 섬멸할 수 있었던 것이다. 특히 잣은 약효가 부드러워서 오랫동안 먹어야 약의 효과를 보는데, 옛날 한 신선이 잣을 오래도록 먹자 몸에 긴 털이 자라고 빠르기가 잘 달리는 말과 비슷했다고 한다.

또 '독자소'란 사람은 잣과 복령을 오래 먹고 나서 수백 세를 장수하면서도 밤마다 여자들을 뜨겁게 하였다고 한다. 제갈공명은 뱀죽으로 정력을 세우고 달려드는 남만족과의 전투에서 이 잣과 송화가루로 맞섰던 것이다. 이것은 마치 우리가 지금 경제대국들과의 치열한 경제전쟁을 치루어야 하는 난국을 만난 것과 비교가 되는 셈이다.

그의 뛰어난 작전 지략으로 인하여 난국을 잘 극복해 나가는 모습을 보며 우리는 소설 삼국지를 읽을 때마다 박수를 보내지 않는가? 왜냐하면 다른 왕과 대통령들이 자기들만의 정력요리에 치중했을 때 제갈공명은 전체 군사들의 정력요리에 치중했다는 점이다.

지금 우리 처지도 특정인만을 위한 왕성한 정력요리가 필요한 때가 아니라 전 국민을 위한 정력요리가 필요한 때인지라 더욱 제갈공명이가 그리운가 보다.

38 오다 노부나가의 싱싱한 '도미요리'

완벽주의자의 완성을 위한 요리

일본의 근대사에서 유명한 세 명의 장군이 있는데 그 특성이 너무나 대조적이다. 만일 당신에게 울지 않는 앵무새를 주었다면 어떻게 하겠느냐는 질문을 던져본 것이다. 먼저 도요토미 히데요시를 있게 한 오다 노부나가는 "울지 않는 새는 가차 없이 죽여라"고 대답을 했다. 또한 도쿠가와 이에야스를 있게 한 도요토미 히데요시는 다음과 같이 말했다. "울도록 만들겠다." 그리고 마지막으로 막부를 세운 도쿠가와 이에야스는 "울 때까지 기다리겠다." 이렇게 각기 성격대로의 말을 남겼다고 한다.

이 세 명의 장군 중에서 오늘은 "울지 않는 새는 가차 없이 죽여라." 고 사납게 대답을 한 오다 노부나가의 정력요리 부분을 살펴보자. 훗날 막부를 세우는 도쿠가와 이에야스가 일개 장군으로 있을 때 이야기인데, 노부나가가 전투 중에 이에야스한테 구원병을 요구할 참이었다. 그때 이에야스한테 대접할 요리로서 오다 노부나가가 제일 좋아하는 신선한 도미 요리를 준비시켰다. 이때 의전행사를 책임진 사람이 미쓰히데라는 가신(家臣)이었는데, 불같은 노부나가의 성격을 잘 아는 그는 의전행사에 한 치의 오차도 있어서는 안 된다는 점을 명심하고 또 명심하며 준비에 만전을 기했다.

기마병이 전하는 소식에 따르면 오늘 저녁에 도쿠가와 이에야스가 도착한다는 것이다. 미쓰히데는 마치 전쟁에 임하듯 철두철미하게 주방을 살피고 점검하며 부산하게 움직였다. 비와호에서 잡을 수 있는 도미로는 충분하지 않아서 미리 다른 곳에서 잡은 도미를 준비해 놓고 쿄토에서 온 요리사들을 독려하고 있었다.

"뭐든지 넉넉하게 준비해라."

"하이! 반드시 주군의 입맛에 쏙 들도록 하겠습니다."

"좋아! 좋아! 이번 향연만 잘 마치면 대단한 포상이 뒤따를 것이다."

그러면서 이만한 향연 준비면 훗날 밝은 미래와 감투가 기다린다는 기대감에 자기도 모르게 미소가 돌았다. 그러면서 음식이 나갈 향연장을 돌아보고 있는데 주방에서 긴급히 찾는 소리가 들렸다.

"속히 주군께로 가십시오. 급히 찾습니다."

"어디서 말이냐?"

"주방에서 입니다."

의전행사를 맡은 미쓰히데는 어깨가 으쓱해졌다. 이것은 노부나가 주군이 주방을 사전에 시찰해 보고 너무나 완벽해서 큰 칭찬을 할 것이라는 생각 때문이었다. 하지만 미쓰히데가 주방에 갔을 때는 전혀 예기치 않는 사건이 기다리고 있었다. 주방에서는 도미 구이를 담은 접시가

가득 차 있었고, 요리인과 고용인들이 왠지 모르게 사색이 되어 무릎을 꿇고 있었다. 드디어 노부나가의 화난 목소리가 찌렁찌렁 들려왔다.

"미쓰히데! 너는 내가 창피 당하기를 원하는가? 똑똑히 봐라. 이 파리가 눈에 안 보이는가? 너는 파리가 들끓는 도미를 나와 이에야스에게 먹일 참이었나?"

"아뿔싸!"

미쓰히데가 뒤늦은 후회를 했지만 이미 때는 늦었고, 운이 그를 따라주지 않았다. '그렇게 파리를 잘 쫓고 있었다가 하필이면 노부나가 주군이 들어왔을 때 잠시 한눈을 팔아 파리를 앉게 했단 말인가?'

급한 성미의 노부나가는 곧바로 의전행사 책임자 자리를 면직시키고 만다. 도미의 신선도를 떨어뜨리든가 이물질이 접근하는 걸 절대 용서하지 않을 만큼 노부나가는 도미를 좋아했기에 그의 막료나 타지의 장군들이 초대될 때는 어김없이 가장 싱싱한 도미로 만든 각종 요리가 상에 올랐다고 한다.

도미! 우리는 흔히 '돔'이라고도 부르는데 그 종류가 많다. 옛날부터 허약한 어린이나 노인들의 스태미나 식으로 많이 애용되어 왔으며, 깊은 잠을 이루게 하는 데도 대단히 좋다고 한다. 주요 성분으로는 역시 수분이 많고 단백질과 지질 · 회분 · 칼슘 · 인 · 칼륨 등이 골고루 들어 있어서 몸에 열이 많다거나 소화 장애가 있다거나 갈증이 심한 사람에게 아주 좋다고 한다. 이런 도미를 소금구이나 기름에 튀겨먹어도 좋지만 생선회가 더욱 맛이 있다.

그것은 도미가 유난히 깊은 바닷물 속에서 살고 있기에 물의 압력으로 인한 영향으로 생선회의 맛이 유별나게 졸깃졸깃하다는 것이다. 이렇게 싱싱한 도미요리를 즐긴 노부나가였기에 도요토미 히데요시와 도쿠가와 이에야스를 있게 만들었을 뿐만 아니라 중세 일본의 천하제패란 웅지를 품을 수 있었던 것이다. 끝내는 급한 그 성미 때문에 측근의 암살로 그 꿈은 실패하고 말지만…….

39 시저의 '돼지고기'와 '버섯'

전리품으로 완성한 제맛요리

동양에서는 마오쩌둥이 돼지껍질을 정력요리 삼아 중국을 통일하였다면 서양에는 돼지고기와 표고버섯을 좋아했던 로마의 시저가 있다. 돼지고기를 유난히 즐겼던 시저는 처음엔 돼지고기 요리에 버섯이 들어가야 한다는 걸 몰랐다. 왜냐하면 로마에 버섯이 전해진 것은 그가 갈리아(지금의 프랑스)를 정복하고 난 후였기 때문이다.

음식 이야기로 보면 시저가 프랑스와 악전고투하여 이긴 뒤 얻은 전리품은 표고버섯이다. 표고버섯을 얻게 됨으로써 그는 좋아하는 돼지고기에다 표고버섯 향기를 낼 수 있게 된 것이다. 그 결과 시저는 남다른 정력을 소유하게 됐고, 그가 전쟁터에서 로마로 돌아왔을 때 로마의 시민들은 열광적인 환영을 보내면서도 다음과 같이 비아냥거렸다.

"로마 시민들이여! 아내를 잃지 않으려면 아내를 숨겨라. 미인이라면 물불을 가리지 않는 색마가 개선했다."

이집트의 정복, 소아시아 점령 등 수많은 전승기록을 세운 시저는 눈에 드는 여자만 보면 가리지 않고 함께 잠자리에 들었다. 더구나 여자들은 누구나 가릴 것 없이 영웅을 환호하지 않는가? 별 볼일 없는 왕이라도 해바라기처럼 바라는 궁녀와 비빈이 얼마인데, 수많은 전승기록을 세운 그 힘하며, 용맹을 천하에 떨친 시저였음에야……. 손가락만 까딱해도 달려드는 여자들이 어디 한둘이었겠는가.

로마에서는 연애시인 설피키우스의 아내 보스토우이아를 겁탈하고 군인 가비니우스의 아내 로리아와 로마의 부자인 루크루스의 아내 테레토우라와도 잤으며, 심지어는 그 유명한 폼페이우스의 아내 무키아 등 유명인사 부인과 닥치는 대로 간통을 했다.

세익스피어의 말처럼 낭만적인 영웅이었던 시저는 또한 일생 동안 서너 차례나 아내를 바꿨을 뿐 아니라 대단한 남색가이기도 했다. 그런가 하면 애첩을 위해 전쟁까지도 마다하지 않았다. 동생과 왕위를 다투고 있던 이집트의 클레오파트라를 위해 알렉산드리아 시민을 상대로 전쟁을 일으켜 정복하지 않았는가? 이렇게 해서 그 유명한 이집트의 여왕인 클레오파트라와 뜨거운 잠자리를 갖고 아이 둘을 낳은 것이다. 당시 클레오파트라는 23세였고, 시저는 53세였지만 시저의 정력만큼은 젊은이 못지않아 클레오파트라를 만족시켰다고 한다.

세기의 미인 클레오파트라까지 즐겁게 했던 시저의 정력요리인 돼지고기와 표고버섯의 비밀은 무엇일까? 지구상에 존재하는 버섯의 종류는 100여 종이 넘는다고 한다. 버섯의 수가 많은 만큼 인간에게 이로운 버섯도 많고 해로운 버섯도 많은데, 대체로 독버섯은 유난히 멋스런 자태를 하고 있어서 금방 누구라도 유혹할 듯 기생 같은 몸짓을 하고 있다. 이들과 달리 인체에 건강을 안겨다 주는 버섯으로 가장 많이 알려진 것이 표고버섯인데, 이를 돼지고기와 함께 먹으면 콜레스테롤을 줄이는 것은 물론 영양의 균형이 이루어져 로마의 시저 같은 정력을 얻는다.

표고버섯 100g에는 단백질 18.7g, 지방질 1.7g, 칼슘 5mg, 철 0.8mg, 인 80mg, 비타민 B_2 0.46mg, 비타민 B_2 0.17mg, 나이아신 4mg 등이 들어 있으며 양질의 섬유질도 들어 있다. 때문에 아무리 감칠맛 나는 돼지고기라도 동물성 지방과 콜레스테롤이 많이 함유되어 있으므로 이를 제거하기 위해서는 콜레스테롤의 체내 흡수를 막아주는 표고버섯을 함께 먹는 게 좋은 것이다. 이미 표고버섯의 맛은 누구나 잘 알겠지만 그 향내며 육질은 어디 내놓아도 은은한 자연향이 아닌가? 또 쫄깃거리는 맛은 어떤가?

그냥 에피소드지만 버섯이라는 것이 그 생김새부터 뭔가를 닮지 않았는가? 너무 야하다고 독자들이 "이놈!"하고 야단을 치시겠지만 우리 속담에 '생긴 대로 논다'라는 말이 있듯이 버섯을 먹을 땐 어딘가 모르게 기분학적으로 스태미나에 자신감이 생긴다. 어디 그뿐이겠는가? 표고버섯에는 항암효과가 있다는 사실이 밝혀졌으며, 항바이러스 효능도 있음이 보고된 바 있다. 여기에 표고버섯 특유의 향기는 알게 모르게 다른 사람을 유혹하

기도 하는데 렌티오닌이라는 향이 그것이고, 여기에 구아닐산과 아데닐산이라는 맛이 어우러져 일품이 되는 것이다.

돼지고기의 냄새를 굳이 나쁘달 건 없지만 그 진한 냄새를 죽이고 은은한 향으로 가미한 음식은 전문용어를 쓰지 않아도 일품요리란 말이 그대로 전해지는 게 아닌가? 또 표고버섯이 고단백 고지방 식품인 돼지고기와 어우러지면 대단한 스태미나의 효능을 발휘한다는 이야기가 있는데, 이집트의 클레오파트라를 녹였던 힘에 있어서 아마 로마의 시저도 그 덕을 단단히 보지 않았나 하는 생각이 든다.

그런데 시저에게도 남모를 고민이 있었다고 하는데, 그는 위대한 정치가요 대장군이며 뛰어난 문장가의 재능을 가진 왕성한 정력가였지만 유감스럽게도 20세 때부터 대머리 증세가 시작되었다. 그래서 시저는 매일 아침 남아있는 뒷머리의 머리카락을 이마까지 늘어뜨리는 데 많은 시간을 할애해야만 했다.

왜 그랬을까?

상상이 된다. 원래 버섯의 모양새가 남성을 상징하는 모습이지만 역설로 말하자면 꼭 대머리 같은 모습도 겸하고 있기 때문이다. 그러니까 뛰어난 정력요리이면서도 아울러 그에 상응하는 댓가를 고민으로 주고 있었다. 그렇다고 구더기 무서워 장 못 담그랴! 오늘을 사는 우리시대의 남성들이여! 퇴근 후에는 로마의 시저처럼 돼지고기에다 표고버섯을 곁들이는 안주를 선택하자. 시공을 초월하여 로마의 시저가 되어 클레오파트라를 사랑하게 될 것이다.

독자 분들의 클레오파트라가 누군가? 바로 여우같은 마누라가 아니겠는가!

40 이토 히로부미(伊藤博文)와 조선의 '너비아니'

침략자의 탐욕요리

'서양에 유명한 스파이로 '마타하리'란 미녀가 있었다면 우리나라에서는 침략의 원흉인 이토 히로부미의 수양딸이 되어 조선왕조를 망하게 하는데 앞장을 선 '배정자'라는 요화가 있었다.

안중근 의사의 총탄 앞에 쓰러지기까지 조선을 착취하기 시작한 이토 히로부미는 가난한 농가에서 태어나 천황 숭배사상에 젖어 들었던 인물로서 런던에 유학해서 정치·헌법을 연구하고, 미국에서 화폐제도와 은행제도를 익힌 다음에 드디어 1881년 일본에서 수구세력을 몰아내고 메이지(明治) 정권의 최고 지도자로 군림하게 된다.

초대 내각 총리대신을 거쳐 추밀원 의장이 된 그는 1894년 청일전쟁 뒤 시모노세키 조약을 체결해 요동반도 등을 청나라로부터 할양받는 공적을 세운다. 그리고 전면에 나서서 조선을 합병하는 작업을 일사천리로 진행하고자 한양에 나타나 조선의 목을 비틀기 시작했던 것이다. 이토 히로부미가 낮에는 조선을 삼키려는 흉계를 착착 진행하고, 밤이면 배정자의 턱을 받혀 얼굴을 들어올리며 그녀의 달콤한 입술을 빨았다. 배정자는 스스로 알몸이 되어 이토 히로부미의 품속으로 파고들었는데, 이때 배정자는 젊은이에게서는 느낄 수 없는 노련하고 친밀한 이토 히로부미의 정욕에 빠져 들었다고 한다.

그러니까 둘은 요란하지는 않았지만 무척 끈적끈적한 밤을 이어갔던 것이다. 이런 나날 속에 그들이 조선의 목을 완전히 비트는 데 성공하여 이토 히로부미가 초대 통감이 되어 취임식을 갖는다. 그와 동시에 조선은 외교권을 박탈당하고, 외교문서를 조사관리 당하였다.

예를 들면 산림 벌채권, 광산 채굴권, 어업권, 철도 부설권, 우편, 전신의 통신기관 및 항해권까지 모두 빼앗겨 버렸다. 이 기간 동안 이토 히로부미는 제왕에 버금가는 권세를 누리며 의병학살과 토지수탈 등 온갖 만행을 저질렀다. 그의 술책은 실로 미치지 않는 곳이 없었다.

경운궁을 덕수궁이라 호칭을 고쳐 그곳에 고종을 유폐하고 순종을 허수아비로 만들어 창덕궁에 안치시켰다. 또 고종이 귀여워한 왕자 은(垠)은 일본에 인질로 끌어갔고, 이토 히로부미 자신이 왕자의 교육을 맡은 보육총재에 임명되었다. 이 모든 권한을 부리는 이토 히로부미의 곁에는 항상 배정자가 찰거머리처럼 붙어서 조선의 알짜배기 요리인 '너비아니'를 대령하였다.

남산 왜성대의 총독관저와 정동 손탁호텔에서 양녀 배정자를 껴안고 침략과 수탈계획을 실천하는 이토 히로부미는 밤마다 배정자가 만들어 주는 그의 정력요리로 한국의 '너비아니'를 택하여 즐겨 먹었다고 한다.

그리고 밤 깊은 줄도 모르고

"아! 아버지!"

"정자야! 정자야……."

이렇게 숨 막히는 소리로 둘은 서로를 불러가며 부둥켜안고 뒹굴었다. 늙은 나이에도 밤마다 젊은 배정자를 때려눕힐 수 있던 것은 한국의 '너비아니' 덕분이었는데, 고인이 된 이서구 선생이 쓴 ≪풍류의 뒷골목≫에서 '너비아니'란 우리나라 불고기를 부르던 옛 이름이라고 했다.

옛날엔 불고기를 '너비아니'라 불렀기에 고기를 저미어 음식 맛을 돋우는 양념부터가 지금과는 판이할 만큼 달랐다고 한다. 마늘이라든가 실고추, 그리고 진짜배기 깨소금과 참기름을 장만해서 양념으로 쓰기 때문에 토속적인 전통불고기 맛을 낼 수가 있었다고 한다. 불고기만해도 그렇다. 고기 자체도 그렇고, 고기를 써는 방법부터가 요즘과 달랐을 뿐만 아니라 굽는 방법까지가 아주 고급스러웠다고 한다.

'너비아니'는 우선 고기를 써는 방법부터가 특이했다. 고기의 결을 따라 썰었고, 석쇠에다 구었는데 석쇠도 구리석쇠라야만 했다. 그것도 그냥 굽는 게 아니라 구리석쇠 위에 물로 적신 창호지를 깔아 굽는 정성이 배인 요리였던 것이다.

이처럼 정성이 깃든 우리 고유의 불고기인 '너비아니'를 먹으면서 이토 히로부미는 침략자가 누리는 수탈의 풍족함을 즐겼고, 배정자는 이토 히로부미의 품속에서 조국이 망해가는 비명을 대신 질러대고 있었던 것이다.

41 청나라 시조 누루하치의 '황금육'

침략자의 탐욕요리

백두결의(白頭結義)를 맺은 형제 8명과 소년기갑병 13명으로 보잘것 없이 일어선 누루하치는 부족을 통합하여 명나라 대병을 격파하고 후금(後金)을 세워 청나라 건국의 기틀을 마련했는데, 그 성공의 원동력이 '황금육'이란 요리에 있었다면 어떤 생각이 드는가?

우선 누루하치의 이름부터가 그렇다.

'누루하치'란 만주어로 '멧돼지의 가죽'이라는 뜻인데, 그 이름처럼 멧돼지의 가죽은 뜨거움과 차가움을 이겨내고 또한 질기다. 더구나 멧돼지의 전진속력은 쇠창살을 뚝뚝 끊을 정도니까 누르하치란 그에게 가장 어울리는 이름이었고, 그 이름에 걸맞는 큰 뜻을 품었다 할 수 있다.

새로운 영웅이 필요한 시기였다.

이 무렵 청년 누르하치는 장차 부인이 될 여인 3명과 인연을 맺어 마음의 안정을 찾은 뒤에는 각별히 그의 병사들에게만 신경을 쓰기 시작했다.

그 중 한 가지 예를 들면 매년 설 무렵이면 누르하치는 1년간 수고한 장병들의 노고를 위로하기 위해 3일 연속 잔치를 베풀고 병사들과 함께 보냈다. 그때 누르하치는 친히 주방에 가서 손수 볶고 지지고 다져서 그의 전매특허 요리인 '황금육'을 만들었다.

흥겨운 주연의 마지막에 이르러 황금육을 가져와 병사들을 접대했는데 그것도 몸소 받쳐 들고 부하들에게 한 점씩 먹게 하니 주위 사람들은 대단히 감격했다. 더구나 황금육의 맛이 기가 막히니 달리 무슨 말이 필요하겠는가?

장병들은 황금육을 먹으면서 그 맛에 감탄하여 질문을 던졌다.

"맛이 천하일미입니다. 맑고 향기로우며 말랑말랑해서 느끼하지도 않고요. 대체 이 음식은 어떻게 만든 겁니까?"라고 요리법을 물었다.

그러자 누르하치는 웃으면서 이렇게 말했다.

"음식의 맛은 재료에 달려 있지. 재료는 원재료, 배합재료, 조미재료로 나뉘는데 이 황금육의 주요 재료는 날씬한 멧돼지고기 반근이지. 배합재료로는 파와 생강 두 돈에 천향채 세 돈을 넣고, 조미료는 식초 다섯 돈, 간장 다섯 숟갈, 소흥주 두 돈, 계란 한 개, 전분 다섯 돈을 사용하며 소금, 설탕, 후추 등을 조금 섞지. 이렇게 해서 만들었다네."라고 숨 돌릴 사이도 없이 말한다.

"주재료와 배합재료, 조미료를 준비한 후 지지다가 고기의 양면이 황금색으로

되면 이때 파와 생강 및 천향채를 넣고 조미재료를 섞어야 맛깔스런 음식이 나오는 것이지.”

이 요리법은 누르하치가 총병관의 관부에서 심부름을 하고 있었을 때에 개발하였다.

어느 날 요리사가 갑자기 몸져눕는 사태가 발생하여 관부의 몇몇 여자 하녀들이 음식을 대신 만들었는데, 당시 관부의 규칙에 의하면 총병관의 식사는 한 상에 여덟 가지 요리가 준비되어야만 했다. 여자 하녀들이 분주히 음식을 준비했으나 일곱 가지밖에 되지 않아 발을 동동 구르며 안절부절 못하고 있었다.

이런 딱한 상황을 바라본 누르하치가 주방에 들어가 재료를 살폈다. 그리고 아직 조리가 안 된 멧돼지고기로 즉석에서 황금육을 만들었고, 총병관이 누르하치가 만든 황금육을 먹고는 맛이 좋다고 극구 칭찬함으로써 시작이었다고 그 유래를 밝혔다.

그리고는 “어서들 먹게나. 음식을 만든 것은 먹으라고 그런 것 아닌가? 옛사람이 임금은 백성을 근본으로 하라고 했듯이 내가 병사를 이끌면서 병사들을 홀대하면 누가 나를 위해 전장에 나가겠는가?”라고 강조했다.

그랬다!

광활한 대륙천하를 지배하고자 수많은 영웅호걸들이 북방에서 일어나 대의를 내걸었으나 거의 실패했지만 누르하치는 성공을 한 것이다.

42 일본 호소카와 모리히로 수상의 '수놈 바닷게'의 횡포

사나운 음식이 안정을 유지

"우리와 마주보고 있으나 자꾸만 일방적인 행동을 하는 나라!"

그곳의 전 수상 호소카와 모리히로가 좋아했던 바닷게 이야기를 해 보자. 먼저 호소카와 모히리로 말하자면, 어쩌면 위에서 언급한 성격을 확실하게 지니고 있었으니, 고집 센 합리주의자요 부드러운 공포 정치가로 불렸다. 그는 재임 중에 일대 정치혁명을 일으켰다.

집권여당인 자민당의 38년 아성을 무너뜨리고 신일본 창조의 메시지를 던졌던 호소카와! 일본 정치에 자민당 시대라는 단어가 과거의 한 페이지로 넘어가고 비자민 연립시대라는 시대가 펼쳐졌다. 이 주도 인물이 바로 호소카와 모리히로였던 것이다.

호소카와는 바다음식 중에서도 특히 게를 좋아했다. 물론 어리굴젓을 함께 좋아했으므로 그의 성격조차도 외유내강과 내유외강을 두루 갖추고 있었다. 바닷게나 굴이 딱딱한 껍질 속에 부드러운 살코기를 감추고 있듯이 호소카와의 성격 또한 그가 좋아했던 바닷게나 굴을 닮았던 셈이다.

게는 교미를 하여 생식하는데 바다동물 중 교미시간이 가장 길다. 더구나 교미는 숫게의 마음대로여서 암컷의 기분은 조금도 배려해 주지 않고 일방적으로 난폭하게 제멋대로 군다. 교미 시기는 9월 중순부터 10월 하순 사이에 이루어지는데, 이때의 게 맛이 더욱 쫄깃쫄깃하고 달짝지근한 입맛을 돋우어 주기 때문에 바야흐로 가을철은 게 요리의 절정시기라고 봐야 할 것이다. 게는 세계적으로 수천 종에 달하며 그 맛도 조금씩 다르다. 주로 연안의 바위 사이나 갯벌에 서식하는데 속살의 조직이 거칠고 쉽게 부패하지만 맛은 대단히 좋다.

우리나라에서 많이 잡히는 게는 꽃게, 농게, 다랑게, 바다참게, 털게, 그리고 영덕게 등이 있는데, 꽃게는 몸이 크고 살도 많은데다 맛도 비교적 괜찮아 가장 경제성이 있는 종류이다. 그리고 한국산 게 중 가장 몸집이 크고 맛도 좋은 것은 동해의 영덕대게인데 큰 수컷은 엄청나게 크다. 영덕게는 예로부터 경상북도 영덕에서 많이 잡혀 이름 붙여진 것으로 살집이 좋고 맛도 좋아 귀하게 여겨진다. 대게라는 이름은 몸통이 커서가 아니라 다리가 대나무 마디를 닮았기 때문에 붙여진 이름이다.

바닷게는 싱싱하기만 하면 별 걱정

이 없지만 민물게는 매우 조심해서 먹어야 한다. 특히 폐디스토마의 중간숙주이므로 날것으로 먹거나 게장으로 먹으면 질병에 걸릴 확률이 높다. 게는 일단 열을 가하면 빨간색으로 변하는데 이는 새우와 마찬가지로 몸 껍질과 발에 있는 아스타크산티라는 색소 성분 때문이다. 이 성분이 단백질과 결합되어 있어 변색이 일어나는 것이다. 그래서 더 먹음직스럽게 보이는 시각효과도 준다.

게살에는 수분과 단백질이 각각 79%, 16.4%로 가장 많고, 칼슘과 비타민 B_2·인·철분 등이 포함되어 있다. 열량은 100g당 75kcal이다. 단백질이 특히 풍부한데 여기에는 필수아미노산이 많이 들어 있어 발육기에 있는 어린이들에게 아주 좋은 식품이다.

게의 가장 큰 단점은 쉽게 상해 버린다는 점이라서 가능한 살아있는 게를 구입하고 가급적 바로 조리하는 것이 좋다. 게를 고를 때는 다리의 뿌리 부분이 단단한 것을 고르며 들었을 때는 묵직한 것이 좋다. 등딱지가 부드러운 것은 살이 적으며 엎었을 때 다리 쪽의 밑부분이 청색 기운을 띠는 것이 싱싱한 것이다. 게를 즐겨 먹는 나라는 많은데 저마다 조리법이 독특하다. 우리는 옛날부터 게탕, 게찌게, 게찜, 게장, 게살비빔밥 등을 즐겨 먹었으며, 특히 게장은 봄·여름철 입맛이 없을 때 식욕을 돋우어 주는 별미로 많은 사랑을 받아왔다.

그리고 중국요리로는 게살수프가 유명하다. 또 서양에서는 게수프, 게살샐러드, 게살그라탕 요리 등이 있다.

지금 이야기 하고자 하는 호소카와 전수상이 즐긴 게 요리로는 일본의 게 샤브샤브와 왕게 철판구이라고 한다. 대부분의 해산물은 산란기에 맛이 좋지만 게는 산란기에는 맛이 떨어지므로 산란기가 지난 가을

철에 제 맛이 난다. 특히 바닷게는 독특한 향과 맛을 지니고 있는데 이는 글리신, 프로틴, 아르기닌, 비타민, 다우린 등의 성분이 있기 때문이다.

게는 산성식품이므로 알칼리성인 식품인 야채를 곁들여 먹기를 권하고 싶다. 우리는 앞에서 말한 게의 일방적인 성격까지 닮아서는 안 될 것이다. 오히려 함유량이 낮은 건강식품이란 점을 감안하여 겸손한 성격을 배워야 할 것 같다. 새우 등 갑각류에 함유된 키틴과 키토산은 천연고분자 활성체로써 자율신경의 조절과 호르몬 분비의 조절을 통해 각종 성인병 예방에 탁월한 효과가 있는 것으로 확인되고 있으니, 게 눈 감추듯 게를 먹어보는 것도 괜찮겠다.

일본 전 수상 호소카와의 기호식품 바닷게의 요리는 사나운 음식이면서도 게의 속살처럼 부드러운 안정을 유지시켜 주는 양면성의 정력요리이다.

43 캐나다의 장 크레티앵 총리의 사나운 '바다가재'

거친 음식재료가 부드럽게 만든다?

언젠가 월드컵 아시아 지역 예선에서 주심이 국제적인 '명주심'이라고 TV 해설자가 신명나게 소개하며 도대체 심판이 그라운드에 있는지 없는지 모르겠다고 떠들었다. 그만큼 자기를 나타내지 않고 선수만 돋보이게 경기를 잘 진행시킨다는 칭찬이었다.

한 나라를 예로 들면 바로 캐나다가 그런 나라이고, 장 크레티앵 총리가 '명주심'인 셈이다. 정치계의 '명주심'이었던 캐나다의 장 크레티앵이 식탁에서 판정관이 되었던 일화가 있다.

세계 최고의 바다가재로 캐나다산으로 뉴펀들랜드산과 노바스코샤산 가재가 있다. 이 해변가 도시에서 정치 모임이 있던 어느 날 양쪽 지역에서 건져 올린 싱싱한 바다가재를 놓고 작은 논쟁이 시작되었다.

심판관은 장 크레티앵. 정치 초년생이었던 그는 대단한 미식가인데

다 좋아하던 술도 끊은 상태라 입맛을 제대로 살려 판결을 내릴 수 있는 조건에 처해 있었다. 술을 끊은 것은 정계에 있는 동안은 절대 술을 마시지 않겠다는 아내와의 약속을 잘 지키고 있던 중이었다.

그런데 술은 한 방울도 입에 대지 않고 천천히 양쪽 지역의 바다가재를 맘껏 음미하는 동안, 판결을 기다리던 다른 정치인들은 백포도주를 마시며 술에 취해 좌석은 다시 다른 쪽으로 화제가 돌아가 맛의 판결이 필요 없게 되었단다. 자동 해결을 시킨 그의 지연작전이 돋보이는 성공이었다.

이민국가로 가장 선호하는 나라가 캐나다. 그렇지만 그곳을 다스리는 장 크레티앵 캐나다 총리에 대해서는 거의 알지를 못한다. 선천적으로 입이 비뚤어지고 한쪽 귀가 먹어 불우한 소년기를 보내야 했던 장 크레티앵은 29살에 국회의원에 당선되어 그 후로 30년 동안 장관만도 6차례나 지냈으나 당권 도전에서 패배를 한 뒤 은퇴하지만 다시 정계에 복귀, 자유당 당수자리에 오르고 이어서 캐나다 총리로 당선되었는데 그는 총리가 되었다는 것을 깨닫기까지 한참의 시간이 필요했다.

아내가 침대에 누워있는 장 크레티앵을 흔들어 깨우며 "커피 드실래요. 총리 각하!"라고 말했을 때 그제야 비로소 날아갈듯이 좋아했다는 일화가 있다. 곧이어 미국 대통령이 별장으로 전화를 걸어왔을 땐 더욱 기분이 좋아져서 손자들에게 정상들의 전화통화 내용을 들을 수 있도록 크게 이야기했을 정도였다. 그 후 들뜬 마음으로 캐나다 20번째의 총리로서 취임 선서를 한다.

위대한 캐나다 연방을 지키는 데만 열중하는 장 크레티앵 총리의 정력요리는 과연 무엇이었을까? 그것은 캐나다 청정해역에서 나는 바다가재였다. 바다가재는 무공해 식품으로써 먹으면 눈이 시원해지고 충혈된 눈동자를 해맑게 만들며 또 입이 마르고 몸이 부어있는 사람이 가재를 달여서 먹으면 부기가 내리고 병이 낫는다.

옛날엔 가재꼬리 부분이 정력에 좋다 하여 가재꼬리 부분만 모아 달여 먹었다는 이야기도 전할 만큼 강력한 스태미나를 발휘한다고 했다. 여자들이 녹초가 되는 날의 요리를 보면 이 바다가재를 먹었던 날이라고 할 정도다.

바다가재가 물속에서 꼬리를 한번 튀기면 미생물들은 화살보다 빨리 수중점프를 한다니 이것이 원인인 모양이다. 만약 독한 술에다 바다가재를 집어넣으면 바다가재는 마치 처녀를 만난 총각처럼 펄펄 뛰다가 마침내는 술에 흠뻑 취하여 주정을 한다. 그때 바다가재를 집어 먹어야 하는데 그것이 술일까? 안주일까?

이 질문을 장 크레티앵 총리에게 던지면 어떤 결론을 내릴까?

내가 다른 쪽으로 신경을 쓸 때까지 아마도 또 지연작전을 쓰시겠지!

44 정조대왕의 '탕평채'와 송충이 '효도식'

효도를 위해서라면 송충이도 음식이다

옛날이나 지금이나 당쟁의 피해는 상당히 심하다. 그래서 조선조의 임금 중 정조대왕은 그 당쟁의 소용돌이 속에서 아버지인 사도세자가 뒤주 속에서 죽어가는 것을 목격해야 했다. 이런 당쟁의 피해 당사자로서 왕위에 오른 정조대왕은 '탕탕평평(蕩蕩平平)'을 그의 정책으로 삼는다. 이 탕탕평평이란 원래 무편무당 왕도탕탕(無偏無黨 王道蕩蕩), 무당무편 왕도평평(無黨無偏 王道平平)에서 나온 말인데, 어느 쪽에도 치우치지 않고 공평하다는 뜻을 말한다.

그래서 그는 요리마저 이름이 같은 탕평채를 종종 찾아서 먹었는데, 탕평채는 녹두를 맷돌에 갈아서 녹말가루로 묵을 쑤어 쇠고기와 숙주, 그리고 미나리 약간과 김과 달걀과 간장을 비롯한 양념을 넣고 버무리자마자 바로 먹어야 한다.

정조대왕은 이 탕평채 모양 송충이를 바로 먹어야만 했던 일화가 있는데 여기에 그 사연을 소개한다. 가끔 어가행렬이라 하여 임금님의 행차하는 모습 중에서 정조대왕이 아버지인 사도세자 능(수원 화산능 - 건릉원)을 찾아가는 행렬도를 본 적이 있을 것인데 그만치 정조대왕은 효심이 강한 임금님이었다.

그러던 어느 가을날 조선팔도의 들판은 정말 난리가 났다. 심한 가을 가뭄이 들었으니 풍년을 기원하던 백성들의 마음이 오죽했으랴. 물론 임금인 정조대왕의 마음도 안타까웠다. 그런데 이 안타까운 마음 위에 불똥이 하나 떨어진다.

"상감마마! 큰일이옵니다. 화산능 전역에 송충이 떼가 출몰하여 주위의 소나무들이 다 죽어간다 하옵니다."

"무엇이 어쩌구 어째?"

누구보다도 효심이 강한 정조대왕은 기절초풍을 할 만큼 놀라면서 곧이어 분노에 떨었다.

"과인이 어떻게 심고 가꾼 소나무인데 송충이 떼가 갉아먹는단 말인가?"

정조대왕은 아바마마인 사도세자 능을 찾아뵈올 때마다 손수 소나무 한 그루씩을 심었고, 날이 갈수록 그 소나무는 자라나면서 사시사철 푸른 절개로 능을 지키고 있었는데 무엄하게도 가뭄으로 인한 송충이 피해가 대단하다니 불쾌하기 짝이 없었다.

"듣거라! 어서 능행차를 준비하여라."

이렇게 요란법석을 떨면서 예정에 없던 능행차가 이루어지고, 사도세자 능에 도착해 보니 정말 송충이 떼의 피해가 극심하지 않은가? 이를 바라본 정조대왕은 즉시 능참봉에게 명했다.

"저놈의 송충이 떼를 모두 잡아 죽이지 않고 무얼 하고 있느냐?"

"상감마마! 아무리 잡아도 한이 없사옵나이다."

"뭣이라?…. 오냐! 그렇다면 당장 송충이 다섯 마리를 잡아 대령시켜라."

어명이 내리자 능참봉은 즉시 송충이 떼 중에서도 커다란 송충이 다섯 마리를 잡아다 임금에게 내밀었다. 보기만 해도 징그럽고 사방으로 난 털은 소름이 끼쳤다. 그렇지만 정조대왕은 손가락으로 덥석 송충이를 집어 들고는 냅다 호령을 하였다.

"송충이 네 이놈! 아무리 천한 미물이라 하여도 감히 아바마마의 능을 지키는 솔잎을 갉아먹다니? 에잇~ 과인도 너를 씹어 먹으리라."

그만 분노를 이기지 못한 정조대왕은 손가락으로 잡고 있던 송충이를 입에다 넣고 질겅질겅 씹더니 꿀꺽 삼켜 버렸다.

"상감마마! 고정하시옵소서."

대소신료들이 말릴 사이도 없어 황망해 하는데, "아바마마! 불효막급한 소자를 용서하소서."하고 하늘을 우러러보며 정조대왕은 부르짖었다. 그때였다. 갑자기 검은 구름이 몰려오더니 온통 하늘을 덮고는 요란한 천둥번개와 함께 소낙비가 내리는데 우박까지 겹쳐서 쏟아진다.

"우르릉 꽈르르릉~"

콩알만한 우박은 소나무 위의 송충이 떼를 마구 떨어뜨리고 있었다. 떨어진 송충이들은 똘물지어 흐르는 빗물에 씻기어 내려가고 있었다.

"어허허! 이렇게 기분 좋은 일이 또 어디 있을꼬?"

"상감마마! 옥체 불편함이 없사옵니까?"

"불편하다니? 송충이를 먹었더니 솔잎이 약이라는 걸 이제 알았소.

힘이 펄펄 납니다. 핫핫핫!"

그렇다면 정조대왕이 먹은 송충이가 과연 효도음식을 넘어 정력이 펄펄 솟아난 것일까? 물론 효심에 먹은 송충이지만 송충이 역시 솔잎만 먹고 사는지라 송충이와 솔잎은 필수 관계가 있었다.

옛부터 신선들이 먹었다는 솔잎은 오장육부를 고르게 하고 허기를 느끼지 않게 한다. 가슴이 답답하거나 깊은 잠을 자지 못하는 사람들에게 특효인 이 솔잎은 생체조직의 산화 및 환원과정을 촉진시키고 수렴성 소염작용과 지혈작용을 하는 것으로 밝혀졌다.

정조대왕은 이런 솔잎을 먹은 송충이를 먹음으로써 만고효자 임금님이 되었고, 아울러 솔잎으로 오장육부를 고르게 하여 탕평책을 쓰는 데 큰 힘이 되었다고 한다.

45 고려 인종과 이자겸의 '영광굴비'

임금에게 충성을 위한 생선이름 탄생

영광굴비는 왜 귀족 생선이 되었는가?

"설날 영광굴비를 선물하면 어떤 청탁도 다 이룰 것이다"라는 말을 들을 정도로 생선에 있어 영광굴비는 귀족 칭호를 받고 있다. 또한 조기 뱃속 공기주머니는 최고 보양제로 알려져 있고, 영광으로 귀양 간 이자겸에 얽힌 일화로도 유명하다. 그럼, 그 이력서를 살펴보자.

조기는 봄철에 칠산 앞바다에서 잡히는데 머리 속에 은황색으로 빛나는 2개의 돌이 박혀 있어 '석수어'라고도 불리고 있다. 조기는 노란색이 도는 참조기를 잡아 법성포에서 말린 것이 진짜 영광굴비인데, 지금은 잡기는 딴 해역에서 잡고 말리기만 법성포에서 해도 영광굴비란 이름을 붙이지 않을 수 없는 실정이다.

알이 꽉 차고 기름기에 절어 황금빛을 띠는 놈이 최고품의 조기인 것이다. 사람의 기운을 북돋워주는 효험이 있다고 해서 오죽하면 조기(助

氣)란 이름이 지어졌다고 한다. 그런데 이 조기가 말려지면 굴비라는 이름으로 바뀐다. 그렇다면 왜 굴비라는 이름으로 바뀌는가?

굴비 덕분에 왕과 대통령의 정력요리에서는 오늘 이야기를 고려 말 인종(仁宗) 때로 역사를 거슬러 올라가서 당시 영광으로 귀양을 갔던 이자겸(李資謙)을 추적하지 않을 수 없다.

'영광굴비 맛에 중죄인도 사면되다!'

무슨 말이냐고요?

영광으로 귀양을 온 이자겸이 영광 앞바다에서 조기를 잘 말려 임금에게 진상했는데, 그 뛰어난 맛에 반한 임금이 당장 귀양을 풀었고, 귀양에서 풀린 이자겸은 그 고마움에 충성을 다 했다고 한다. 그러나 조기의 진상으로 얻어진 충성의 기회가 결코 비굴하지 않았다는 것을 뜻하기 위해 '비굴'을 거꾸로 읽어 '굴비'라는 이름이 붙여졌다는 전설이 있다. 하긴 거꾸로 읽어서 더 재미있는 말 중엔 이런 것들도 있다.

'자살'을 거꾸로 읽으면 '살자'가 되고, 'KO'를 거꾸로 읽으면 'OK'가 된다. 더 웃기는 건 '소변금지'를 거꾸로 읽으면 '지금변소'가 되지 않는가. 어쨌거나 '비굴'을 거꾸로 읽어 '굴비'로 만들어낸 영광굴비의 가공법을 알아보자.

법성포로 옮겨진 조기는 아무런 사전처리 없이 아가미에 소금을 채우는데, 이때 사용하는 소금은 최소한 3년 이상 묵은 것으로 과다한 염분이 어느 정도 삭여져야 한다. 아가미에 채운 소금기가 창자까지 배었다고 여겨질 때 끄집어내어 찬 바닷물에 헹군 뒤 나무장대 수십 개를 밑은 넓게, 위는 좁게 하여 높이 세우고 주위를 짚 발로 둘러싸서 건조장을 만든 뒤 칠산 앞바다 해풍에 말리면 뛰어난 맛을 자아내게 된다.

이렇게 말려진 굴비는 마른 상태에서 그냥 먹어도 좋지만 살짝 구워 먹으면 정말 고소하다. 하지만 굴비를 기름에 튀겨 먹으면 고급스런 본래의 맛이 달아날 우려가 있다. 어쨌든 요즘도 굴비는 금값처럼 비싸서 여러 사람이 모였을 때 한 마리를 구워서 나눠 먹는 것은 어려운 시절을 극복하기 위한 굴비요리법이라나?

하여튼 귀양 중에도 수단방법 안 가리고 영광굴비를 보내 임금의 정력을 왕성케 한 이자겸의 처세술을 보자.

영광굴비를 진상 받은 인종은 고려 제17대 왕으로서 선왕인 예종의 뒤를 이어 어린 나이인 15세에 왕위에 오르게 된다. 인종은 재임시 특별히 김부식을 시켜 '삼국사기'를 편찬하는 업적도 남긴다. 그런데 이자겸은 둘째 딸을 예종 비로 들여보낸데 이어, 이번에는 셋째 딸과 넷째 딸을 왕비로 삼게 하여 막강한 외척세력을 키우지만 도를 넘는 세력을 휘두르게 되어 '이자겸의 난' 때에 결국은 영광으로 귀양을 가게 된 것이 결국 '굴비'란 이름을 탄생시킨 것이잖는가.

그가 맘껏 활용한 영광굴비의 위력을 체험해 보자.

영광 굴비 참조기는 성질이 따뜻해서 몸이 찬 사람들의 위 기능을 강화시킴으로써 식욕부진을 치료하며 특히 조기 뱃속에 들어있는 공기주머니를 한방에서는 남성의 정력제로 사용한다는데 그 효능은 직접 체험해 보시길!

46 진시황제의 불로장생은 '전복'이라던가?

장수하는 음식

"왕이란 호칭으론 맘에 들지 않노라. 이제부터는 황제란 호칭으로 불러라."

세계 역사상 스스로 자신의 호칭을 가장 높은 위치로 올려놓은 진시황제! 그는 과연 누구인가?

중국 대륙이 춘추 전국시대를 맞아 제후들이 자웅을 겨루며 어지럽던 시대에 진나라 왕손으로 13세에 왕위에 오른 그는 23세 때부터 친정(親政)을 펴면서 술수에 능한 권신과 용맹한 장수들을 거느리고 패기와 야욕과 실천력이 넘친 청년 국왕으로 여섯 나라(조·연·초·위·제)를 모조리 물리치고 중국 역사상 처음으로 천하통일을 이루었다. 그리고 왕이라는 군주 호칭에 불만을 표시했다.

"천하는 이미 통일되었는데 이 크나큰 업적을 영원히 후세에 전하기 위해서는 왕이라는 호칭을 바꿔야겠소."

그러자 군신들은 입을 모아 아뢰었다.

"폐하의 덕은 삼황오제(三皇五帝)보다 높사옵니다. 옛날 태고 적에 천황 · 지황 · 태황이 있었사온데 그 삼황의 황자와 오제의 제자를 취해서 황제(皇帝)라 칭함이 어떠하온지요?"

"그것 참 좋은 호칭이요. 그렇다면 나는 군왕 때의 과인(寡人)이라 하지 않고 짐(朕)이라 칭할 것이오. 이제 짐이 최초로 황제가 되었으므로 시황제라 부르고 짐의 뒤를 차례로 2세 황제 · 3세 황제 등으로 해서 천만대까지 이어 나가도록 할 것이오."

이어서 진시황은 만리장성과 아방궁 · 군용도로 · 여산능 같은 엄청난 대역사를 강행하고 서체 통일, 화폐단위 통일 등의 업적도 있지만, 범서갱유(梵書坑儒)의 폭거도 저질렀다. 특히 불로장생하여 제국의 만대번성을 다짐하는 편집광 증세를 보였다. 천년만년을 살고자 해동(조선)으로 불로장생약을 구하러 사람을 보내면서,

"귀한 것은 조선 해제와 검은 열매이다."

진시황이 오매불망 찾다가 눈도 못 감고 죽은 불로장생약이란 게 결국 한국 바다 속에서 자라고 있는 양질의 다시마였다면 놀랍지 않는가? 특히 완도나 보길도산 해초의 일종인 톳은 세계 최고급 불로식품이라는데, 사실은 제주도산 전복이 그렇게도 진시황제가 찾던 불로장생약이란다. 왜냐하면 전

복은 갈조류인 미역과 다시마 등을 먹고 살기 때문에 그런 것 같다.

그 전복을 찾아내었지만 이번엔 가져가는 게 문제였다. 지금 같으면 냉동을 해서 가져갈 수도 있고 여러 가지 방법이 있었겠지만, 그때 이 전복을 찾아내어 물속에서 딴 진시황제의 신하(서복이란 사람)는 이것을 어떻게 중국까지 수송할 것인가에 대단히 고심 한 끝에 햇빛에 말려 가지고 돌아가는 수밖에 없다고 결론지었다.

그래서 지금도 중국에서의 전복요리는 어떻게 말렸느냐에 따라 한 개에 30만 원짜리도 되고 40만 원짜리도 된다고 한다. 이 말이 사실이라면 제주도산 전복을 먹을 수 있는 우리나라 사람들은 진시황제의 정력요리를 쉽게 구해 먹을 수 있는 축복을 받고 태어난 셈이다. 더구나 중국에서처럼 한 개에 30~40만 원씩 비싸게 받지도 않는데 굳이 멀리 가서 추태를 부리며 정력요리를 찾을 하등의 이유가 없다는 이야기가 되겠다. 제주도에서 전복을 사서 잘 말렸다가 먹으면 그것이 바로 진시황이 오매불망하며 먹었던 불로장생약을 손쉽게 즐기는 게 아닌가?

그러나 실제로 진시황이 회춘선약(回春仙藥)으로 복용하였던 것은 밤죽이었다고 한다. 무수한 미녀로 넘치는 정력을 쏟았던 진시황이 그만 신허(腎虛)가 되었을 때 바로 이 밤죽으로 치료했다고 한다. 당시 황제의 명령으로 사방팔방으로 선약을 찾던 중 누군가가 밤죽을 권했다. 밤은 콩팥의 묘약으로써 건과의 왕이라고 해서 중국에서는 존중된다. 특수한 단백질을 포함하여 인체 내 흡수율이 높다. 그러므로 신허(腎虛)나 과음(過淫)에 의한 정력 소모를 즉시 회복하는 묘약으로 인정되었다.

밤은 칼로 떫은 껍질을 깎아 날 것을 사용한다. 또는 말린 밤을 물로 씻어 같은 조리법으로 먹기도 하는데, 밤은 모양이 깨지기 직전 부드럽게 익히고 죽은 소금으로 간을 맞춘다. 그리고 하루에 20 g, 돼지의 신장 100 g을 기준으로 한동안 계속 먹는다. 여기다가 다시마, 목이버섯을 맛이 손상되지 않는 범위에서 가능한 많이 넣는다.

다시 한번 강조하지만 밤의 종류는 상관없다. 성수기에는 날 것이면 더 좋고, 비성수기에는 마른 밤을 사용해도 그래도 좋다. 이렇게 해서 먹으면 비단 진시황만이 아니라 오늘의 우리들 모두가 진시황이 된다. 두 가지가 모두 피를 맑게 해주고 추운 겨울에는 감기를 예방해 주며, 정력요리로선 항상 재도전하는 의욕을 준다 하여 높이 평가되는 것이다.

그런데도 가을 뒷산의 밤나무는 지금 알밤이 익어가도 버려지고 있으며, 제주도에 가서도 청정해역의 전복을 찾지 않으니 대체 뭣들 하고 있는 겁니까? 아까운 것을 그냥 썩힌다고 진시황이 야단야단입니다.

47 다이애나의 '캐비아'

미녀들의 요리

세기의 결혼을 하고 세기의 연인으로 짧게 살다가 교통사고로 비명에 간 다이애나 왕세자비!

1981년은 동화 같은 결혼식이 있었던 해이다. 1981년 7월 세계의 눈과 귀는 영국 성폴 대사원에 쏠렸다. 빨간 카펫 위에 은백색의 웨딩드레스를 입고 찰스 왕세자의 손을 꼭 잡은 채 수줍은 미소를 짓던 스펜서 백작의 딸 다이애나의 세기적인 결혼식이 전 세계에 중계되고 있었다. 이 여인의 타고난 미모와 동화 같은 삶의 러브스토리는 지구촌의 끊임없는 관심을 불러모았다. 이 여인이 즐긴 식성 또한 넓은 대양의 생선들이었다는데 정말 영국다운 묘한 우연의 일치감이 있다.

먼저 다이애나 왕세자비에 대해 이야기 하자.

완고한 아버지와 냉담한 여왕 사이에서 자라난 왕세자가 있었다. 해군에 입대한 젊은 왕세자는 어느 날 한 여성을 보고 첫눈에 반하고 말지만 그녀에게 약혼자가 있다는 사실을 알고 실망한다. 그러나 그 여인을 향해 타오르는 정념을 억제할 수 없었던 그는 그 후 그녀가 남편이 있는 유부녀라는 사실도 개의치 않은 채 사랑을 불태운다.

이런 상황에서 왕세자는 32세 되던 해 왕실의 강요에 못 이겨 12세 연하인 한 여인과 결혼하고 두 아이의 아버지가 된다. 하지만 단 한순간도 진정으로 자신의 부인을 사랑한다고 생각해 본 적이 없었다.

한편 남편의 무관심을 눈치 챈 젊은 왕세자비는 급기야 근사한 육체를 가진 젊은 군인과 사랑에 빠진다.

작위적인 불륜과 섹스 신으로 한몫 보려는 저질 영화 같은 이 이야기는 바로 지난 수년간 영국 왕실에서 일어났던 실화다. 바로 잘 알려진 대로 남자 주인공은 대영제국의 찰스 왕세자이고, 젊은 왕세자비 역할의 여주인공은 다이애나 스펜서. 그리고 왕세자의 영원한 연인으로는 카밀라 파커 볼즈가 등장하며, 왕세자비를 유혹하는 제비역은 퇴역 소령 제임스 휴이트가 맡았다.

다이애나의 짧은 인생은 왕가와 인연을 맺은 몰락한 귀족 집안 출신의 수줍은 처녀에서 졸지에 영국의 왕세자비로 변신하더니, 얼마 안 가서 이혼의 아픔을 맞는 풍파를 겪는다. 이혼 후 불륜의 소문을 남기더니 또한 세계를 돌며 영국의 이미지를 높이는 친선대사 역할을 해낸다. 그러다가 운명의 날이 다가오고 연인 도디 파예드와 파리에서 자동차 사고로 유명을 달리 하지 않았는가?

이렇게 살아온 다이애나가 평소에 즐겨 먹었던 음식은 다름이 아니라 캐비아(Caviar, 상어알)와 소시지와 달걀이었으니, 이것은 다이애나 전기에 나오는 스펜서 가의 식탁에서 제임스(다이애나의 연인)가 다이애나의 접시에 늘상 담아주던 요리였다. 다이애나는 연인이 차려주는 상어알을 그렇게 좋아했다. 넓고 넓은 바다의 그 무서운 난폭자 상어의 뱃속에 든 가장 포근한 상어알들을 다이애나는 즐겨 먹었던 것이다. 그것은 마치 그녀의 인생과 닮은꼴이 아니던가? 마치 거친 세상에서 고왔던 그녀의 삶처럼…….

세계 3대 진미로 고급 전채요리에 자주 등장하는 것은 철갑상어알과 거위간과 송이버섯이다. 그 중에 상어알(캐비아)은 흑해와 카스피 해에 서식하는 철갑상어의 알을 채취하여 가염한 것이다. 굵은 알이 비싸며 고급으로 치는데, 삶은 계란 흰자와 노른자, 파슬리 다진 것, 케이퍼, 사워크림, 레몬, 버터 등과 함께 얼음 위에 살짝 얹어서 제공된다.

아름다움과 명예와 돈을 한 몸에 지니고도 결코 행복하지 못했던 다이애나 영국 왕세자비가 그를 쫓아다니는 파파라치들에게 쫓기다가 파리에서 교통사고로 숨졌다는 소식은 정말로 세계적인 충격이었다. 그러므로 그녀는 이 시대 한 여성이 지닐 수 있는 모든 영광과 오욕을 한꺼번에 누린 신데렐라였으니, 대영제국의 왕세자비였고 왕자들의 어머니였으며 이혼녀였고, 그리고 자주 염문을 뿌려서 우리의 시각으로 봤을 땐 불륜의 여성이었다.

그녀의 마지막 역시 대단했으니, 6일 웨스트민스트 사원에서 200만 명이 운집한 가운데 치러진 세기의 장례식장에서 영국의 세계적인 팝가수 엘튼 존이 '바람 속의 촛불'이라는 조가(弔歌)를 불렀다. 원래 이 노래는 엘튼 존이 1962년 약물복용으로 숨진 마릴린 먼로를 기리기 위해 1973년 발표했던 곡인데 이번에 대폭 노래가사를 바꿔 불렀다.

"안녕! 영국의 장미여! 당신의 영혼을 잃은 이 땅에서 우리는 당신의 연민의 날개들을 당신이 생각했던 것보다 훨씬 더 그리워할 것입니다."

이제 우리가 어쩌다 캐비아를 먹게 될 때면 아마도 수줍던 다이애나 왕세자비 생각이 나지 않을까.

교통사고로 삶을 마감한 세기의 미녀로는 모나코의 그레이스 켈리 왕비가 있다. 다만 그녀가 다이애나 왕세자비와 다른 점이 있다면, 당시 동승했던 막내딸 스테파니 공주는 척추에 부상을 입었으나 천행으로 목숨을 건졌다는 점이다. 하지만 잘 알다시피 다이애나 왕세자비는 아랍계 부호 도디 파예드와 염문을 뿌리다가 형체도 알아보기 어려울 만큼 처참한 모습으로 함께 유명을 달리한다. 물론 그레이스 켈리 왕비도 결혼 전엔 클라크 케이블이라든가 윌리엄 홀덴, 빙 크로스비 등 숱한 남배우들과 애정행각을 일삼기도 했지만…….

어쨌거나 지구촌은 온통 이 두 여인 때문에 떠들썩했었는데 특별히 상어알과 훈제연어를 좋아했던 왕세자비와 왕비는 상당히 닮은꼴의 세기적인 인생을 살다가 간 것이니, 우리가 진정으로 이 두 여인을 사랑하며 추모하는 길은 이제 다이애나와 그레이스 켈리를 그리며 이 음식들(캐비아와 훈제연어)을 즐겨 먹어보는 일이 아닐까?

48 그레이스 켈리가 좋아했던 '훈제연어'와 '가을오이'

미녀들의 요리

훈제연어!

이것이 바로 그레이스 켈리가 즐기던 요리다. 다이애나 왕세자비가 상어알과 소시지를 좋아했었다면 동시대 아름다움의 라이벌이라 할 수 있는 모나코의 왕비 그레이스 켈리가 좋아했던 요리는 훈제연어와 가을오이였다.

훈제연어(Making Smoked Salmon)는 다진 샐러리와 양파, 그리고 파슬리와 레몬 제스트, 소금, 으깬 통후추, 다임, 월계수 잎, 로즈마리, 설탕, 마른 딜 등을 사용하기 24시간 전에 잘 섞어 놓고 훈제 연어를 얇게 썰어 놓아 먹는다.

아무래도 여인들의 음식이란 성격과 관계가 있는가 보다. 그레이스 켈리는 바다생선과 깊은 관계가 있다. 더구나 연어가 어떤 고기인가?

언제나 자기가 태어난 곳으로 돌아와 산란을 하고 일생을 마치는 회귀성(回歸性) 물고기가 아니던가?

연어처럼 그레이스 켈리도 모나코 왕비가 되어서도 꿈의 고향인 할리우드를 늘상 그리워하며 돌아가고 싶어했다. 정말 그럴 수밖에 없었을 것이다.

할리우드 여배우에서 모나코 왕비가 되었던 그레이스 켈리. 그녀가 사망한 지 꽤나 오랜 세월이 지났지만 그녀의 화려함을 기억하는 사람들이 많다. 그러나 최근 그녀의 깨끗한 겉모습과는 달리 속에 숨겨진 화려한 남성편력이 있었다는 사실이 밝혀져 화제가 되고 있다.

그녀는 1986년 모나코의 레이니에 왕자와의 결혼으로 단 11편의 영화에만 출연하고 배우생활을 은퇴하고 말았다. 할리우드 영화배우 시절의 화려함과 우아함에 반한 세인들은 그녀가 모나코 왕비가 된 후에도 그 이지적인 자태에 찬사를 보냈지만 그녀의 남성편력에 대한 소문은 끊이지 않았다. 그로 인해 일부에서는 모나코 왕비가 될 자격이 없다는 비판이 제기되었는가 하면 그녀의 결혼이 지속되지 않을 것이라는 예측까지 나왔다.

그러나 그녀는 1982년 교통사고로 숨질 때까지 모나코 왕비로서의 역할을 성실히 수행하며 살았다. 그래서 교통사고로 숨졌을 때 많은 사람들이 아쉬움과 애도를 표하기도 했다.

그녀의 첫 할리우드 진출작이

자 출세작은 '하이눈'이다. 이 영화에 출연하면서 그녀는 다소 거친 분위기의 게리 쿠퍼와 관계를 갖기도 했다. 당시 그녀는 23세였고 게리 쿠퍼는 51세였다. 부녀지간 정도의 차이가 나는 사이였다. 물론 오래 가지 않았지만 당시로서는 젊은 여배우가 나이 많은 남자 배우와의 관계는 어색했던 모양이었다.

게리 쿠퍼와 한동안 관계를 갖던 그녀는 이듬해 영화계의 거장 존 포드 감독의 '모감보'에서 조연을 맡으면서 만난 클라크 게이블과도 관계를 맺었다. 불후의 명작 '바람과 함께 사라지다'의 주연배우로 잘 알려진 클라크 게이블은 당시 51세였고 그레이스는 24세였다. 두 사람은 영화를 촬영하면서 노골적으로 사랑을 나누었다.

이듬해 알프레드 히치콕 감독의 영화 '다이얼 M을 돌려라'에서 출연하면서 그녀는 함께 출연한 배우 레이 밀러드와도 관계를 갖게 된다. 그는 당시 49세였다.

그녀는 밀러드와 헤어진 뒤 가수 겸 배우인 빙 크로스비와 사귀게 된다. 빙 크로스비와는 육체관계를 동반하지 않은 순수한 관계였지만 크로스비는 결혼하기를 원했다. 물론 그레이스도 그를 좋아했지만 진정으로 사랑하지는 않았던 것이다.

그런 가운데 그녀는 크로스비의 친구인 윌리엄 홀덴과 사랑에 빠짐으로서 그와 한국전을 소재로 한 영화 '도곡리 다리'를 촬영하면서 연기한 짙은 정사장면이 현실화되었다.

이듬해인 1955년, 그녀에게 커다란 행운이 찾아드는데 그것은 무엇보다 히치콕 감독의 영화 '도둑 벼락부자'에 출연하면서였다. 그녀는 이 영화 촬영차 남프랑스 해변을 찾았다가 인근 모나코의 왕궁에 초대되는 행운을 얻게 됐다. 이때 그녀와 모나코의 레이니에 왕자와의 첫 만남이 이루어졌다.

하지만 그레이스가 케리 그란트와 장 피에르 오몽과 염문을 뿌리는 사이, 그레이스를 처음 본 순간 반해버린 모나코의 레이니에 왕자는 그레이스에게 열심히 구애편지를 보내게 된다. 레이니에 왕자는 그레이스를 처음 만난 그 해 12월 15일, 미국으로 날아들어 그녀에게 청혼하고 그녀의 부모를 만나 결혼을 허락받게 된다.

이듬해 4월, 그레이스와 레이니에 왕자는 결혼하게 되는데, 그레이스의 부모는 두 사람의 결혼을 적극 찬성했다고 한다. 특히 그레이스 어머니는 딸의 결혼을 허락하고는 LA의 한 잡지에 '내 딸 그레이스 켈리, 그녀의 삶과 사랑'이란 글을 연재하기까지 했다. 10여 차례에 걸쳐 연재된 이 글에서 "사람들은 내 딸이 15세 때부터 청혼을 해오기 시작했다"고 밝히기도 했다.

어찌 되었던 그레이스는 레이니에 왕자와 결혼하면서 일단 남성편력에 종지부를 찍게 된다. 배우시절 자유분방한 태도와는 달리 아무래도 행동의 제약을 받게 되는 것이 궁궐생활이다. 더구나 나이가 들면서 레이니에 국왕과 불화가 생기기 시작했고, 1982년 그녀가 교통사고로 사망하자 암살설과 사망 후 방치설이 나돌기까지 했다.

세월은 흘렀어도 희귀생선 연어처럼 가을이면 생각나는 게 그레이스 켈리 왕비가 아니던가?

49 장쩌민의 '국수요리'

경제부흥 요리

생각해 보면 묘한 일치다. 박정희와 장쩌민은 유난히 국수를 좋아했고 또한 두 사람은 다같이 국가 경제부흥의 선봉장 역할을 했기 때문이다.

장쩌민이 유난히 즐긴다는 자라스프!

유난스레 국수를 좋아하는 장쩌민은 자라수프를 곁들이면 더 좋아한다는데 그 자라수프가 스태미나에 그렇게 좋다고 한다. 그래서 중국의 장쩌민이 한국을 방문했을 때도 가장 많이 먹고 갔다는 자라수프!

파충류인 자라는 가슴이 답답한 것을 없애주고 속이 불편한 것을 낫게 해 허약함을 지켜준다. 오랜 이질에는 자라곰국을 끓여 먹으면 좋다. 그러나 자라고기는 오래 먹을 것은 못 된다. 또 임산부는 먹지 않으며 자라 등껍질을 떼어내어 말린 것은 한약재로 별갑뼈라고 부르는데, 그 맛은 짜고 성질은 편하며 간경에 작용한다. 몸을 보호하고 열을 내리며 보혈을 흩어지게 하고 단양을 내리며 굳은 것을 풀고 몰린 것을 헤친다. 특히 오후가 되면 열이 나고 식은땀을 흘리는데, 여성이 월경이 없거나 몸이 여위는 데 등에 쓰인다. 아울러 간경병, 비장이 커지는 데도 유용하게 쓸 뿐더러 부수적으로 자라의 간은 시력을 좋게 하고, 자라의 알은 보신제로까지 쓰인다.

이런 성분의 자라로 만든 자라수프를 좋아한 장쩌민은 그 스태미나로 작은 거인 덩샤오핑의 후광을 업고 중국의 최고 실력자인 당주석으로 등장한다. 이것은 덩샤오핑이 죽은 후 권력 강화의 일환으로 마오쩌둥 시대에 있었던 직위인 주석을 부활하는 것이다. 당 주석직은 1976년 마오쩌둥 사망 후 폐지되었기 때문이다.

장쩌민 주석!

그가 주석이 되기 전에 덩샤오핑의 눈에 비친 경력은 과연 어떠했을까? 장쩌민을 국수시장이라고 일컫는 '신화사' 기자 이정안의 글을 인용하여 보기로 한다.

「건실한 신체와 떡 벌어진 가슴, 훤칠한 키와 앞이마가 약간 나온 듯한 둥글넓적한 얼굴, 너그러운 표정, 단정한 용모 등은 보는 이로 하여금 순박하고 인정 넘치는 믿음을 느끼게 한다. 게다가 콧등에 걸친 매우 특색 있는 안경테는 그 속에서 깊이 반짝이는 안광과 잘 조화되어 풍부한 지혜를 갖춘 후덕한 학자풍의 용모를 돋보이게

한다.」

1985년 가을, 수개월 전부터 북경의 전자공업부 부장을 거쳐 상해시 시위원회 부서기를 지낸 장쩌민이 상해시장으로 부임한 이후 강평로에 있는 관사촌으로 이사를 왔다. 이사를 오던 날 나는(이정안 기자) 장쩌민 시장에게 찾아가 물었다.

"댁에서 점심밥을 지어 오겠죠?"

그러자 장쩌민 시장은 이렇게 대답했다.

"아니, 아니오. 식사 준비할 시간이 없어요. 그냥 제가 해결하지요."

그리고는 웃으면서 이렇게 말을 이어갔다.

"우리 집사람이 식당에 가서 국수나 한 그릇 얻어오면 될 거요. 다른 건 필요 없고……"

나는 다시 물었다.

"배달해 오도록 하시면 되겠군요."

그러자 장쩌민 시장은 손을 저으며 말했다.

"번거롭게 그럴 것 없이 우리가 직접 식당에 가서 먹으면 되지요. 그게 좋겠어요."

이렇게 해서 장쩌민 시장은 아무 찬도 없이 국수 한 사발로 점심을 때웠다. 또한 장쩌민 시장은 자주 회탄(상해시의 황강유역)에 있는 시청 사무실에서 회의를 주재하곤 했는데, 그 횟수가 잦았을 뿐만 아니라 시간도 많이 걸렸다. 그럴 때면 집으로 식사를 하러 가지 않고 주로 시청식당에서 석 냥 반짜리 국수로 점심을 때우곤 했다. 그때마다 후룩후룩 소리를 내며 국물까지 맛있게 먹는 그를 보고 있던 사람들이 웃으며 그에게 붙여준 별명은 바로 '국수시장'이었다.

덩샤오핑의 발탁으로 일약 출세한 국수시장 장쩌민도 한국 방문 때는 중국 본토에 소문내지 말라는 농담과 함께 우리나라 호텔에서 제공하는 자라수프를 하루에도 여러 차례 찾아서 즐겨 먹어서 자라주석으로 통했다고 한다. 그렇지만 중국에서는 국수주석으로 통한다.

어쩌면 그 모습이 우리나라의 박정희 대통령을 닮았는지 모르겠다. 그럼 박정희도 자라수프를 좋아했느냐고? 그건 아니다. 단지 국수주석이라는 별명과 국수대통령이라는 별명만이 어울리는 모양이니까. 음식통계를 내보자면 왕과 대통령, 그리고 재벌회장에 이르기까지 국수를 좋아한 사람들이 경제부흥을 일으켰다는 공통분모를 만들고 있었다.

필자도 오늘 점심은 국수를 먹어야겠다. 그럼 경제사정이 활짝 피어날지도 모르니까.

50 링컨의 '생굴'과 '일렉션 케이크'

인종차별 해소 요리

생굴을 좋아하던 미국 대통령 링컨은 연극 관람 또한 무척 즐겼다. 워싱턴의 유명한 석간신문 '이브닝 스타'는 3면의 광고란을 아주 멋지게 나누어서 대통령과 영부인이 오늘 저녁 공연에 참석하실 예정이라는 기사를 실었다. 링컨 대통령은 연극구경을 몹시 좋아했고 관객들은 극장에 앉아 재밌어하는 대통령의 모습을 볼 수가 있었다고 한다.

이번에도 극장은 사람들로 만원을 이루어 북적이고 있었다. 멋지고 화려하게 차려입은 귀부인들, 제복을 입은 군인들, 많은 유명인사들, 젊은이들이 극장에 모여 기적과 같은 남북전쟁의 승리, 즉 미국의 승리, 북부연합군의 전승 축제 분위기에 흠뻑 젖어 있었다. 이 세상에 어떤 열기가 이보다 더할 것인가?

그리고 잠시 공연이 쉬는 시간, 성조기로 장식된 대통령석 옆 통로에서 갑자기 존 윌키스 부스(직업배우)가 모습을 드러냈다.

"탕!"

당시 그 소리를 들은 관객은 백분의 일도 못되었을 것이다. 무대에 나타난 저격범 부스는 연극처럼 당당한 걸음을 걸으며 관객을 정면으로 바라보았다. 그는 비장한 목소리로

"독재자는 항상 이와 같이 되리라."

저격범은 그리고 난 후 느리지도 않고 그렇다고 빠르지도 않은 걸음으로 유유히 무대 뒤를 가로질러 모습을 감춰 버렸다.

이것이 추앙받는 노예해방의 선구자였던 링컨 대통령의 암살 장면이다. 하지만 링컨 대통령은 고통을 당하지 않고 죽음을 맞은 것이다.

한평생을 노예해방이라는 투쟁과 전쟁을 치르며 살아야 했던 링컨 대통령의 정력은 어디서 나왔을까? 링컨 대통령의 음식측면사(野史)는 과연 어땠을까? 역대의 이름을 떨치던 제왕이나 대통령처럼 특이한 음식만을 고집하며 먹었을까?

한 마디로 아니었다.

링컨 대통령이 즐겨 먹었던 정력음식은 뜻밖에도 생굴이었다. 진수성찬의 식탁에는 1세기 후에는 색다르게 보일 홍합과 아티초크(엉겅퀴과의 식물), 그리고 바다거북과 굴요리 등 여러 가지 음식들이 그득하게 쌓여 있다.

미국의 풍요를 대변하는 이런 요리들 중에서 역시 링컨은

생굴을 몹시 좋아했다. 그래서 링컨이 좋아하는 싱싱한 굴은 급히 포장 마차에 실려 서쪽의 여러 지역으로 공급되었는데, 링컨은 일리노이 주 스프링 필드에 있는 자택에서 자주 이 생굴을 사서 즐겼다.

그럼 링컨이 좋아한 생굴 성분에 대해 알아본다. 생굴에는 원기의 근본인 글리코겐·요오드·인 등의 성분이 있는데 이것들은 상승작용으로 한층 효과를 높인다.

우리가 좋아할 것은 생굴밥이다. 황정을 한 개 주전자에 넣어 스토브에 얹어 놓고 한동안 있으면 약액이 나온다. 씻은 쌀에 물 대신 약액을 붓고 그 다음에 보통 생굴밥 짓는 순서와 같다. 이것은 신혼 가정에도 딱 맞는 정력음식이다. 강정에 도움이 될 뿐 아니라 허약한 어린이나 노인에게도 적합하므로 모든 가족이 모여 맛볼 수 있는 보건 강정식이라고 할 수 있을 것이다. 간장을 다소 많이 사용하는 것도 하나의 요령이다.

다른 강정식품과는 달리 혈압이나 혈당 이상을 초래하지 않아 무리가 없다는 점이 특히 좋다. 또 생굴밥으로 약액을 사용한 후 주전자에 물을 더 부어 불에 올려두면 당분간은 약탕으로 마실 수도 있다. 링컨이 좋아했던 생굴은 동서양을 막론하고 모든 사람들이 좋아하는 음식이다.

중국에서는 중국 나르코유리를 한결같이 생약으로 사용하고 가끔 황정반을 만드는데, 그것도 좋지만 생굴밥에 넣으면 극히 자연스럽다. 한방을 싫어하는 사람도 감탄할 것이며, 먹다 남으면 볶음밥도 아주 좋다.

요리법을 이야기하기 전에 링컨의 유명한 일화 한 가지를 기억해 내자.

하버드 대학 학장이자 성제임스 교회 목사이며 연방주의자 당시 최고의 웅변가였던 에드워드 에베레트는 1863년 11월 3일 게트스버그 국립묘지에서 무려 2시간 동안 열렬한 연설을 했다.

하지만 그 뒤를 이어 연단에 선 링컨 대통령은 단 2분 만에 그 유명한 게티스버그 연설을 끝내 버린다.

“국민의, 국민에 의한, 국민을 위한 정부”라는 그 유명한 연설을 하고부터는 일렉션 케이크를 더 좋아하게 되었다. 뭔가 흩어진 민심들을 한데 모으는 데 궁합이 맞는 요리이었던 모양이다.

그런데 종종 그런 링컨 대통령의 명연설 생각이 나는 것은 무슨 이유에서일까.

마이크를 잡고 2시간 이상 연설하는 대통령보다 단 2분 동안 연설하는 대통령이 ‘생굴’처럼 싱싱하게 와 닿기 때문이 아닐까?

51 영조대왕의 남양만의 '석화(돌굴)'

장수집권 요리

미국의 링컨 대통령이 생굴을 좋아했다면 조선왕조에서는 그보다 더 생굴을 좋아한 임금이 있었다. 초고추장에 생굴을 찍어 먹으면 식욕이 당겨 위장기능을 활발하게 하여 장수를 하면서도 정력적인 왕이 될 수 있다고 생각한 영조대왕의 이야기를 해본다.

사랑하는 아들 사도세자를 죽이는 등 불행한 일도 없지 않았지만 역대 임금 중 가장 장수하고 재위기간도 가장 길었던 영조대왕은 사치를 금하고 농사를 장려하여 민생의 안정에 힘쓰고, 세제를 개혁하여 균역법과 같은 제도를 확립하였다. 아울러 국방의 충실을 도모하여 군인들에게는 조총훈련을 장려하고 보진의 토성을 수축하는 등 많은 치적이 있었으니 이것은 바로 영조대왕이 남양만의 석화를 먹은 덕이라 한다.

아들 사도세자를 죽인 아픔으로 세자의 아들인 정조를 끝까지 보호하고 아꼈으며, 한편으로는 예의도덕을 권장하여 인륜을 바로잡고 인쇄술을 개량하여 많은 서적을 발간하고 많은 학자들을 양성하는 등 문화와 산업을 크게 부흥시켰으니 가히 대왕이라 부를 만하다.

석굴 또한 장수와 정력제가 됨은 물론이요. 맑고 끈질기게 선정을 펼쳐 나가는 뚝심을 주었음이 아니던가?

서해안 바위에 붙어사는 돌굴은 바다의 정기와 바위의 정기를 듬뿍 흡수한 강력 스태미나 식으로 옛날에는 아녀자에게는 먹이지 않았다고 한다. 그런 강정제를 아녀자들에게 먹여봐야 이익이 돌아갈 것이 없을 뿐더러 주책없이 사랑방 주인이 안방으로 자주 침소를 옮겨 합방해야 하기 때문이다.

굴은 영양제 또는 정력제라고 하는 데는 그만한 이유가 있다. 즉 비타민 A_1, B_2, C 등이 비교적 많이 들어 있고 간장을 보호하며 칼로리 또한 풍부하게 들어 있기 때문이다. 굴에는 헤모글로빈을 만드는 데 필요한 철분과 구리가 들어 있어 빈혈에 좋다. 또 요오드가 들어 있어 요오드 결핍 시 생기는 갑상선 기능 이상증을 예방할 수도 있으며, 그밖에 성장과 생식에 영향을 주는 아연도 들어 있다.

어쨌거나 굴이야말로 옛날부터 알아주는 영양식으로 내놓는 데 손색이 없다고 본다. 지역을 살펴보자면 당진, 서산, 아산만, 화성, 덕적도 굴이 유명하다. 광해군과 특히 영조대왕이 이곳의 석굴을 몹시 즐겼다고 전한다.

다시 강조하자면 과학적으로도 '석굴'에는 아연 성분이 많이 있어 성호르몬과 정자제조에 필수불가결하다고 한다. 특히 서해안 지방에서 더러 생산되는 작은 자연산굴을 원료로서 담근 어리굴젓은 지역 명산품으로 인기가 높다.

필자 역시 아산만 바닷가에서 태어나 어린시절을 보낼 때 썰물이면 바닷가에 나가 갯바위에 붙어있는 돌굴을 예리한 돌멩이로 두들겨 굴을 따 먹었던 기억이 새삼스럽다. 지금도 일식집이나 횟집에서 우선적으로 젓가락이 먼저 가는 곳이 생굴이 놓인 접시다. 그리고 생굴을 좋아해서 어리굴젓도 내 방식대로 만들어 먹는데, 우선 생굴을 사서 짠 조개젓과 한데 섞으면서 고춧가루, 마늘 다진 것, 깨소금, 파를 썰어 넣고 바로 먹으면 즉석 어리굴젓이 탄생한다. 이른바 '생굴 어리굴젓'이라고 이름 지은 나만의 입맛에 맞는 반찬이다.

그리고 이런 생굴을 먹을 때는 내가 마치 '링컨' 같은 큰일을 해낼 것 같은 기분이 들고, 또한 '영조'처럼 어느 분야에서도 장수하는 그런 인물이 될 것 같은 기분이 든다. 그러면서 나는 나도 모르게 깜짝깜짝 놀라고 만다. '생굴'이 이렇게 큰 희망을 주는 정력요리인 줄을 느끼고 있기 때문이었다.

52 인도의 간디, '산양 젖'만으로 성자가 되다

전설적인 요리

우유 그 자체는 약해 보이지만 그것을 마시는 사람은 강해진다.

일평생을 독립투쟁과 인도의 장래를 위해 싸웠던 인도의 간디는 대부분 침상에 누워 단식을 하는 시간이 많았다. 그런 그에게 산양의 젖은 충분한 정력요리가 되고도 남았다고 하는데 …….

인도의 간디는 물소나 소의 젖은 일체 먹지 않았다. 그리고 채식주의자였던 그는 건강을 위해 할 수 없이 산양 젖을 먹을 수밖에 없었다. 인도사람들은 인도의 민족운동 지도자이자 사상가인 간디를 가리켜 '위대한 영혼'이라는 뜻의 '마하트마'라 부른다. 하지만 어린시절에 간디는 마음도 여리고 유순한 소년이었다. 왜소한 몸집과 커다란 코, 길다란 귀를 가진 이 소년은 무척이나 순진하고 내성적이어서 고독을 좋아했다. 자서전에서 밝힌 중학교 시절의 일화 한 토막을 인용해 보자.

"어느 날 고기를 먹자고 권하는 친구들에게 힌두교 신자는 고기를 먹지 않는다고 거절했더니, 친구들은 '간디! 인도를 독립시키고 싶거든 고기를 먹고 몸을 튼튼히 해야만 하는 거야'라고 했다. 나는 태어나서 처음으로 남몰래 뚝 위에서 산양고기를 먹었다. 그날 밤 산양이 뱃속에 뛰어다니는 꿈으로 밤새 시달렸다."

힌두교도로서 교인들에게 금욕생활을 역설한 간디가 과연 여자문제에 대해 초연했을까? 그는 힌두교의 풍습에 따라 14세에 결혼했지만 술과 여자와 육식을 금한다는 브라흐마차리아 서약을 한 다음부터는 부인과 잠자리를 같이 하지 않았다.

간디는 철저한 금욕주의자임에도 여자에 대해서는 자유롭지 못했던 것 같다. 무엇보다도 그는 여자를 이용할 줄 아는 바람둥이였고 훗날 정치적 · 종교적 운동에 여자들을 이용했다는 비난을 면치 못했다. 간디는 여자를 끌어 모으는 데 묘한 마력을 지닌 인물이었다. 남아프리카의 열일곱 살 난 소녀 소니아 슈레딘을 비롯하여 수많은 여인들이 그의 비서 겸 간호사로 일하기를 자청했다. 해를 거듭할수록 여자들의 숫자는 더욱 늘어나 비서 업무 외에 마사지나 목욕, 심지어 잠자리까지 함께 하는 경우가 허다하였다.

간디의 여자 중에는 다른 여자들에 대한 질투 때문에 그리고 간디의 사랑을 잃지 않을까 두려워하여 동침한 여자들도 적지 않다. 그 대표적인 여

자가 증손녀 뻘 되는 마누 간디이다. 그녀는 간디가 외출하면 지팡이 역할을, 단식하는 동안에는 심장의 고동을 확인하는 간병인 노릇을 했고, 관장 등 궂은일을 마다하지 않아 간디와 매우 가까웠던 것으로 전해진다. 물론 처음에는 간디를 목욕시키거나 수염을 깎아주는 일을 했다. 그녀가 간디와 동침한 것은 19세부터였다. 간디의 전기작가 로버트 페인은 "그녀는 간디에게 예속당하는 것을 영광으로 여겼고, 그의 애정 속에 특별한 위치를 차지하고 있는 것을 자랑으로 생각했다"고 적고 있다.

그렇다면 간디의 진솔한 고백을 들어보자.

간디의 제자 라이하나 디야부디에 따르면 간디는 자신을 둘러싸고 있는 여인들에 대해 "성 충동을 억제하고 억누를수록 오히려 강한 성욕을 자극 받는다"고 털어 놓았다고 한다. 또 성적으로 순결을 지키려는 자신의 각오가 마치 "칼날 위를 걷는 것과 같다"고 고백하기도 했다는 것이다.

그런가 하면 언젠가 60살을 넘겼지만 끊임없이 몽정에 시달리고 있다고 대중 앞에 털어놓기도 했다. 이로 미루어 볼 때 간디의 여성관계가 플라토닉한 사랑이라고만 여기기는 힘들다. 어쩌면 간디의 고백은 자신의 정신적 범죄에 대한 속죄의 표현이 아닐까 싶기도 하다.

간디는 그 자신이 발가벗은 여인들과 잠자리를 같이 하면서도 제자들에게만은 엄한 이중적인 면을 보였다. 금욕주의자이며 신앙 치료를 하는 제자 라이하나가 어느 환자와 알몸으로 잔 것을 안 간디는 매우 분노하여 그녀를 호되게 꾸짖었다고 한다.

어느 날, 인도 독립의 정신적 지도자 간디가 한 힌두 과격파의 총에 맞아 사망한다. 마하트마 혹은 위대한 스승이라고 인도인들로부터 존경을 받고 있던 간디는 그가 매일 기도를 드리는 사원으로 가기 위하여 정원을 지나다 가까이 접근한 범인의 총을 정면으로 맞은 후 20분 후에 숨을 거둔다. 기도를 드리기 위하여 모여 있던 군중들 틈에서 튀어나와 간디를 저격한 범인은 즉시 군중들에 의해 체포되어 곧 그의 정체가 밝혀졌다. 나투란 비나약 가드세라는 이름을 가진 이 36세의 범인은 지금까지 간디의 정치사상에 저항하는 중심 세력이 되고 있던 푼 지방 마하라타 족 출신의 힌두교도였는데, 간디는 바로 며칠 전 그들과의 친교를 위한 5일 단식명상을 끝냈다.

지난 20년 동안 영국 통치에 무저항 운동으로 저항하며 인도인들의 정신적 지도자가 된 간디의 갑작스러운 사망은 이제 막 독립을 하여 새로운 발걸음을 떼어놓던 인도 전국을 경악케 하고 있다. 간디의 암살 소식을 라디오를 통해 전국으로 알리던 네루 수상의 목소리가 슬픔으로 떨리고 있었다.

"간디 선생이 떠나 버린 우리 주위는 암흑에 싸이고 있습니다……. 이제 우리가 지도를 원할 때마다 달려가던 인도의 아버지는 영영 가시고 말았습니다."

네루는 평소 무저항 운동을 통해 인도의 독립을 쟁취한 간디의 정신을 본받아 폭력행위를 중단할 것을 인도인들에게 호소했고, 간디의 시신은 힌두교 예식을 거쳐 화장되었다.

이렇게 보면 정력요리라는 게 특별히 따로 있는 것만은 아니다. 산양젖만을 먹고도 간디는 세계적인 정력가로 역사를 바꾸어 놓지 않았는가?

그 깡마른 몸으로…….

53 로마 네로황제의 '버섯잔치'

폭군요리

서양의 역사를 대표하는 폭군 네로 황제. 그 네로 황제가 즐겨 먹었던 요리는 버섯요리였다. 네로 황제는 음식을 즐기는 미식가였는데 그러다보니 너무 많이 먹어 살이 쪄서 큰 고민이었다. 하지만 버섯은 아무리 먹어도 살이 찌지 않는다는 걸 알게 되었다. 그래서 네로 황제는 버섯을 따오는 사람에게 버섯무게만큼 황금을 주었다는 설이 있을 정도로 버섯요리를 좋아했다고 한다. 그렇다면 로마시대의 네로 황제가 그처럼 좋아했던 버섯에 대해서 먼저 알아보자.

식용버섯의 왕자라 불리는 송이버섯은 우리나라를 비롯하여 중국, 사할린, 일본, 대만 등 동양에서만 자생한다. 버섯은 고등성 곰팡이의 수확물로 엽상 식물군에 들어간다. 조류, 곰팡이류, 균사류와 같은 모든 엽상식물은 뿌리 · 줄기 · 잎들이 없는 것이 특징이다. 대부분의 버섯은 기생식물인데 송이버섯은 적송(赤松)에 기생하는 활물 기생균이므로 종전에는 잎 자연생의 것만으로 이용하여 왔으나, 근년에 와서 송이산을 가꾸어 인공적으로 임지재배가 가능하게 되었다. 송이버섯은 봄·가을로 두 차례 자생하는데 우리나라에서는 9, 10월에 가을송이가 주로 산출되고, 여름장마 직후 소량 산출되기도 한다.

일반적으로 좋은 송이는 육질이 은백색에 두껍고 오점이나 충해가 없는 것이어야 하며, 갓의 빛깔이 선명하고 신선한 것이 좋고 자루가 굵고 갓이 반쯤 퍼진 것이어야 한다.

송이는 특유한 향기와 맛으로 널리 애용되어온 알칼리성 식품인데, 특히 비타민 B_2와 비타민 D의 공급원이며 버섯 특유의 맛을 내는 구아닐산이 많이 들어 있어 혈액 속의 콜레스테롤 농도를 낮춘다. 또한 칼로리가 아주 적어 고혈압이거나 비만증·심장병 환자에게 좋다. 최근에는 제암(制癌)물질이 밝혀져 크게 주목 받고 있다.

네로는 본래 건강하고 쾌활하여 스포츠와 음악에 관심을 갖고 시의 재능도 없지는 않았다. 그러나 모친 아그립피나에 의해 지나친 과보호로 양육되었으며, 전대의 원수 클라우디우스에게 네로를 의붓자식으로 데리고 가면서 왕비가 된 모친이 클라우디우스를 독살하고 네로를 원수로 만들었다. 그런데 이제는 이것이 네로가 어머니와 권력을 다투는 씨앗이 되고 말았다.

아그립피나는 네로가 원수가 된 후에도 예전처럼 네로를 손에 넣고 여황제처럼 권력을 휘두르려 했다. 그러나 네로는 이미 어머니가 하라는 대로 하지 않았다. 그는 세네카나 부르스의 힘을 빌어 그녀가 정치에 간여하는 것을 봉쇄했다. 집요한 성역의 아그립피나는 물러서기는 커녕 지금까지 그늘 속에 묻혀 있던 브리타니쿠수에게 눈을 돌려 그를 원수로 삼으려는 계략을 꾸몄다.

궁지에 몰린 네로는 어머니에게서 물려받은 잔인성을 발휘하여 브리타니쿠스를 연회석상에서 독살하였다. 그래도 아그립피나는 굴하지 않고 친자식인 네로를 쫓아내려는 음모를 새로 꾸미기 시작했다.

이리하여 네로는 자기혐오와 폼파에아의 꼬드김에 의해서 놀라운 결의를 굳혔다. 그는 어머니를 나폴리만의 별장에서 환대한 뒤 해상의 배위에서 몰래 살해하려다 실패하자 곧바로 그녀의 별장으로 자객을 보냈다. 그녀는 머리에 일격을 받고 헐떡이면서도 잠옷을 걷어 올려 아랫배를 보이면서,

"여기를 찔러라, 어서. 여기에서 네로가 나왔으니까"라고 미친 듯이 저항하다가 악녀의 최후를 맞이했다. 그 뒤 네로는 세네카의 지혜를 빌어 아그립피나가 정치적으로 음모를 꾸며 네로를 암살시키려다가 실패하자 자살했다고 공표했다. 그녀의 과거를 아는 세상 사람들은 반신반의했다. 뒤이어 네로는 옥타비아와 이혼하고 폼파에아와 정식으로 결혼했다. 정숙한 아내였던 옥타비아는 비운을 만나 캄파니아로 추방당했고, 이를 동정하여 민중이 소란을 피우자 다시 나폴리만의 고도로 유배당했다가 마침내 처형당했다.

네로와 폼파에아의 나날은 불타는 사랑의 연속이었다. 버섯요리로 정력을 세우고 밤을 불태우며, 낮에는 숱한 악행을 자행하다가 마침내는 그의 통치를 마감하는 순간이 왔다. 갈리아에서 반란이 계속되고 이스파니아에서는 갈바가 그곳의 군대에 의해 원수로 추대되었다. 폼파에아를 빼앗긴 오토도 갈바를 지지했다. 네로는 로마 교외로 탈출했으나 이미 도망칠 방도가 없었고 측근 사람들도 자결을 권고했다.

그래도 네로는 생명에 미련이 있어, “뭐니뭐니해도 아까운 예술가가 나와 함께 사라지게 된다”라고 되풀이하면서 듣지 않았다. 그러나 마침내 그를 생포하려는 추적자의 말발굽소리가 가까이 들려오자. 그는,

“맨 앞에서 달리는 군마의 발굽소리가 내 귀를 울린다”는 호머의 싯구를 읊으면서 검으로 목을 찔렀다.

폼파에아와 버섯요리를 먹으면서 짙은 사랑을 나눴던 폭군 네로의 말년은 이렇게 자살로 끝나고 말았다. 역사 속에 영원한 폭군으로 기록되면서 …….

때론 버섯요리가 큰 화를 불러올 수도 있다는 걸 배운다. 좋다고 칭찬받는 버섯이 그 결과가 이렇듯 폭군 네로를 더욱 포악하게 만들었던 것이다.

좋다 하여 너무 많이 취해서는 안 되겠다는 교훈을 얻는 대목이다.

54 중국 은나라 주왕의 '주지육림'

폭군요리

그것이 뇌물이든 아니면 아첨이든 상대가 엄청난 대접을 해 왔을 때 우리는 흔히 '주지육림에 빠지는 대접'을 받았다고 말한다. 하지만 주지육림에 얽힌 자세한 내막을 모르는 사람들이 많은 것 같다. 중국 ≪18사략≫이란 책에 술의 기원에 대해서 다음과 같이 써 있다.

「우왕이 나라를 다스리던 때의 일이다. 그 무렵만 해도 음료라면 오늘날의 우유로 추측되는 예략이 전부였을 뿐이었는데, 그때 의적이라는 사나이가 처음으로 술을 만들어서 우왕에게 바쳤다. 우왕은 그 술을 마시더니 곧 그 맛에 감탄하며 "후세에 반드시 술로써 나라를 망치는 자가 있을 것이다." 라고 말했다. 그 후론 두 번 다시 의적을 측근에 두지 않았다.」

우왕의 예언대로 하나라의 걸왕과 은나라의 주왕은 이른바 주지육림

(酒池肉林)의 쾌락에 빠져 나라를 멸망시키고 말았는데, 여기에서 주지육림이란 무엇인가?

배를 띄울 수 있을 정도의 큰 못을 파고, 못 밑에는 새하얀 모래를 깔아 술을 가득 채웠다. 못 가장자리의 둑은 술 지게미를 산더미처럼 쌓아 올리고 그 둑에 많은 나무를 심는 한편, 바닥에는 초록으로 된 큰 천을 깔았다. 그리고는 나뭇가지마다엔 피가 뚝뚝 떨어지는 생고기 덩어리를 걸어 놓았다.

이것이 그 유명한 주지육림의 어원인데, 수천 명의 미녀들은 실오라기 하나 걸치지 않고 술의 연못가에서 춤을 추며 여흥을 돋운다. 북소리가 또 한번 울리면 고기 숲으로 달려가서 안주를 뜯어 먹었다는 이 고사는 흔히 술과 색에 빠져 본분을 망각한 방탕한 이들을 일컬어 자주 쓰이는 표현이다.

특히 은왕조 멸망의 직접적인 원인이 된 주왕(紂王)은 폭군의 전형으로 유명하다. 처음에는 주왕도 현신의 보필을 받아가며 선정을 베풀었었는데, 즉위 9년째 되던 해 유소씨가 헌납한 달기(妲己)와의 사랑에 탐닉하면서부터 주지육림의 긴긴밤 연회를 벌이고 백성으로부터는 과한 세금을 징수하여 결국 왕에게 반기를 들게 만들었는데, 이때 그들을 잔혹한 형벌로 다스렸던 것이다. 결국 은왕조의 위기를 노리던 주나라 무왕에게 멸망하고 말지만 그래도 은나라 주왕은 그 유명한 주지육림(酒池肉林)이라는 말을 세상에 남겨 놓았던 것이다.

우리말에 '진수성찬' 하면 상다리가 휘어지도록 잘 차린 뜻으로 잘 먹고 잘 살자는 이야기인데, 중국말에 '주지육림' 하면 그야말로 화끈하게 살다가 망해버리겠다는 사람들의 대표적인 이야기라고나 할까?

55 넬슨 만델라의 '치킨요리'

은근한 바람둥이 요리

영원한 흑인차별의 나라 남아프리카공화국에서 흑인 대통령 만델라가 당선되었을 때 세계는 찬사를 아끼지 않았다. 그야말로 백인의 절대 권력 앞에서 흑인 만델라의 승리는 곧 인종차별이 무너지는 순간이었기 때문이다. 11개 국어를 쓰는 여러 부족이 모여 사는 이 살기 좋은 남아프리카공화국에서 새 역사가 시작된 것이다. 숱한 옥고를 거치면서 얻어낸 넬슨 만델라의 승리는 이제 여러 가지 흑백의 문제를 풀고 공존의 번영을 향해 나가고 있다.

그런 넬슨 만델라가 우리나라를 방문했을 때 호텔 관계자들은 그가 유난히 치킨을 찾았다고 말한다. 필자가 남아공대사관에 만델라의 정력요리를 물었을 때 대사관 직원의 대답이 재미있었다.

"감옥에서야 주는 대로 먹었겠죠. 안 그래요?"

"그렇겠군요. 그럼 대통령에 당선되어서는요?"

"남아프리카공화국은 인도식이거나 서양식을 먹죠. 그런 요리를 먹고 있을 겁니다. 그리고 우리나라에 왔을 때는 그냥 치킨만 먹고 가셨다고 하던데요?"

"수탉요? 암탉요?"

"아마 수탉이었을 거예요."

그랬다.

넬슨 만델라도 수탉 요리를 좋아하더니 급기야 아프리카에서 "꼬기오~" 하고 수탉답게 어둠의 대륙에 새벽을 예고하기 시작했다. 아프리카의 만형 노릇을 시작했다는 말이다.

넬슨 만델라가 큰 기지개를 켜는 소리를 질러댔다.

"날 막을 자가 누구냐?"

넬슨 만델라 남아공 대통령이 재임 당시에 미국·영국 등 강대국과 맞서는 자주 외교를 펼치면서 아프리카를 대변하는 지도자로 부상하고 있다. 만델라는 미국의 반대를 무시하고 리비아 방문을 강행했다. 미국의 테러 지원국이라는 이유로 리비아 방문에 불만을 표시했으나 만델라는 "아무도 나를 간섭할 권한은 없다"면서 "우리가 백인정권에 항쟁하고 있을 때 도와준 리비아 방문은 도덕적 의무"라며 맞섰다.

미국이 언급하고 있는 리비아의 테러 관련은 1988년 270명이 희생된 소코틀랜드 로커비 상공 팬암기 폭파사건인데 2명의 리비아 인이 용의자로 지목됐으나 리비아는 이들의 인도를 거부하여 유엔으로부터 항공기의 출입국 금지 제재를 받고 있다.

만델라는 "항공여행 제재는 리비아 국민에 대한 집단적인 벌주기나 마찬가지"라며 팬암 사건 해결의 중재를 자임하고 나섰다. 그 당시 만델라는 남아공 흑인들의 저항운동을 도왔던 쿠바를 방문할 것으로 알려져 미국과 계속 마찰을 빚을 전망이다.

그와 같은 행보는 평소 주장해온 아프리카 르네상스론과 맞물려 있다. 더 이상 서방에 의존하지 말고 주체적으로 자기의 미래를 개척, 아프리카 시대를 꽃 피우자는 것이다. 27년간이나 감옥살이를 했을 정도로 신념을 굽히지 않았던 도덕성과 오랜 체험 경륜과 남아공 위상 등을 바탕으로 최근 미국을 제치고 콩고 민주공 내전을 성공적으로 중재했다.

어쨌거나 지금 남아공은 아프리카 최초의 월드컵 개최국이 되었다. 알게 모르게 만델라의 기운이 서려 있다는 생각이 든다. 만델라가 우리나라에 왔을 때 치킨을 찾았다니, 필자도 오늘밤 치킨에다 생맥주나 한 잔 마셔야겠다.

56 빌 클린턴의 '닭날개요리'

은근한 바람둥이 요리

다른 지면에서 바람둥이라는 표현이 들어간 왕과 대통령은 부끄러운 일이지만, 이 지면에 등장하는 왕과 대통령이 바람둥이 소리를 듣지 못한다면 그것은 한마디로 별 볼일 없었던 왕과 대통령이 된다는 점을 먼저 밝혀둔다.

1993년 12월에 <월스트리트 저널>지가 클린턴 대통령이 오후에 규칙적으로 낮잠을 잔다고 보도하자 백악관 공보실은 그가 국민적 보건제도 개혁안을 국회에 통과시키려고 애를 쓰던 1993년 가을부터 그런 습관을 길들이기 시작했다고 해명했다. 게다가 백악관 측은 그 낮잠이 가끔 있는 일이라고 설명했다. 그러나 클린턴은 백악관에 들어가기 한 달 전쯤부터 낮잠을 자는 습관이 있었으며 당시에는 거의 매일 그랬다.

그렇다. 내가 생각하기에 바람둥이 조건에서 정력요리와 충분한 잠은 필수적이기 때문에 클린턴 대통령은 건강요리만 맞아 떨어진다면 그 뛰어난 외모와 지위 때문에 세계적인 바람둥이가 될 수 있다.

클린턴 대통령은 전통음식 애호가였지만 힐러리 여사의 소원은 백악관 식탁 위에 더 많은 건강식을 올리는 일이었다. 실제로 힐러리 여사가 요리사에게 주문한 건강요리는 파스타와 야채가 많이 들어간 가벼운 것이었다. 올리브가 바탕이 된 소스로 만든 페스토를 싫어한 걸 봐도 힐러리 여사는 튀긴 음식보다는 신선한 야채를 좋아했다. 야채도 살짝 볶거나 데쳐야 했다. 후식은 크림이 들어 있지 않는 한 마음껏 덜어 먹게 했다. 힐러리 여사는 초콜릿을 좋아하지만 다른 식구들은 신선한 과일 같은 가벼운 음식을 선호하는 편이었다. 밖에 나가면 기름진 음식을 많이 먹게 된다는 이유도 있었다.

클린턴이 좋아하는 식사는 닭구이와 신선한 야채와 밥과 그리고 그린 샐러드 및 아이스티이다. 후식은 대개 셔벗(과즙에 우유와 계란흰자 등을 섞은 빙과의 일종) 같은 과일류로 그의 입맛을 돋우었다. 하긴 우리나라에 왔을 때도 우리나라 음식을 제법 잘 먹었던 것으로 호텔 관계자들한테 들었다.

성욕이 너무나 왕성한 클린턴은 그것을 힐러리 여사나 대중에게 감추는데 급급한 나머지 거의 매일같이 거짓말을 해대며 몰래 바람을 피우고 은폐하기에 정신이 없었다.

그럼 닭구이와 대통령의 바람기와는 어떤 상관관계가 있는가? 확실히는 잘 모르겠다. 하지만 한 가지 공통점은 우리나라의 성군인 세종대왕도 흰수탉요리를 좋아했고 왕성한 정력을 과시했다는 점에서 닭(그것도 수탉)요리가 바람둥이 임금님과 바람둥이 대통령을 만든다는 공통분모를 발견한다.

어쨌거나 빳빳하게 고개를 들고 푸른 하늘을 자주 쳐다보는 대통령 클린턴의 광적인 엽색행각에 대해 잘 알고 있는 힐러리 여사는 그에 대해 눈꼽만큼의 존경심도 품고 있지 않았으며, 그 당시 경호원들의 눈에는 클린턴과 힐러리는 부부라기보다는 정치적·사회적 파트너 관계로만 보일 지경이었단다.

전 경호원의 도움으로 클린턴은 12년 동안 관계를 가져왔다는 제니퍼 플라워스와의 밀회장면을 이렇게 털어놨다.

자신이 가졌던 성행위에 대해 떠벌리기를 좋아했던 클린턴은 언젠가 한번은 제니퍼 플라워스의 성적인 기교가 대단해서 하체부분의 흡인력이 상상을 초월할 정도라는 사실에 대해 이렇게 말하기도 했다.

"그녀는 테니스 공도 빨아올릴 수 있을 정도야."

만일 클린턴이 한낱 닭구이를 먹고 이런 정도의 바람둥이 대통령이 됐다면 큰일이 아닐 수 없다. 왜냐하면 지금 우리나라에는 프라이드 치킨을 파는 곳이 즐비하지 않는가? 우리 청소년들이 즐겨먹는 프라이드 치킨이란 것이 결국 무엇인가? 클린턴 대통령이 좋아하는 닭구이의 일종이 아니겠는가?

우리시대의 청소년들이 지금 왕성한 모습들로 자라나는 것을 원인규명을 하자면 프라이드 치킨이 상당한 영향력을 행사한다는 결론이다.

우리는 클린턴 대통령이 바람피웠다는 기사를 읽을 때마다 닭구이를 생각하자. 그리고 고개 숙인 샐러리맨들은 가끔 점심으로 프라이드 치킨이나 통닭구이를 찾아먹는 것도 스스로의 정력보강을 위해 바람직하다는 생각이 든다.

우리시대에 태어난 남성들이 다같이 미국 대통령인 클린턴이 될 수는 없지만 그가 즐겨 먹었던 닭구이쯤 먹는 일은 식은 죽 먹기가 아닌가?

얼마 전, 미국 여기자 2명이 북한당국에 억류되었을 때 특사자격의 전 대통령 클린턴이 2명의 여기자를 석방시켜 데려오는 뉴스를 보면서 필자는 웃음이 돌았다.

김정일 국방위원장과 전 미국대통령 클린턴 모두가 수탉요리와 무관하지 않잖는가?

57 젊은 날엔 '바베큐'를 좋아했던 엘리자베스 여왕

여왕요리

세계에서 가장 모범적인 여왕의 정력요리는 무엇일까? 일본 천황의 정력요리는 알아내기가 어려웠으나 영국 여왕의 경우는 생각보다는 쉬웠다.

여왕 내외는 식사와 마시는 일에는 그다지 흥미가 없었다. 엘리자베스 2세는 식사 때에는 오렌지 주스와 함께 와인 한 잔만 있으면 충분했고, 에든버러 공은 식사 전에 진 토닉이나 맥주 또는 샴페인이 있으면 되었다. 식사는 굴새우, 조개 외에는 무엇이든 좋았다.

이것은 몸의 안전을 위한 것이었으며 입맛을 가려서 그런 것은 아니었다. 여성잡지들은 여전히 여왕은 조개류를 싫어한다고 썼으나 사실은 좀 더 자세하게 관찰할 필요가 있었다. 그것은 집무의 성질상 공적인 자리에서도 식이요법의 규칙을 지키지 않으면 안 되었던 것이다.

엘리자베스 2세는 세계 여행 중에는 유명한 맬번의 미네랄 워터의 병을 가지고 다녔다(엘리자베스 2세의 머리글자를 따서 맞춘 마크가 붙은 전기 주전자도 함께였다). 이 미네랄 워터는 물론 홍차용이었다. 즉, 물을 바꾸어 먹어서 위를 다치는 일이 없도록 하기 위해서였다.

엘리자베스 2세의 여행 때 항상 휴대하고 다니는 대표적인 것은 탕파(湯波)와 특별히 만든 털베게와 연설하기 전에 마실 맥아당 등이었다. 1968년의 브라질 방문 때 보도를 맡았던 앤드류 던컨은 이 밖에도 재미있는 물건들이 여왕의 짐 속에 있었다는 것을 써놓고 있다. 그것은 댄디의 케이크가 세 통, 숏브레드가 여섯 봉지, 딸기잼이 세 병, 초콜릿이 여덟 상자 등이었다.

그러나 앤드류 던컨이 밝힌 일람표가 왕실로서는 좀 난처한 일이 되었다.

해군군악대와 함께 많은 술이 공식적인 리셉션용으로 나온다고 씌어져 있어 사치가 지나치지 않느냐는 소리가 높아졌기 때문이다. 던컨은 그 1968년의 브라질 방문 때 각 주지사에서 영국 대사관의 하녀에 이르기까지 서열 순으로 잘 구분된 여왕의 하사품에 대해서도 써놓고 있었다.

선물을 받으면 그 호의를 당장 그 자리에서 갚고 싶어한 엘리자베스 2세로서는 술이나 식료품이 대량으로 필요했는데 그 답례로서 내는 요리는 여왕의 요리사가 솜씨를 발휘했으며, 대개의 경우 영국 대사관에서 답례의 연회가 베풀어졌다.

1965년에 여왕이 서부 독일에서 새로 단장된 호텔에 들었을 때의 일이었다. 엘리자베스 2세는 앞서와 같은 이유에서 비행기로 은제식기와 크리스탈 식기를 잔뜩 싣고 와서 일류의 스타일로 서독 요인들에게 답례의 연회를 베풀었다.

엘리자베스 2세는 평상시 오전 8시가 넘어 자리에서 일어난다. 시녀가 홍차 주전자를 침실까지 날라오면 입구에서 시녀인 보보가 전해 받아 여왕에게 홍차를 바친다. 남자 시종들은 일체 여왕의 침실에 들어갈 수가 없다.

엘리자베스가 공주시절 아버지인 조지 6세와 사냥을 나가면 점심은 롤빵 한 개와 프럼의 푸딩 한 조각 그리고 사과 한 개였다. 그것을 바위 위에 앉아서 위스키를 탄 물로 손을 씻고 먹는 것이었다. 전쟁 후에 피크닉을 즐길 때는 공주는 마른 나뭇잎이나 땔나무를 모아서 바베큐를 만들었다. 하긴 바베큐로 요리를 만들 때에는 발모럴 성의 요리 주임이 거들기도 해서 맛있는 요리가 되었다.

식사가 끝나면 모두 냄비나 식기를 시냇물로 가지고 가서 씻고 다음에 또 올 때를 위해서 그 자리를 깨끗이 청소했다.

이렇게 처녀시절의 왕성했던 바베큐 식욕이 노년의 오늘에도 다른 음식에 별관심이 없게 만든 것 아닌가 생각된다.

우리나라 신라때 선덕여왕이 있어서 TV사극으로 방영되어 높은 시청률을 올리고 있었다면, 영국 여왕은 현 시대의 가장 인기 높은 스타 여왕일 것이다. 물론 바베큐와 함께 …….

58 여황제 측천무후의 '무후주'

천하 군림요리

측천무후하면 중국 최초의 여황제로 떠올릴 수 있으며, 또한 중국의 명군이요 폭군의 한 사람으로도 당당히 그 이름을 올린다.

중국 당나라 고종의 황후였던 측천무후는 병약한 왕이 죽자 스스로 왕위에 올라 '주나라'라고 이름을 바꾸고 중국 최초의 여황제가 되었다. 그리고 그녀는 연하의 미동들과 어울렸는데 왕성한 정력으로 밤을 즐겼다. 그 비결은 바로 메추리에 있다. 메추리를 약한 불로 오래 삶은 국을 즐겼고 나중에는 메추리로 우려낸 술을 담아 마셔서 '무후주'를 탄생시켰다.

근년에 들어와서 여성의 사회진출이 맹렬해져 그 중에는 남자를 능가하는 이른바 여장부도 흔히 볼 수 있게 되었다. 여황제 하면 우선 중국의 삼천 년 역사를 통하여 단 한 사람의 여황제가 나왔으니 그가 바로 측천무후다.

측천무후는 대단히 탐욕스럽고 표독스러운 성격이었다고 한다. 중국에서는 원래 여황제를 인정치 않았지만 이런 상식을 깨고 그녀는 황제가 되었다.

중국에서 여성 권력자 3걸을 꼽자면 여태후, 서태후와 비교되는데 그들은 황후였던데 비해, 측천무후는 스스로 황제가 되었던 것이 아닌가? 더불어 그녀가 죽은 후에도 당나라는 더욱 번성하였으니 후세에는 폭군이라기보다는 명군 소리로도 들릴 만하다.

이미 환갑을 넘긴 측천무후는 미소년인 장역지와 장창종 형제를 가까이 하고 남첩제도를 만들었다. 이의 부당함을 진언한 태자의 장남, 즉 그녀의 맏손주도 역시 살해되고 말았다. 그녀는 또 당의 법률에서 금지하고 있는 미신적인 종교생활에 평생을 의지하기도 했다. 정신이상의 광기마저 엿보이던 측천무후는 705년 83세를 일기로 숨을 거뒀다.

잔학무도한 사생활과는 달리 무후시대의 정치는 높은 평가를 받고 있다. 당시까지 폐쇄적인 기득권층을 형성하며 오랫동안 정권을 장악했던 개국공신 집단을 제거하기 위해 무후는 유명무실하던 과거제를 공정하게 실시하여 실력 있는 신인들을 대거 발탁했다. 이들에게만은 일반인들의 출입이 허용되지 않던 장안성 북문의 출입을 허용하여, 이들은 북문지사라고 불리게 되었다. 이 북문지사에서 배출

된 인재들은 곧 이어지는 현종의 황금기인 '개원의 치(開院治)' 에서 당 문화의 절정을 꽃피우게 된다.

후세 사가들은 인재를 알아보는 눈에서만은 측천무후를 일급의 감식가로 평가했다. 무후가 무참한 칼날을 휘둘렀던 대상도 그녀를 좌천시켰던 사람들과 황족세력에 한정되어 있었다. 무후는 역대 어느 황제보다도 민중생활의 안정에 신경을 썼고, 이에 따라 그녀의 치세 50년간에는 그 흔하던 농민봉기가 단 한 차례도 발생하지 않는 진기록을 세우게 된다.

이런 역사적 평가를 가지고 있는 측천무후!

팔순이 넘을 때까지 당나라의 신하를 곁에 두고 인생을 즐겼던 유일한 여황제! 그녀는 총애하는 신하와 함께 지낼 때는 메추리 술을 마셨다고 하는데, 이 메추리 술이 바로 무후주(武后酒)이다.

그런 신비의 술 무후주를 담그는 요령은 다음과 같다.

메추리 한 마리 또는 참새 세 마리를 깃털과 머리와 내장을 제거하고 여기에 하수오(何首烏) 500 g, 녹용 19 g, 인삼 100 g을 함께 그릇에 담고 25℃의 소주를 재료가 잠길 만큼 듬뿍 부어 약한 불에 50분 정도 달인 것을 잘 식힌 후, 햇볕이 잘 드는 곳에 30분 정도 바람에 쐬었다가 다시 소주를 부어 이번에는 30분간 달인다. 이것을 완전히 식힌 다음 그릇에 담아 여기에 벌꿀을 넣은 후 밀폐시켜 어두운 곳에서 3개월 정도 두면 익는데, 이 술이 여자들을 여걸로 만든다.

필자 주변에도 측천무후 같은 여걸들이 여러 명 보인다. 시시한 남자들 '저리 가거라' 할 만큼 활동적인 여자들을 보면서 '지금 세상의 측천무후'라는 이름을 선사한다.

59 모세의 출애굽기 대이동과 '메뚜기 스낵요리'

성직자 요리

'쓰면서도 달다' 하면 커피를 떠올리겠지만 '달면서도 매운 것은 메뚜기다'라고 말한다면 고개를 갸우뚱하는 사람이 많을 것이다.

메뚜기를 살펴보자.

이스라엘 민족을 이끌고 이집트를 탈출하는 모세는 여러 번의 기적을 보이면서 젖과 꿀이 흐르는 땅으로 이스라엘 민족을 인도한다. 그는 이들에게 메뚜기를 먹어야 한다고 역설하는데 …….

모세!

이스라엘의 영원한 지도자 모세. 성경에 보면 40년을 애굽의 왕자로 교육받고 특혜 속에 살다가 다시 40년을 살인범으로 산속에 숨어 방황했던 사내였으며, 나이 80이라는 고령에 민족을 해방시키겠다는 일념으로 애굽의 왕 바로와 줄다리기식 싸움에서 이적과 기적을 일으키며 민족을 구원했다. 그리고 숱한 세월을 젖과 꿀이 흐르는 땅으로 들어가지 못하고 광야에서 시험을 당해야 했던 그때에 모세가 유대인에게 먹였다는 메뚜기!

가을에 번식하는 메뚜기는 미네랄, 단백질의 덩어리로 살아있는 비타민제 그 자체인데 이를 강장강정(强壯强精), 증정자(增精子), 조정액(造精液), 설사, 백일해, 열병, 피부질환, 그 외 약용으로 쓰일 수 있는 것은 예를 들어도 끝이 없다. 중국에서는 작맹이라고 하여 말려서 보존한다. 아마 아라비아 의학을 흡수한 당시대부터의 전통이라고 생각하는데 끓인 즙을 먹거나 분말을 바르는 등 증상에 따라 용법은 다양하다.

여기에서 원류인 아라비아 메뚜기를 살펴보자.

아랍인들은 메뚜기를 즐기며 그것을 문답무용(問答無用)의 스태미나원으로 알고 있다. 생 소금 절임, 올리브유로 튀긴 것 등이 일반적이고 특수한 경우 날 것을 그대로 먹는다. 메뚜기를 즐겨 먹어서 그런지 아랍인의 호색도는 너무나도 이름 높다.

그 아랍인의 왕자로 자라면서 내면의 자기를 지키기에 지치지 않을 만치 강했던 남자. 예정된 왕의 자리를 차버리면서까지 자신이 원했던 길을 갈 수 있었던 역사 속의 멋진 남자! 길들여진 노예의 타성을 버리고 40년이라는 긴 여정의 길을 떠나 아무것도 없는 사막에서 자존심을 일으키기에 성공했던 강한 남성이 바로 모세다. 왕좌를 차버린 당시에는 핏속에 흐르는 노예민족의 굴욕과 패배로 보였지만 성경이 읽히는 곳이라면 어디서든 영원한 영웅으로 기억되고 뭇 여성들의 꿈의 연인으로 상징될 만큼 영화에까지 자주 등장하는 남자 중의 남자였던 그가 아니던가?

모세가 애굽의 왕자로서 먹던 메뚜기는 민족까지 지킬 수 있는 힘의 원천이었던 모양인지 애굽인들에게 박해받던 고대 이스라엘인에게 모세가 "당신들도 메뚜기를 먹어라"라고 권했다는 것은 성서에도 나와 있다. 그렇지 않고서는 생식 능력이나 전투 능력에 있어서 아랍인에게 대항할 수 없었기 때문이다. 어쨌든 그는 유대인을 애굽의 노예생활에서 해방시키는 데 성공한다.

이 책을 읽는 독자 당신도 당신의 세계를 지배한(?) 힘의 세계에서 스스로를 해방시키는 더 큰 힘을 키우시기 바라는데 …….

우리나라 경우 농약 난용(亂用)의 반성기에 이르러 다시 메뚜기가 돌아왔다. 가을은 절호의 포획시기이므로 잡아서 먹으면 좋다. 비타민 A나 칼슘이 작은 몸에 충만하여 인체에 계산할 수 없는 은혜를 준다.

간단한 요리법을 살펴보면, 열탕에 넣었다가 햇빛에 말린다. 말린 것을 참기름으로 볶아 계피가루를 뿌려 먹는다. 또는 죽도 입에 맞는다. 바삭바삭 말린 것은 보존용으로 좋다. 분말은 동창이나 살갗이 튼 곳에 바른다. 심하게 부었을 때는 매실 말린 것과 함께 바른다.

급성 설사는 메뚜기 분말을 한 스푼 가량 먹으면 낫는다. 또 메뚜기의 스낵을 수시로 먹으면 평소 성생활에도 좋다. 연속 성교도 태연하게 할 수 있다.

그런 정력이라면 독자 여러분에게도 '작은 기적'은 언제든지 일어날 수 있을 것이다. 모세가 바닷물을 갈라버린 그렇게 '큰 기적'은 아닐지라도 …….

60 달라이 라마와 티베트 만년설 속의 말린 '웅담'

성직자 요리

웅담은 가짜가 많다. 진짜는 혀에 대보면 청량감이 있으며, 입에 넣으면 완전히 녹는다. 광택이 별로 없고 비린내가 많은 것은 좋지 않다. 소량의 분말을 물에 뿌리면 비단실처럼 직선으로 가라앉으며, 물에 넣으면 여러 번 회전하며 잠시 후 물에 녹는 것이 상품이다. 특히 달라이 라마가 지녔던 웅담 분말의 종류는 태워도 타지 않는 것이 특징이다.

위장・간장・강즙의 분비촉진에 웅담이 효과가 있다는 것은 주지의 사실인데 가짜가 많아 문제가 되고 있다. 히말라야의 곰이나 티베트 곰의 웅담이 요리로 유명하다. 위・간장의 장애에 대처하는 만능의 민간약이라고 생각해도 좋을 것이다. 심장강화와 황달, 류머티즘, 신경통에 특효가 있고 어린이의 복통 정도는 아주 적은 양으로도 충분하다. 이전에는 뇌막염도 이것으로 치료했다.

말린 검은 덩어리를 한 번만 핥으면 체내의 모든 독이 사라지고 건강하게 매일을 보낼 수 있다.

스트레스로 위가 아프거나 위암이라고 생각되어 통증이 심해지기만 할 뿐이라면 웅담을 복용한다. 그러면 그런 불쾌증상은 곧 사라진다. 암 노이로제라고 바꾸어 생각하면 웅담 따위는 싼 것이다.

중국에서 곰은 여러 가지 약재를 잔뜩 먹어 전신이 약용이라고 할 수가 있는 존재이다. 웅담은 보물과 같다. 곰발바닥과 달리 요리가 어렵지 않으며, 한 개만 있어도 최적의 가정 구급약이 된다. 웅담을 소량의 물에 녹여 치질에 바르면 3회에 고칠 수 있다. 부잣집 딸을 납치한 악명 높은 마적이 교환조건으로 웅담을 요구했다는 이야기도 남아 있다.

정신활동이 활발치 못하며 몸이 나른하고 전투 의욕이 결여되어 있을 때에는 즉효적인 회복제가 된다. 아무리 해도 낫지 않는 류머티즘이나 신경통이 싹 나았다는 예를 자주 볼 수 있는 웅담에서는 기효(寄效)를 바랄 수 있다.

산악지대의 티베트 고승들은 이 웅담을 몸에 지니고 다니며 도를 닦았다는 기록이 있다. 달라이 라마도 이 웅담을 몸에 지녔음은 말할 것도 없다.

관음보살의 화신 달라이 라마의 위상과 실체는 무엇일까? 노부랑가(보물의 궁전)의 벽화 중 이 나라 역사 이야기를 그림으로 그린 것이

있다. 그 중에 티베트인의 시조는 원숭이 '첸레지'라고 한다.

첸레지는 또 티베트 사람들이 믿기로는 인류의 해탈을 위해 열반한 천 명의 부처 가운데 하나인 '은혜의 부처'라고도 하고…….

그 첸레지는 곧 관음의 현신으로서 관음의 정토가 곧 이 나라로 그들은 알고 있다.

티베트인들은 현세의 달라이 라마를 살아있는 활불로 생각하고 그들 또한 티베트의 수호신처럼 숭배하고 있는 것도 이 때문이다. 그 대신 그도 또한 자신의 언행은 곧 티베트를 대표하고 티베트의 역사와 전통의 대변자로서 그 모범이 되어야 한다는 사실을 누구보다 잘 알고 있다. 그리하여 그는 그 자신에게 주어진 막중한 책임과 공무수행에 대비해서 일주일씩 계속되는 명상과 심오한 교리연구에도 임하고 있다. 그리고 그 역대의 달라이 라마들은 세습에 의해 세계(世系)를 잇는 것이 아니라 불교적 윤회사상에 따라 정해지며, 그 선발과정에서부터 절대적 권한을 갖는 당대의 섭정과 라마교단의 원로승들에게 교육은 물론 때로는 그 앞에서 강론을 해야 할 때도 있다.

달라이 라마가 죽으면 그의 시신은 한 개의 미라로 영탑 속에 있지만, 그의 영혼은 다시 살아나 49일이 경과하면 다른 몸에 수태되어 다시 어린아이로 이 세상에 태어난다고 믿고 있다. 그 아이가 자라 5세쯤 되면 자연히 그 용모와 행실이 그 이전의 달라이 라마를 닮게 되고, 자연히 나라의 예언자나 섭정들의 눈에 띄게 됨으로써 그가 곧 다음 달라이 라마로 선정된다고 믿고 있다.

정치적으로 국왕인 달라이 라마의 정치세력은 전 티베트 13주 53현의 행정 구분상의 거의 모든 지역을 관장하고 있다. 그리고 그들 중앙

정부에서도 어쩌지 못하는 것은 아직도 같은 라마교의 황교파를 대표하는 2대 법왕이 있다는 것이다.

즉, 관음보살의 화신이자 정치적 실세인 달라이 라마와 또 한 분은 아마타여래의 화신이라 여기는 빤지엔 라마와의 대립이다. 그리고 빤지엔 라마는 실지로 시가세라는 곳을 중심으로 동부 일부의 장인사회에서만 그 영향력이 있을 뿐, 실지 라사를 중심한 중부에서는 그 권한 밖이었음을 부정하긴 어렵다.

허나, 이 빤지엔 라마도 살아있는 활불로 불리기는 마찬가지이다. 빤지엔이란 '큰 학자'란 의미를 갖는 학덕 높은 승려에게 주어진 호칭으로 일반적으로는 사시룬뽀사(寺)의 좌주(座主)를 일컫는 말이기도 하다.

지금의 빤지엔 라마는 그를 초대 라마로 해서 오늘까지 7대로 이어져 오고 있다. 그가 속한 시가세의 다룬뽀사는 티베트 제2의 지방 도시이기는 하지만 한때는 4천 명의 승도를 거느린 가장 장엄한 사찰이었다. 빤지엔 라마 1세의 영탑을 비롯해서 미륵불의 거상을 봉납하고 있는 7층 건물의 미륵전은 세계 제1의 금돌불로 이름나 있다.

그 외에도 대집회당과 학당 네 개를 갖고 멀리서부터 오는 순례자의 행렬이 줄을 잇고 있다고 한다.

그러나 언제부터인지는 몰라도 역대의 빤지엔 라마들은, 중앙정부인 라사의 달라이 라마와는 달리 중국과 영국에 접근하여 항차 청나라 조정 이후로는 중화민국과 영국의 눈치를 보며 적대관계에 있는 라사정부에 반기를 들고 있다.

그리하여 반목의 골은 깊어질 대로 깊어져 1903년 제12대 달라이 라마가 영장전쟁(영국과 티베트 전쟁)에서 패하여 외몽고인 고륜으로 망명했을 때, 빤지엔은 재차 청나라를 업고 라사에 진주했다. 그러나 영국군이 티베트에 진출하고 청군이 패하자 빤지엔은 다시 룬뽀사로 돌아가 그들 간의 대립은 말이 아니었다.

뿐만 아니라 빤지엔 라마 7세는 중국의 전국 인민대회 부상무 이사에 취임하는 등 친중 행각을 계속했고, 달라이 라마 14세는 라사의 궁전을 비워둔 채 지금도 인도에 망명정부를 수립하고 그곳에서 티베트 독립운동에 열중하고 있다. 항상 웅담 말린 것을 먹으면서 말이다.

부디 웅담의 효력으로 티베트의 분쟁까지도 치유된다면 그 얼마나 좋을까?

61 필리핀의 불나비 이멜다와 '해바라기 씨'

음식이 준 탐욕 출세

정말 전설적인 사치와 낭비로 유명했던 퍼스트 레이디의 스테미나식을 알아보자.

부패한 독재자의 사치스런 부인을 꼽으라면 역시 필리핀의 전 퍼스트 레이디 이멜다 마르코스를 빼놓을 수 없다. 불나비로 불려진 그녀는 남편 페르디난드 마르코스와 함께 20년간 무소불위의 권력을 휘두르다 지난 1986년 2월 분노한 시위대들에 쫓겨 말라카냥 궁 식당에다 차려놓은 카레라이스를 채 들지도 못하고 허둥지둥 망명길에 올랐다.

이멜다는 망명하기 1년 전 일부 필리핀 국민들이 자신의 사치에 대해 불평하자 "필리핀인들은 미(美)를 열망했다. 궁핍한 필리핀 빈민들은 숭배할 수 있는 스타를 원하며 나는 그 욕구를 충족시키기 위해 아름다워져야 할 의무가 있다"며 억지 주장을 펼치기도 했다.

마르코스 일가가 축적한 재산의 내역은 지난 1985년 8월, 필리핀 야당들이 밝힌 목록에 잘 나타나 있다. 뉴욕 시 5번가 크라운 빌딩, 뉴욕 주 롱아일랜드 휴양지, 뉴저지 주 프린스턴 소재 대저택, 영국 런던 소재 최고급 맨션, 이태리 소재 성 등 20여개 품목에 26억 7천만 달러 어치가 그 내역이다. 그러나 이것은 마르코스 재직 시의 명세서이며 이멜다의 그 당시 재산이 얼마인지를 아는 사람은 아무도 없으며 이멜다 자신도 다 모른다. 때문에 이멜다는 공금횡령혐의로 미국 법정에 출두했을 당시 방청객들로부터 '흡혈귀' '도둑년'이라는 모욕적인 폭언을 감수해야 했으며 기네스북도 이에 가세, 이들 부부를 세계에서 재산을 가장 많이 축적한 독재자로 기록하는 선심(?)을 베풀었다.

빈민가 출신의 이멜다는 미스 마닐라에 당선된 뒤 25세 때 당시 상원의원이었던 마르코스를 만나 결혼함으로써 신데랄라의 꿈을 이뤘으나 그칠 줄 모르는 그녀의 물욕은 이때부터 본색을 드러내기 시작했다.

36세에 퍼스트 레이디 자리에 올라 마르코스와 함께 온갖 영욕을 같이 한 이멜다!

이처럼 욕심 많은 마르코스 내외도 지난 1969년 마르코스가 대통령에 재선되었을 당시에는 정치적인 제스처로 전 재산을 국가에 헌납하는 쇼를 연출하기도 했다. 그러나 부인 이멜다 소유의 재산은 대상에서 제외됐다. 필리핀 국민들은 눈가리고 아웅하는

그런 모습을 보면서, 본격적인 재산축적을 위해 배 비우기 작전을 썼다고 비아냥댔다.

뉴욕에서의 파티를 위해 유럽으로부터 빵과 샐러드, 최고급 샴페인을 공수해 오고, 카지노 노름과 댄스 등에 수백만 달러의 파티비용을 썼다.

주위를 인식하면서 하는 식사 때는 카레라이스를 즐겼지만, 그러나 혼자 있을 때 이멜다가 정말 맛있게 먹는 요리는 뜻밖에도 프라이드 치킨과 아이스크림이었다는 사실을 아는 사람들은 별로 많지 않다. 더욱 놀라운 사실은 마르코스 대통령을 꼬실 때 해바라기 씨를 이용하여 성공했다면 믿어지겠는가?

해바라기 씨를 먹으면서 데이트를 했던 이멜다와 마르코스는 끝내 결혼에 성공했고 오랜 동안 권력의 단맛에 빠져 지내게 되었다.

그러나 이멜다의 어린시절은 무척이나 가난하였다. 집도 제대로 없어 차고에서 잠을 자기도 하고, 중고 피아노의 세일즈를 하거나 학교 도서관에서 일하면서 겨우 대학을 나왔다. 그녀의 가슴 속에는 가난하게 자랐다는 콤플렉스가 깊었다. 그녀의 위안은 남보다 뛰어난 미모를 가졌을 뿐 참으로 궁색한 성장과정이었다. 아마 이 때에 이멜다는 프라이드 치킨과 아이스크림을 실컷 먹기를 원했으면서도 지천에 깔려 있는 해바라기 씨로 배를 채울 수밖에 없었던 것이다.

그러면서 해바라기가 해를 따라 움직이듯이, 앞서 살다간 세상에서 가장 화려했던 여인 아르헨티나의 '에비타'를 동경하였던 것이다.

62 이탈리아의 파시스트 무솔리니 '리좃또 꼰 레 라네'

전쟁과 요리

개구리는 성질이 차서 뛸 방향을 향해 몸을 움츠리는데 그 모습이 야심가한테는 식욕이 생긴다고 한다.

제2차 세계대전 때 히틀러와 공조체제를 갖추고 전쟁에 참가했던 무솔리니의 정력음식은 과연 무엇이었을까? 앞에서도 언급한 그 유명한 개구리 요리라면 어릴 적 산골짜기에서 개구리를 잡아 뒷다리를 쭉 찢어서 나무불에 구어 먹던 생각이 날 것이다. 이런 개구리 요리를 즐겨 먹은 무솔리니의 행적을 잠깐 살펴본다.

검정색 셔츠를 입은 무솔리니의 파시스트(국수주의) 당원들이 지오비네짜(젊음)라는 당가를 부르면서 행진하고 있다. 장차 이탈리아의 독재자 무솔리니가 주인이 될 정부를 인수받기 위해 나폴리를 출발하여 로마로 향하고 있는 것이다. 곧이어 듀스(무솔리니의 별명)가 빅타 엠

마누엘 왕이 제공한 무개차를 타고 로마에 도착했다.

당시, 이미 영향력이 쇠약해진 이탈리아 정부는 파시스트 당이 확실한 정권의 주인공으로 부상하고 있음을 감지하였지만 속수무책일 수밖에 없었다. 파시스트 당의 유니폼을 입은 수많은 청년들의 모습은 정부가 대표를 내세워 항복을 하게 만들 만큼 위압적이었다.

그들의 지도자 무솔리니는 유권자들이 파시스트 당원 출신 후보만을 찍도록 만든 새로운 선거법을 상정해 놓고 있었다. 또한 좌익파의 선거전에 무자비하게 대처하겠다는 무솔리니의 공공연한 협박에 겁을 낸 몇 명의 좌익파 지도자들은 이미 타국으로 몸을 피신한 상태였다.

어쨌든 무솔리니가 구상하고 있는 것은 국가가 관리하는 산업과 개인 기업이 공존하는 것이었으며, 정부가 위임한 재판기구에서는 파업이나 노동운동을 관리하는 협동국가 체제를, 그리고 부수적인 사회복지 정책으로 고령자들을 위한 연금제도와 노동자들을 위한 공휴일을 제정하는 것이었다. 그것을 위해서는 우선 파시스트 당원이어야 한다는 부수적인 조건을 걸고 있었다. 그러던 무솔리니가 개구리처럼 팔짝 뛰더니 히틀러와 공조하여 제2차 세계대전에 휩싸인다.

쇠를 두드리고 용광로에 녹이고 다시 두드리고, 그 힘을 가지고 태어난 자가 무솔리니다. 그는 대장장이의 아들로 태어나 이탈리아를 다스리고 에티오피아와 알바니아를 병

합시킨 인물이다. 그가 먹던 요리는 방향 없이 뛰는 개구리로 만든 요리인 '리좃또 꼰 레 라네(Risotto Con Le Rane)'라면 좀 아이러니컬하지 않은가? 개구리 요리는 뜻밖에도 단백질 보충식품으로 몸이 허약한 사람이나 양기가 약한 남성의 강장제로 좋으며, 또한 개구리는 습성이 차서 몸에 열이 많은 사람에게 좋으니 전쟁광 무솔리니에겐 특효식이 아닌가?

요리방법은 파슬리, 비에떼 잎, 마늘을 깨끗이 씻어서 잘게 썬 후에 껍질을 벗긴 개구리의 뼈를 제거한 넓적다리만을 준비한다. 냄비에 올리브유 3순갈, 파슬리 1/3, 당근, 양파와 잘게 썬 샐러리, 소금, 후추를 넣는다. 이것을 볶고 나면 개구리 다리를 넣어 뚜껑을 덮은 다음 그릇에 음식이 달라붙지 않도록 가끔씩 휘저어 주면서 중불로 요리하는데, 식사하기 30분 전에 냄비에 양파를 썰어놓고 기름을 조금 넣어서 볶은 다음 쌀과 붉은 포도주를 약간 부어서 증발하도록 둔다.

이 요리를 먹으면 어디로 뛸지 방향 모르고 천방지축 날뛰는 정력이 치솟을 것이다. 그렇다고 아무 여자에게나 달려들었다간 독사를 만난 개구리 꼴이 되리라.

차라리 박지성 같은 축구선수가 되어 그라운드를 마구 누비며 뛰는 것은 어떨까? 공교롭게도 박지성 선수도 어릴 적에 개구리 고기를 보약으로 먹은 적이 있다고 했다. 유럽 진출에 일치하는 바가 있다는 생각이 든다.

63 전쟁 중엔 '육식'이 최고라고 말하는 윈스턴 처칠

전쟁과 요리

'식사 후의 담배 한 대는 식후의 더부룩함을 말끔하게 해 주는 약이다.'

금연운동이 한창인 요즈음 시대에 욕먹을 소리겠지만 담배가 해롭지만은 않다는 증거를 보여주는 역사의 거장이 있어 소개한다.

처칠의 80회 생일 기념 파티에 와서 사진을 찍던 사진사는 처칠에게 말했다.

"처칠 선생님! 시가를 참 좋아하시는군요. 80회 생일을 축하드리면서 제가 선생님의 100회 생일 기념에 다시 사진을 찍을 수 있는 영광을 가질 수 있으면 좋겠습니다."

그러자 사진사의 말을 듣고 있던 처칠은 대뜸,

"자넨 담배를 피우지 않는 것 같으니까 건강해서 내 100회 생일 기념 파티에 올 수 있다고 보네. 그렇게 하도록 하세."

제2차 세계대전 중 윈스턴 처칠에게 시가를 대주던 담뱃가게가 폭격을 당하자 가게주인은 처칠을 안심시키기 위해 새벽 2시에 수상관저로 전화를 걸어 그가 즐기는 20 cm짜리 아바나 시가는 아무런 피해를 입지 않았다고 전했다. 그만큼 처칠은 시가를 즐겼다.

유럽국가 중에서 처음으로 시가를 피우기 시작한 나라는 스페인이었다. 그러나 나폴레옹 전쟁으로 프랑스와 영국의 군인들이 스페인으로 밀려들어간 후에 담배는 유럽 국가들로 퍼졌다.

세계에서 가장 좋은 축에 드는 아바나 시가는 쿠바의 부엘타아바 호 지역에서 생산되는데 이 지역은 토질과 바람, 수질, 햇빛 등이 알맞아 천혜의 건조장과 저장실이 되고 있다. 이상하게도 아바나 시가는 적당한 상태로 저장해 두면 세계 어디에서나 동일한 시기, 즉 쿠바의 여름이 시작되는 시기에 발효하게 된다. 이 시가는 아름다운 처녀들의 넓적다리 맨살에 대고 말아 만든다고 전해지고 있지만 물론 이것은 사실이 아니다.

율리시즈 S. 그랜트는 하루 약 25개의 시가를 태웠다. 정신분석학의 창시자인 지그문트 프로이트는 언젠가 "시가는 남근의 상징일 수도 있으나 시가는 역시 시가일 뿐이다" 라고 말한 적이 있다.

처칠은 군인이 아니면서도 전쟁영웅이었지만 사적인 파티에선 유머감각이 넘치는 사람이었다. 전쟁이 끝난 후 평화로운 시절, 어느 파티에서 우연히 에스터 부인을 만났다. 처칠은 오랜만에 만난 그녀를 보자 무척 반갑게 말했다.

"에스터 부인. 커피 한잔 하실까요?"

그러자 에스터 부인도 반갑게 대답했다.

"네, 그래요. 미스터 처칠! 그렇게 담배를 피우다니요? 만약 내가 당신하고 결혼했다면 당신이 지금 마시고 있는 커피 잔에 청산가리를 넣었을 거예요."

이런 농담에 처칠은 대뜸 다음과 같이 대꾸했다.

"나 역시 만약 당신하고 결혼했다면 당신이 나를 위해 청산가리를 넣은 커피를 마실 것입니다. 그래서 당신을 과부로 만들어 담배를 피우게 하겠어요."

처칠은 정말이지 담배연기를 한 모금 내뿜을 때마다 한 마디의 유머를 함께 뿜어냈다.

86살의 처칠은 굴과 샴페인으로 식사를 했다. 수프는 고급 셰리 한잔을 곁들인 콩 퓌레였다. 다음에는 가자미 찜을 들었다. 고기 앙트레포는 살짝 익힌 스테이크와 당근과 구운 감자를 들었고 함께 마신 포도주는 부르고뉴였다.

디저트는 크림 브륄레 과자와 마데이라 백포도주 한 잔이었다. 그리고 마지막으로 스틸턴 치즈와 포트 와인을 들었다. 커피를 마신 다음 잎담배와 브랜디 한 모금으로 저녁을 마쳤다.

한편, 처칠어록을 보면 그가 얼마나 육식을 즐겼는지 알 수 있다.

"나는 고기를 먹겠다. 이 전쟁에서는 육식동물이 이긴다. 왜냐하면 히틀러는 채식주의자였다."

처칠의 식사습관은 매우 호화로운 것이었으며, 그가 좋아하는 제복을 입고 좋아하는 머리장식을 하고 항상 식사에 임했다고 한다.

64 세계 제일의 부자가 먹는 '사떼릴릿'

부자나라 국왕요리

흔히 '날갯죽지를 먹으면 바람을 핀다'고 하는데 그 말이 사실일까? 가장 돈이 많은 국왕한테서 그 대답을 구해본다. 남지나해에 접해 있는 보르네오 섬의 북부에 브루나이 왕국이 있다. 이 조그만 나라의 정식 명칭을 풀어보면 부르나이 다루살람(Negara Brunei Darussalam)인데, 이 뜻은 '평화가 사는 브루나이 나라'라는 뜻을 품고 있다.

미국의 경제잡지 '포천'이 전 세계를 대상으로 101대 부호들의 명단을 공개했다. 작년에 이어 올해도 브루나이 국왕 볼키아가 370억 달러의 재산으로 제1위에 올라 있다. 우리 돈으로 23조에 이르는 엄청난 액수다.

빌리오네어(Bilionaire)라는 영어 단어가 있는데 이 '빌리오네어'는 10억 달러 이상을 소유한 사람을 일컫는 말이다. 우선 이 돈을 은행에 예금했을 때 하루에 약 1억2천3백만 원이라는 어마어마한 이자를 받을 수가 있다. 그러면 이렇게 10억 달러 이상의 개인 재산을 소유하고 있는 사람은 전 세계에 몇 명이나 될까? 미국의 경제전문지 '포천'의 조사에 의하면 세계적으로 233명이 10억 달러 이상의 재산을 가지고 있다고 한다.

그렇다면 전 세계에서 제일 부자는 누구일까? 놀랍게도 세계 최고의 부자는 동남아시아의 보르네오 군도의 한 귀퉁이에 위치한 인국 22만의 소국 브루나이의 국왕 볼키아이다. 세계 제일의 부자순위 연속 7년째라면 놀라운 일이 아닌가? 어떻게 해서 그는 이토록 엄청난 돈을 벌 수 있었을까? 그 대답은 간단하다. 이 작은 나라에선 석유가 엄청나게 생산되기 때문이다. 그의 재산은 무려 370억 달러. 우리 돈으로 환산하면 29조6천억 원이 된다. 이 재산으로 거대한 보잉 747기를 구입한다면 무려 117대나 살 수 있다.

지난 26년 동안 브루나이를 통치해 온 그는 순금으로 지붕을 장식한 궁전에서 살고 있는데 그곳에는 2천 대의 전화기가 설치되어 있다. 그러나 볼키아 국왕 자신만이 영화를 누리는 것은 아니다. 이 나라에는 세금이 없고, 국민들이 집을 짓거나 차를 구입할 때면 정부가 돈을 빌려주기도 해 한 가구당 평균 2~3대의 승용차를 가지고 있다고 한다.

그러면 도대체 일할 이유가 없고 노력할 필요가 없는 이 국왕 볼키아는 무엇을 골라 먹느냐가 문제였을 것이다. 세계 각국의 좋은 요리를 다 맛보고 있지만 그래도 국왕의 입맛은 토종음식을 버릴 수가 없었던 모양이다.

결국 고르고 고른 것이 무엇이었을까?

서양식에 질리면 국왕은 잘게 다진 해물에 많은 양념을 하고, 코코넛

즙과 향기로운 레몬을 섞어 요리한 닭 날개 꼬치구이인 '사떼릴릿(Sate lilit)'를 즐겨 찾는다고 한다.

'사떼'는 브루나이 부근 인도네시아의 어디에서나 흔히 볼 수 있는 꼬치구이로 유명하지만 많은 미식가들은 그 중에서도 브루나이 국왕이 종종 즐겨 찾는 '사떼아얌(Sate ayam)'을 애써 찾는다. 그리고 그 중에서도 가장 맛있는 것이 앞에 소개한 '사떼릴릿'인 것이다. 브루나이 볼키아국왕쯤이면 먹고 싶은 것이 없어서 한이겠지만 그럴수록 그 옛날 토종음식이 그리워진다고 하던가?

우리나라 한의사들은 근거가 있다고 입을 모은다. 정말 닭 날갯죽지엔 초강력 발기촉진제가 들어 있다니 …….

독자 여러분 중에 장모가 있는 사위들은 지금 당장 장모를 찾아가 보라. 씨암탉을 잡아주는 깊은 이치를 알 수 있을 것이다.

65 쿠빌라이 칸의 삼백년 장수의 '경옥고'

장수비법 요리

쿠빌라이 칸은 남송을 멸망시키고 중국 대륙의 천하통일이라는 대업을 완수한 몽고의 제5대 황제이자 원나라의 시조이다. 특히 마르코폴로와 돈독한 우의를 나눴던 쿠빌라이 칸은 엄청난 개인 공원을 만들어 태평성대를 즐겼다고 하는데, 과연 쿠빌라이 칸의 정력요리는 무엇이었을까?

원나라 세조는 주례(周禮)의 천관(天官) 의식제가 있는 것을 토대로 음선대의(飮膳大醫) 4명을 두고 독이 없어 함께 먹어도 되는 음식과 오래 먹으면 불로장수와 막강한 정력이 치솟는 식품을 골라 요리하게 하였다. 그 중에서도 물사혜란 사람이 음선대의로 일했는데 그 동안 요리한 진귀한 음식의 조리법과 여러 학파의 본초(本草)와 명의(名醫)의 처방과 매일 먹는 곡식, 고기, 야채 가운데 몸을 보하는 것을 모아 세 권의 책으로 묶어냈는데 이것이 바로 ≪음선정요(飮膳正要)≫이다.

이 책은 원래가 어떻게 하면 천자의 건강을 증진시키고 병에 걸리지 않도록 할 수 있는가? 어떻게 하면 불로장수를 할 수 있는가를 목적으로 한 일종의 식료본초서이며 단순히 진귀한 요리를 나열해 놓은 것만은 아니다. 더구나 중국에서는 돼지고기를 사용한 요리가 상당히 대중적인데 그것이 거의 등장하지 않고 양고기가 태반을 차지하고 있는 것은 저자인 물사혜의 고향 및 원나라와의 회교관계 등을 생각해 볼 때 무척 흥미롭다.

이 책에서 천자를 위한 내용 중 불로장생의 묘약을 이렇게 적고 있어서 응용한다.

「'불로장생의 묘약 - 철옹선생 경옥고(鐵甕先生瓊玉膏)'」

「이 경옥고(혈액순환을 바르게 하는 보약)는 정기를 충실하게 하고, 내장을 튼튼히 하며, 기력을 왕성하게 한다. 또 오장의 활동이 원활해지고 보혈작용이 있다고 하며, 백발이 흑발로 변하고, 늙은 사람이 도로 젊어지고, 혈기왕성한 말처럼 달릴 수가 있어서 늙어서도 밤마다 여자를 마다하지 않는다.」

그렇다고 이 책이 남성 위주의 책만은 아님을 알아주기 바란다. 밤마다 안아주는 데 싫다할 여성 없을 것이며 또 좋은 것은 하루 세 끼 밥을 안 챙겨도 되겠다는 말씀인데, 이 약을 복용하면 종일 아무것도 먹지 않아도 배고픈 줄을 모른

다. 강한 정신력이 길러지고, 의식이 고매해 지고, 밤에도 꿈을 꾸지 않고 푹 잘 수 있으니 마오쩌둥의 정력요리(충분한 수면)처럼 바람둥이의 여건을 만들어 주는 아주 좋은 정력제다. 이어지는 글을 보면, 먹는 나이에 따라 수명이 길어진다니 더 나이 들기 전에 사랑하는 그녀와 함께 복용하여 힘 있는 밤, 그녀를 까무러치게 하는 밤을 만들면서 더 오래 장수하는 길을 찾는 데 망설임이 없어야겠다. 그러면 언제 어떻게 먹느냐를 살펴보자.

25살 이전에 이것을 복용하면 360살까지 살며, 45세 이전에 먹으면 240세를 살고, 63세 이전에 먹으면 120세를 살며, 64세를 지나서 먹으면 그래도 100세를 산다고 하니 가장 희망을 주는 장수약이다.

이 경옥고를 조합할 때는 목욕재계하여 몸을 깨끗이 하고 마음을 정성스럽게 한 뒤 남에게 함부로 보이지 않으면서 다음과 같이 처방한다.

인삼 24냥을 수염뿌리를 제거하고 생지황 16근을 즙을 낸다. 그리고 하얀 복령 49냥을 껍질을 벗겨서 하얀 꿀 10근을 잘 개어서 만드는데, 이 재료 가운데 인삼과 복령은 가루로 만들고, 꿀은 생견으로 거르고 지황은 즙을 낸다. 구리나 쇠그릇은 사용하지 말고 이것을 빻아서 즙을 내어 찌꺼기를 모두 버린다. 그것을 한데 섞어 은이나 돌그릇 혹은 양질의 자기에 넣고 깨끗한 종이로 몇 겹이고 봉한 다음 끓는 물속에 넣는다. 뽕나무 장작을 태워 사흘 밤낮을 끓인 다음 끓는 물에서 꺼내어 밀랍지로 병 입구를 몇 번이고 싸서 우물 속에 넣어 식힌다. 하루가 지나면 꺼내어 다시 한번 원래의 끓인 물에 넣고 하루 동안 졸인다. 물기가 완전히 제거되면 꺼내어 봉한 것을 열고 세 숟가락을 세 개의 잔에 나누어 담는다. 이것을 매일 공복일 때 한 숟가락을 술과 섞어 마신다.

쿠빌라이 칸은 이렇게 정성들인 보약을 먹고 남송을 멸망시키고 중국 대륙의 천하통일을 이루었다. 몽고의 제5대 황제로서 원나라의 시조가 되는 쿠빌라이 칸은 그 큰 땅을 다스리고 남는 힘으로 사냥을 즐겼다고 한다. 사내 중의 사내! 그가 대륙을 달리는 남자 중의 남자였던 힘을 가지게 된 데는 바로 여기 이 보약이 원천이 되었던 것이다.

이처럼 경옥고를 먹고 왕성해질 대로 왕성해진 쿠빌라이 칸은 대리석과 아름다운 돌들로 거대한 궁전을 지었으며, 큰 방들과 작은 방들은 모두 금박으로 치장하는 등 호화롭게 장식하였다. 그는 종종 말 궁둥이에 표범을 매달아 가지고 정원으로 들어가서 마음에 내키면 표범을 풀어놓아 표범이 잡은 사슴이나 노루를 흰바다 매의 먹이로 주곤 했다. 쿠빌라이 칸은 이런 것을 오락삼아 즐겼던 것이다.

낮에는 이렇게 정력을 소모하고, 밤에는 커다란 궁전에서 낮에 눈여겨뒀던 미인과 밤을 지세기를 표범이 노루나 사슴을 사냥하듯 사납고도 포악하게 했으니 이 모든 힘의 원천은 경옥고였다.

66 광개토대왕의 돼지고기와 '소전골'과 '국화전'

국토확장 요리

우리 역사상 가장 넓은 국토를 만들어 동북아의 최강자로 군림한 고구려의 광개토대왕은 후세의 사학도들이나 역사공부를 하는 우리들에게 큰 자랑거리이다. 지금 우리가 처해 있는 여러 가지 난국을 생각할 때에 더욱더 이런 팽창주의의 위대한 성군이 그리워진다.

광개토대왕은 고구려 제19대의 왕으로서 그 시절엔 영락대왕이라 불렸다. 광개토대왕은 18세에 왕위에 올라 39세에 승하할 때까지 군사를 일으켜 국토를 확장하는 데 크게 성공을 하여 중국의 연나라와 백제, 신라, 왜구들에 이르기까지 모두 굴복시켰다.

그래서 지금까지도 힘 있는 대왕으로 기록이 되었고, 필자도 흠모하는 마음으로 이번에 광개토대왕이 즐겨 먹은 음식을 찾게 되었는데 공교롭게도 전쟁터에 나가서는 돼지고기를 많이 먹은 것으로 조사가 되었다. 바로 이 점이 필자의 마음을 사로잡았고 한동안 진정할 길이 없었다. 이미 마오쩌둥도 돼지비계 껍질을 즐겼다는 내용을 게재하였고 또한 유럽의 정복자였던 시저도 돼지고기와 버섯을 즐겼다는 것을 밝히면서 이들의 공통점을 언급한 바가 있다.

이상하게도 돼지고기를 좋아한 군왕들이나 지도자는 국토를 넓히고 통일을 하는 우연의 일치를 보인다. 그런데 광개토대왕까지 돼지고기를 즐겼음을 알게 된 뒤로는 개인적인 생각을 쓰지 않을 수 없다. 이번 21세기를 열어갈 새로운 대통령은 제발 돼지고기를 좋아했으면 하는 바람이 생긴 것이다. 그 동안 후보들이 밝힌 즐겨 먹는 음식을 보면 어느 누구도 돼지고기를 좋아한다는 대목이 없었다. 반드시 통일을 해야 할 21세기의 대통령으로서 통일이란 구호도 중요하지만 스스로의 체질에서 배어나는 저력 또한 중요할 것 같다. 그 저력은 아무래도 돼지고기가 밑바탕이 될지도 모르니까 꼭 돼지고기를 즐겨 드셨으면 하는 마음 간절하다.

그 동안 왕과 대통령의 정력요리를 조사하면서 느낀 예감이 그렇다. 가령 국수를 좋아한 중국의 장쩌민과 박정희는 다같이 경제를 일으켰고, 수탉요리를 즐긴 세종대왕이나 클린턴이나 김춘추는 뛰어난 정치를 하면서도 남다르게 여색을 밝혔다는 공통점이 있었다. 그렇다면 돼지고기는 반드시 새 대통령이 입맛을 고쳐서라도 즐겨 들었

으면 하는 마음 간절하다. 역사 속에서 우리가 정력요리의 결정체를 배워서 이 난국에 다소나마 도움이 되었으면 한다.

사실상 돼지고기의 영양가는 어떤 고기에도 뒤지지 않는다. 몸이 여위고 마른기침을 할 때 효과가 있으며 대변을 잘 보게 해 준다.

어쨌거나 우리 민족사의 자랑인 광개토대왕이 이 돼지고기를 먹으며 중국대륙 일대를 정복해 나가는 모습을 그리면서 우리도 술집에서건 가정에서건 돼지고기를 즐겨 먹자. 그러면 허리띠를 졸라맸던 우리가 다시금 도약의 전성기를 맞을 것이고, 그것은 마치 광개토대왕이 동북아를 그의 말발굽 아래로 누볐던 것처럼 우리도 경제대국으로서 세계를 누빌 수 있을 것이다.

우리는 광개토대왕으로부터 배워야 한다. 광개토대왕은 가뭄이 들면 일체의 쌀밥은 입에 대지를 않았고, 보리밥만 먹다가 다시 풍년을 맞으면 소전골에 국화전을 먹었다고 한다. 샴페인을 천천히 터뜨릴 줄 알았던 것이다. 광개토대왕이 평화 시에 즐겼던 국화전이란 음식은 음력 9월에 감국(국화)의 꽃잎을 넣어서 만든 떡을 말하는데, 가뭄 때는 보리밥만 먹는 광개토대왕의 성격으로 보아 이 국화전을 먹을 때는 그 해도 대풍이 들었다는 이야기다.

여기에다 곁들여 먹은 것이 소전골이라 했다. 소전골이라면 그야말로 국가적인 풍요를 대변하는 상징일 것이다. 다시 말해 광개토대왕은 국토를 넓히는 전쟁터에서는 돼지고기를 먹었고, 온 백성이 다 잘 살게 될 때에만 천년궁에서 우진 왕비와 밤을 지세는 사랑을 나누며 소전골에 국화전을 먹었으니 오랜 세월이 지난 후의 이야기지만 지금의 우리에게 시사하는 바가 크다.

67 도쿠가와 이에야스의 독을 품은 '복어 독'의 구애

장기집권 요리

'복어 맛은 사람이 한 번 죽는 것과 맞바꿀 수 있는 맛!'이라고 시인 소동파가 말했듯이 도쿠가와 이에야스는 복어를 즐기며 그런 사랑을 했다.

도요토미 히데요시가 죽자 도쿠가와 이에야스는 반기를 들고 내전을 일으킨다. 그 내전(內戰) 중에 미소시르(된장국)와 오니기리(주먹밥)를 먹으며 히데요시 일파를 섬멸하고 정권을 장악했다. 그 후 임진왜란 중에는 병사들에게 금지시켰던 복어지리까지 즐겨 먹어가며 애타는 사랑을 하게 된다. 그래서 도쿠가와 이에야스의 로맨스가 오늘날까지 은은히 구전되어 온다.

도요토미 히데요시가 죽고 임진왜란이 끝나자 도쿠가와 이에야스가 일본 천하를 손에 넣는다. 그리고 그는 조선에 대해서 도요토미 히데요시의 전쟁행위를 사과하고 강제 연행자를 송환해 주면서 국교를 텄다. 그리고 그는 무엇보다도 한국의 성처녀 쥬리아의 사랑을 받고자 애타했다.

자! 이제부터 도쿠가와 이에야스가 복어지리를 먹고 벌이는 호색과 성처녀 쥬리아의 사랑 이야기를 해보자.

겉은 부드럽고 속에는 무서운 독이 들어 있는 복어지리를 좋아했다고 앞에서 말한 바처럼 도쿠가와 이에야스는 그의 생김새처럼 복어 같은 그런 사랑을 했다.

사실 복어처럼 맛이 뛰어난 생선도 없지만 복어의 눈, 피, 간, 알에는 여러 가지 독성이 들어 있어 잘못 먹으면 생명을 잃게 되므로 손질이 가장 까다로운 생선이다. 따라서 아무나 다룰 수가 없다는 점이 큰 흠이며 자랑이다. 도쿠가와 이에야스는 복어지리를 좋아하면서 사랑 또한 그런 식으로 했다면 이해가 가겠는가? 그것도 조선의 어여쁜 처녀와 말이다.

임진왜란 때 많은 조선 남녀들이 일본에 잡혀가 규슈의 나가사키에 섰던 노예시장에서 매매되었다. 조선에서 잡혀 온 사람들을 일본 사람들도 많이 사갔지만, 그 중에는 일본에 들린 포르투갈 상인들이 값싸게 사다가 마카오와 인도의 고아에 있던 국제노예시장에다 전매하곤 했다.

이와 같이 불행한 조선인들 중에 아름다운 한 소녀가 있었다. 이 소녀의 조선 이름은 전해지지 않고 카톨릭 세례명인 쥬리아라고만 전해진다.

그리고 쥬리아에게 주어진 일본말 존칭인 오다니네. 그래서 쥬리아 오다니네란 이름의 소녀였다. 쥬리아가 조선의 어디서 왜병에게 납치되었는지는 알 수 없다. 어렵게 확인할 수 있었던 것은 조선에 맨 처음 상륙한 왜장 고니시 유키나가(小西行長)의 거성이었던 경남 창원의 곰개에 갇혀 있었다는 사실 정도다.

왜장 고니시(小西)가 가엾은 이 아름다운 소녀에게 관심을 쏟게 된 것은, "귀족 문중에서 태어났고 영특하며 예뻤기 때문"이라고 기록은 전한다. 왜장 고니시는 독실한 천주교도였다. 그는 쥬리아를 교인으로 키우고 싶었다. 그래서 그의 사랑하는 딸인 대마도주 종씨의 부인에게 선물로서 쥬리아를 보냈고, 종씨 부인은 다시 그녀의 어머니요, 고니시의 부인인 유스타에게 선물로 쥬리아를 보냈던 것이다.

독실한 카톨릭 가문에서 세례를 받고 쥬리아란 세례명을 얻어 비교적 순탄하게 자라던 이 소녀는 1606년 일본 무가의 세력다툼으로 다시 기구한 일생을 맞게 된다. 쥬리아의 후견인인 고니시 유키나가와 도쿠가와 이에야스의 대결에서 고니시가가 패망하자 가문이 파멸하게 된 것이다.

고니시의 가문이 풍비박산되는 가운데서도 쥬리아만은 그녀의 미모와 영특함 때문에 도쿠가와 이에야스의 눈에 들어 도쿠가와의 내전 시녀로 일하게 되었다. 유명한 호색가인 도쿠가와는 쓰키야마, 아사히히메 등 2명의 정처와 측실에 열 명의 희첩을 거느리고 있었으면서도 자기 가신의 딸, 농부의 딸 등 신분을 가리지 않고 엽색을 해오던 터였다. 그러한 도쿠가와로서는 조선 귀족의 딸이요 재색을 겸비한 쥬리아가 탐나지 않을 수 없었다. 쥬리아를 내전에 들여 손아귀에 든 구슬로 여기고 그녀를 품에 안을 기회만 노리고 있었다.

이 세상의 '러브 트러블' 중에서 이 일본 제일의 세도가 도쿠가와와 그와의 동침을 한사코 거부한 한국여인 쥬리아 사이의 갈등만큼 격렬한 것이 없다. 그녀의 신앙심은 영웅적이었다. 그녀는 이교도 틈에서 살아야 했기 때문에 모든 사람이 잠든 야삼경에 일어나 성서를 읽고 기도를 하였다. 그녀는 측근 사람들로부터 숭앙을 받았고, 그 숭앙을 개종으로 작용시켰다. 더구나 호색적이고 부박한 내전생활에서 그 꽃다운 순결을 잃지 않고 지켜낼 수 있었던 무기는 그녀에게서 풍기는 덕향이었을 것이다. 하지만 쥬리아의 일생은 자꾸만 처참해진다.

1611년, 배교한 한 천주교의 교역자가 도쿠가와에게 천주교종을 모략하여 도쿠가와의 가혹한 천주교 탄압이 시작되었다. 일본 역사가들에 의하면 도쿠가와로 하여금 천주교 탄압을 마음먹게 한 동기를 들자면 첫째로 그의 큰 성에 불을 지른 것이 크리스찬이라는 심증, 둘째로 배교자의 모략, 셋째로 이 세상에 불가능이 없는 그로서 단 하나 불가능했던 쥬리아! 그 쥬리아를 사로잡고 있는 악마가 바로 천주교라는 것을 절감했기 때문이라고 한다. 성당은 소각되고 교인들은 끓는 유황탕에 던져졌다. 내전에 번져 있던 교인들도 여지없이 처형되었다. 그런 중에서도 다만 한 사람 쥬리아만은 처형당하지 않고 박해와 공포 속에서 개심을 재촉당하고 있었다.

전하는 말에 의하면 도쿠가와는 50가지 방법으로 쥬리아로부터 크리스찬의 악마를 추방하고 그의 사랑을 받아들이기를 강요하였다고 한다. 그러나 쥬리아는 끝내 거절하고 순결을 지켰다.

마침내 도쿠가와는 쥬리아의 그 엄연한 덕향에 외포를 느끼게 되었고, 내전에 크리스찬을 두고 있다는 가신들의 등쌀을 이길 수가 없어 차마 처형은 못하고 이즈의 외딴섬에 유배를 보내기로 하였다. 섬으로 보내면서 도쿠가와는 그가 못 이룬 애틋한 애정의 여운으로 죄수에 대한 전례를 깨고 아바시로 나루까지 가마로 태워다 주라고 하였다. 그러나 이 조그만 친절마저도 쥬리아는 거절해 버리는 것이었다.

그 섬에서 쥬리아는 먹고 입는 것만으로도 갖은 고생을 다하였으나, 이 섬을 주님이 숨을 거두신 갈보리의 언덕으로 알고 주민을 교화해 가면서 40년간을 살다가 죽었다.

천하의 도쿠가와 이에야스가 그 무서운 복어의 독으로도 쓰러뜨리지 못한 단 하나의 여성은 쥬리아 뿐이었다고 한다. 어쨌거나 복어요리는 허약한 체질을 보해주고 수분배설을 촉진시키기 때문에 복어국을 먹고 나면 소변량이 왕성하게 증가한다.

68 수카르노의 신선한 '사슴피' 강장제

별종 요리

"누구 사슴피 가진 사람 없는가?"

유명했던 중국의 황제 한 사람이 고함을 질러댔다기에, 이 역사의 메아리를 추적해 보니 난데없이 인도네시아의 수카르노 전 대통령이 불쑥 나타난다. 세계의 VIP 강장제가 바로 '사슴의 피'라고 한다.

언급한 것처럼 이미 고인이 된 인도네시아 수카르노 대통령이 중국을 방문했을 때 사슴을 선물로 받았다. 평면적으로는 친선의 상징으로 주고받은 사슴이었지만 뜻밖에도 수카르노의 강정제 구실을 썩 잘해 주었다.

사슴의 피는 인간의 강정이나 스태미나에 탁월하다는 걸 실감한 채 중국 방문을 마치고 인도네시아로 돌아온 수카르노는 얼마 후 원기가 떨어지기 시작했다. 백방으로 약을 구해 먹었지만 소용이 없자 다시 중국을 방문해 선물로 받았던 사슴피로 치료를 받고 곧바로 원기를 되찾을 수 있었다고 한다. 이렇듯 수카르노 대통령의 이름을 들먹이지 않더라도 중국에서는 스태미나를 위해 역대 황제들이 사슴피를 애용하였다.

또 다른 일화를 소개한다.

청나라 황제인 선종의 아들 문종이 왕위를 계속할 때였다. 색이 지나쳐 원기가 떨어져 있던 문종은 사슴을 여러 마리 길러 사슴의 피를 먹어가며 겨우 나날을 살아가고 있었다. 환풍 십년 7월에 영국군이 문종이 있는 천진으로 공격해 왔을 때 신하들은 도망가기에 바빴다.

그런 신하들을 보고 문종이 신신당부를 했다.

"사슴은 곧 짐의 목숨이니 사슴도 데리고 피난을 떠나라."

그렇게 명을 내렸지만 피난길이 바쁜지라 어느 신하 한 사람도 그 명을 듣지 않았다. 문종도 별수 없이 목숨만이라도 부지하기 위해 도망을 쳤다. 하지만 그는 피난한 지 1년 만에 임종을 맞고 말았는데, 그때 문종이 남긴 마지막 말은 "누구 사슴피를 가지고 있는 자 없는가?"였다고 한다. 사슴피의 강정효력을 단적으로 표현해 주는 이야기가 아닐 수 없다. 이러니 인도네시아의 수카르노가 중국산 사슴피의 효험을 모를 리 없지 않았겠는가?

그럼 녹용의 정체에 대해 알아보겠다.

녹용은 약용으로 쓸 때 다듬어서 쓴다. 꽃사슴은 초여름에 묵은 뿔이 탈락하고 고운 털을 가진 송이버섯 같은 새 뿔이 돋아난다. 이것은 많은 피를

담고 있는데, 이 새 뿔이 딱딱하기 전에 채취하여 건조한 것이 녹용이다. 이 채취시기를 놓치면 딱딱하게 각질화 되는데 이것을 녹각이라고 한다. 그 성분은 녹용정, 탄산암모늄, 단백질, 교질, 연골소, 기타 호르몬 등이다.

한의학적 약효는 흥분성 조혈강장제로 정수를 풍부하게 하고 정력을 굳건히 한다고 했다. 보혈하며 신(腎)의 기능과 큰골을 튼튼히 하며, 팔다리가 시리고 아픈 것을 없애주고, 하복부의 냉감을 없애고, 나이가 들어 소변이 자주 마려울 때도 효과가 있다. 여성의 대하증도 없애줌은 물론 치아의 발육을 촉진시키고, 낭습이 있고 정력이 쇠퇴할 때도 효과가 있다. 녹각도 녹용에 미치지는 못하지만 약효가 비슷하다. 지혈과 소염효과는 녹용을 능가한다.

녹용을 약용할 때는 다듬어서 쓴다. 검은 털은 깎아내고 청주에 2~3시간 담갔다가 꺼내 얇게 잘라 불에 약간 볶아서 약용한다. 연유나 우유에 담갔다가 얇게 잘라 볶아서 약용하기도 한다.

녹용을 복용할 때 알아 두어야 할 점이 있는데, 그것은 사람들이 녹용을 보약의 전부인양 생각한다는 것이다. 그래서 녹용만 달여서 먹는 사람을 볼 수 있는데, 이것은 아무리 장군이 뛰어나도 그를 따라주는 군사들이 없다면 무슨 소용이 있는가? 마찬가지로 녹용도 따라주는 처방약이 없으면 아무 소용이 없다고 봐야 할 것이다. 그러니 체질에 맞도록 이상적인 처방약을 가미하는 것이 제일이다.

인도네시아 수카르노가 마셨다는 사슴의 피를 그냥 마시는 사람도 많은데, 설명한 대로 자신의 체질상태를 잘 알고 난 후 복용해야 할 것이다.

69 이디 아민의 맹독사 '코브라' 요리

별종 요리

이디 아민은 검은 대륙 아프리카의 히틀러로 불린다. 한때 대표급 선수였던 쿠바의 카스트로처럼 이디 아민도 1951~1960년까지 우간다의 국가대표 권투선수였고, 뒤에 군에 입대하여 아시아, 아프리카의 정글에서 싸웠다. 1971년 대통령이 되어 1979년 강제 축출될 때까지 30만 명을 학살했다.

철저한 독재자였던 아민 대통령은 코브라를 잡아 정력제로 먹었다. 아울러 그렇게 코브라 요리를 먹은 날은 꼭 흑인여자와 백인여자를 양쪽에 끼고 잠자리를 했다고 한다.

이디 아민은 코브라 요리를 외교사절이나 각료들에게도 권했지만 그들은 한결같이 사양을 했다. 그때 이디 아민 대통령은 정력제를 모르고 사양한다고 그들을 불쌍하게 생각하며 스스로 코브라 요리를 남김없이 먹었다고 한다.

그래서 그런지 유난히 여색을 밝혔고 또 많은 국민들을 죽인 폭군이었다. 사실 왕과 대통령의 정력요리에서 혐오식품은 다루지 않지만 이디 아민은 유난히 코브라를 좋아해서 특별히 언급한다.

<뱀을 복용했을 때 느끼는 효과>

1. 하루 피로를 쉽게 잊을 수 있다.
2. 식욕을 촉진시킨다.
3. 양기가 좋아진다.
4. 몸이 가벼워진다.

<뱀의 특징>

1. 뱀의 생식기는 2개이며, 교미할 때는 하나하나 교대로 48시간에서 72시간을 계속한다.

2. 탈바꿈－정액성 물질의 분비, 내피와 외피의 분리, 가을이 되기까지 3~4차례 옷을 벗는다.

3. 동면－10월 하순부터 3월 중순까지 수십 내지 수백 마리씩 집단 동면하며, 동면기간 중에는 몸속의 유낭에서 영양을 공급받으며 살아간다.

<뱀의 주식>

인삼, 산삼, 작약, 당귀, 청운도, 동창출, 도라지, 더덕, 다람쥐, 개

구리, 감초, 약초잎, 이슬 등을 먹고 산다.

<뱀의 성질>

평상시에는 온순하나 성격 자체는 급하다. 죽은 것과 더러운 것은 절대 먹지 않고 해치지 않으면 공격하지 않는다. 그러나 먹이를 발견했을 때는 비호처럼 빠르다.

<뱀을 복용했을 때의 배타적 효과>

6~7일 후, 평상시보다 몸이 고단하거나 졸음이 올 때도 있다. 체질에 따라서 하루 정도 설사를 할 경우도 있으나 이런 현상은 극히 드물다. 적어도 15일~20일 정도 복용해야 약효를 기대할 수 있다. 유아나 학생은 일주일 정도면 발육촉진이 되며 두뇌가 발달한다.

<우리나라 뱀의 지역별 차이>

1. 강원, 경기－길이와 몸이 가늘다.
2. 충청, 전라－몸이 크고 길이가 짧다.
3 제주－머리가 크고 몸이 작다.
* 심산유곡에서 사는 뱀일수록 약효가 좋다.

<주의할 점>

1. 돼지고기, 중조, 식초는 삼가야 한다.
2. 생식은 절대 금물로 되어 있다.

<구전(口傳)되어 오는 이야기>

강감찬 장군에 대한 일화로 이 구렁이(속칭 전의)를 먹고 두뇌가 더

욱 명석해졌고 지리에도 능통해졌다는 설이 있을 뿐만 아니라, 정력도 좋아졌고 장사와 같은 힘을 낼 수가 있었다고 전한다. 이 뱀의 특색은 배의 부분에 비늘이 없는 것이다.

이처럼 이디 아민은 대놓고 공공연하게 코브라 뱀을 요리해 먹었지만, 사실상 우리나라도 많은 사람들이 알게 모르게 뱀을 정력요리로 먹고 있는 것이 사실이다.

70 백제 무왕과 선화공주의 정력요리는 '마'

사랑요리

만일 변강쇠와 옹녀를 역사 속에서 찾는다면 누가 해당이 될까? 필자는 서슴치 않고 삼국유사에서 서동과 선화공주라고 내세우고 싶다. 변강쇠가 선천적인 정력가라면 서동은 정력요리를 항시 복용하여 왕성해진 후천적인 정력가일 것이다. 그러니까 마를 캐던 서동이 뛰어난 지혜와 기지를 발휘하여 결국은 꿩(임금자리)도 먹고 알(선화공주)도 먹었다는 사랑의 성공담이면서 동서화합의 뜻도 지니고 있다.

옛날이나 지금이나 동서의 갈등은 있었고 이것을 조금이라도 해소하고자 서동요(무왕설화)가 생긴 것이 아닌가 생각이 들면서, 어쩌면 무왕의 설화는 오늘의 우리에게도 적합한 화합차원의 이야기란 기분이 든다. 삼국유사에 보면 신라 진평왕의 셋째 공주인 선화가 절세미인이라는 소문을 듣고 머리를 깎은 서동이 경주로 가서 노래를 지어 거리의 아이들에게 가르쳐 널리 퍼지게 한 뒤 사랑의 유혹 작전에 들어가는데, 그때 서동요의 노래내용은 다음과 같다.

「선화공주님은 남 몰래 시집가서
서동이를 밤이면 안고 간다네.」

이런 동요를 경주에 널리 퍼뜨려 대궐에까지 소문나게 함으로써 백관들이 알고는 펄쩍 뛰며 임금에게 간곡히 청하여 선화공주를 먼 곳으로 귀양 보내게 한다. 그때 귀양 가는 선화공주에게 왕후가 노자로 순금을 주는데 선화공주가 귀양 터에 도착할 즈음 서동이 나타나 절하며 모시기를 청한다.

이때 선화공주가 서동을 보니 어딘지 믿음직스러워(정력이 아주 셀 것 같아) 쾌히 허락을 하고 서동과 그녀는 곧바로 육체관계를 맺는다. 선화공주는 대단한 행동파였던 모양이라 서동이 정력가임을 신속히 알아볼 수 있어 거리낌 없는 육체적 공세로 서동의 몸에 불을 활활 지른다.

"선화공주! 이제 당신은 내 것이오."

"날 버리지 마세요. 서동.. 서...동.."

그 둘의 뜨거운 사랑의 비명소리는 삼국유사를 읽는 사람들까지 덩달아 화끈 달아오르게 만든다. 결국 공주는 서동(훗날 무왕)을 따라 백제로 입국하는데 신라공주가 백제 왕자에게 시집을 가는 격이니 이 둘의 사랑이 맺어짐은 그 당시의 동서화합이 아니겠는가? 그렇다면 일찍이 선견지명이 있어서 동서화합을 이룬 서동은 과연 누구일까? 그 비밀은 서동이라는 이름에 쓰인 서(薯)에 들어 있다.

삼국유사에 보면 백제 30대 무왕의 이름은 장(璋)이다. 그의 모친은 과부가 되어 서울의 남지란 못 둑에 집을 짓고 살았는데 못 속의 용과 상관하여 장을 낳았다고 한다. 장의 어릴 때 이름은 '서동'으로 재주가 뛰어나고 도량이 매우 컸다. 그는 평소에 '서여(마)'를 캐다 팔아서 생활하였기에 나라 사람들이 '서동'이라고 이름을 지은 것이다.

서동이 생계수단으로 캐다 팔았다는 서여(薯蕷)는 '마'로서 그 뿌리는 산약(山藥)이라 부른다. '마'는 마과(麻科)에 속하는 만초(蔓草 - 덩굴풀)의 총칭인데, 원주형의 덩이뿌리가 달려 있는 '여러해살이' 덩굴성 식물로서 잎은 마주 나고 잎자루가 길다. 6~7월에 흰색 꽃이 피며, 9~10월에 열매를 맺는다. 마과에 속한 다년생 덩굴식물인 참마 또는 마의 뿌리를 식용하는데 이것이 서동의 정력을 왕성케 했던 것이다.

실제로 마는 정기를 긁어모으고 흘러내리지 않는 성질 때문에 남성의 정력을 요란하게 한다는 것이다. 아울러 몽정이나 조루증과 여성의 대하나 냉증에도 특효라고 했다. 그처럼 기운을 보충해 주기 때문에 걷기 힘들어하는 사람이나 당뇨와 심장병에도 좋은 효과가 있다고 한다.

마(麻)는 수분이 65%에 당질은 25%로서 녹말 이외에 펜토산과 만난이 들어 있는데 끈적끈적한 물질은 뮤신이라 불리고, 무기질 중에서 칼슘은 비교적 많다. 이런 마는 먹어도 체하는 일이 없기에 소화기능에 아주 좋다. 그러니 무왕이 어릴 적에 서동이라는 이름으로 이런 마를 수없이 먹었으니 그의 정력이 어떠했겠는가는 가히 짐작이 간다.

이런 서동의 정력 앞에 선화공주는 천금과 부귀영화를 마다할 만큼 꼼짝을 못했으니 그야말로 '마'를 즐겨 먹은 서동은 권력과 사랑이라는 동서의 두 마리 토끼를 몽땅 잡았던 것이다.

71 중국 후진타오 볶음밥인 '양저우 차오판(炒飯)' 요리

경제요리

중국 지도자들이 장수한다는 것은 널리 알려져 있으며, 장수와 음식의 상관관계가 크다고 한다.

중국 음식은 종류가 다양하고 맛이 있어 세계적으로 인기지만, 기름기가 많아 건강과는 거리가 있다는 인식이 널리 퍼져 있다. 그럼에도 중국 최고 지도자들이 90세를 우습게(?) 넘기는 데는 어떤 비결이 숨어 있을까?

그들은 남들이 평생 구경조차 못하는 신비한 약재나 음식을 먹는 것은 아닐까? 중국 지도자들이 무엇을 어떻게 먹는지는 한동안 비밀에 부쳐졌다가 최근에서야 북경 군구(軍區) 총의원의 전 영양과 주임 리레이펀(李瑞芬)이 그 비밀의 일부를 공개했다. 북경 군구(軍區) 총의원은 마오쩌둥, 덩샤오핑 등 역대 최고 지도자들이 진료를 받던 곳이다.

리 주임이 공개한 중국 '영도자 식사'는 9가지 특징을 가지고 있다고 하는데 다음과 같다.

「① 잡곡을 많이(多粗粮), ② 고기는 적게(少肉), ③ 하루 25종의 식품을 골고루 섭취(25種食物)하고, ④ 70%만 배부르게(七成飽) 먹으며, ⑤ 간식은 두 번(兩頓零食) 먹되 요구르트 반잔이나 견과류 혹은 과일을 조금만 먹고, ⑥ 요리는 저염(低鹽)·저지방(低脂)·고섬유질(高纖維)식으로 만들며, ⑦ 심장기능 강화와 뇌 건강을 위해 살구씨(杏仁), 참깨(芝麻), 호도(核桃), 포도주(葡萄酒) 등을 많이 섭취하고, ⑧ 음주 전 반드시 비타민 B가 풍부한 식품(維生素 B群)으로 가볍게 요기하며, ⑨ 지속적으로 운동(鍛煉身體)을 한다는 것이다.」

이를 보면 13억의 지도자들이라고 해서 대단한 장수비결이 있는 것이 아니라, 우리들이 평소 들어오던 '건강상식'을 벗어나지 않는다는 것을 알 수 있다. 진시황 이래 수많은 중국 황제들이 불로장생을 꿈꾸며 '비방(祕方)'을 구했지만, 결국 평범함 속에 진리가 숨어 있었던 셈이다.

리 전 주임은 "지도자들의 식단은 일반인이 상상하는 것처럼 산해진미(山海珍味)로 가득 찬 것이 아니라 오히려 정반대"라며 "잡곡을 많이 먹고 고기를 적게 섭취하는 등, 일반 국민들도 따라 할 수 있는 식단"이라고 말했다.

그는 매일 25종의 식품을 골고루 섭

취하여 영양균형을 이루는 것이 중요하다면서 "네 다리 동물인 소·돼지·양 등보다는 두 다리 동물인 닭·오리로, 아니 그 두 다리 동물보다는 다리 없는 어류가 영양적으로 낫다"고 지적했다.

중국 지도자들이 먹는 음식이 생각보다 간단하긴 하지만 안전을 위해 쌀 등 식재료는 물론 술과 물까지도 모두 특별 공급한다고 중국 언론은 전했다. 최고의 제품만이 중남해, 그러니까 자금성 옆 최고 지도부 업무를 보는 거주지로 들어갈 수 있는 것이다.

중국의 후진타오(胡錦濤) 국가주석은 평소 말을 아끼고 현장을 많이 찾는 스타일이다. 과거 마오쩌둥(毛澤東)과 덩샤오핑(鄧小平)류의 카리스마는 없지만 치밀하고 깔끔한 일 처리가 돋보이는 인물이다. 그리고 13억 인구의 거대 중국을 이끌어 가는 지도자답게 매우 실용적이라는 평을 받고 있다. 후진타오는 키 175cm 전후로 비교적 큰 편이다. 그의 음식을 살펴보기 위해서는 출생지부터 알 필요가 있다.

그는 장쑤(江蘇)성 타이저우(泰州) 시에서 태어나 자랐으며, 인근 양저우(揚州)의 볶음밥인 '양저우 차오판(炒飯)'을 어려서부터 먹고 자랐다. 선조들이 대대로 살았던 안후이(安徽)성에서 나는 치먼(祁門) 홍차, 황산(黃山), 마오펑(毛峰) 등의 차 잎을 선호한다.

후진타오 주석은 편식가(?)라는 일부 소문도 있었듯이 해외 출장 중에도 대부분 개인 요리사가 마련한 음식을 먹는 등 중국 음식만을 고집하지만 식성은 '아주 무던한 편'이라고 한다. 다만 후 주석의 영부인은 향이 덜 짙은 음식을 선호한다고 전해지고 있다.

중국이 산해진미로 유명하다지만 한국인들이 중국여행을 하면서 음식에 대해서 곤란한 경험을 한 분들이 많을 것이다. 특히 남쪽 지방에서는 음식이 느끼하고, 북경음식은 엄청 짜다. 따라서 간단하게 식사를 하고 싶을 때는 '양저우 차오판'을 권해본다. 후진타오가 즐겨 먹었던 요리지만 대단한 음식은 아니다. 한국으로 말하자면 계란햄 볶음밥 정도랄까?. 그렇지만 수나라와 당나라 때부터 전해져 내려오는 음식으로 역사도 깊을 뿐더러 드넓은 중국 땅 어디에서고 이 음식을 먹을 수 있다는 것이 특징이라면 특징이다.

후진타오가 중국 전역에서 모두가 먹고 있는 음식인 '양저우 차오판'을 기호식으로 생활화했기에 중국 통치자로서 전 인민을 위한, 어쩌면 가장 적합한 자질을 품게 되었다는 생각이 든다. 아울러 필자는 결론 아닌 결론을 내리고 싶어진다.

'때론 …… 종종 …… 가장 흔한 것이 가장 귀한 것을 만든다고 …….'

72 러시아 총리 푸틴이 좋아하는 '아이스크림'

경제요리

대통령보다 강한 전 대통령 출신 러시아의 현재 푸틴 총리!

러시아 역사에서 현직 대통령이 헌법절차에 따라 대통령 자리에서 물러난 것은 아마도 이번이 처음일 것이다. 그것도 대통령으로서의 권위와 인기가 최고조에 이른 시점에 말이다. 또한 그럼에도 불구하고 물러난 대통령이 여전히 국가 최고 지도자의 지위를 누리는 것도 처음이다.

푸틴 대변인의 말이 걸작이다.

"메드베데프가 국가원수가 되었다고 해서 푸틴이 어디로 가는 것은 아니다. 푸틴은 총리로서 그가 지난 8년간 설정한 국정과제를 계속 수행한다."

푸틴, 그는 과연 누구인가?

그는 독재자라는 인상이 강하다. 푸틴 대통령은 소련이 붕괴되고 종이호랑이로 전락한 러시아를 집권기간 동안 미국, 중국과 같은 세계열강으로 편입하고 경제강국, 군사강국, 정치강국으로 발전시켜 슬라브민족의 영광을 재현하였다. 이에 러시아 국민들은 열광하게 된다.

그는 외모에서부터 옐친이나 프리마코프 전 총리 등 기존의 러시아 정치인들과는 판이하게 달랐다. 그리고 또 러시아가 10년 만에 찾아온 경제 위기 극복에 안간힘을 쓰고 있는 가운데 러시아 최고 실력자인 푸틴 총리의 최근 행보가 주목을 받고 있다.

러시아 대통령이 해외 방문에 나설 때면 초강대국 대통령의 면모를 확인할 수 있다. 보통 5대 정도의 특별기가 뜨기 때문이다. 특히 대통령 전용기가 고장 날 때를 대비해 텅 빈 예비기까지 따라간다. 대통령이 외국을 나갈 때 예비기까지 띄우는 나라는 미국과 러시아뿐이다. 무려 37대의 각종 전용기를 갖고 있는 러시아 대통령에게나 가능한 일이다.

러시아 대통령에게는 대통령 전속 오케스트라까지 있다. 각종 대통령 관련 행사에 동원되며, 소속 오케스트라 단원들은 실력가들로 구성되어 있는 것으로 알려져 있다.

자! 그럼 푸틴의 러브 스토리를 살펴보자.

블라디미르 푸틴 러시아 전 대통령이 한참 연하의 리듬체조 선수 출신 국회의원과 결혼을 앞두고 있다는 소문이다. 푸틴 대통령은 아내 루드밀라와의 이혼을 공식 선언하지는 않았지

만 2개월 전 이혼한 것으로 알려졌다.

한편, 1983년 우즈베키스탄의 수도 타슈켄트에서 태어난 카바예바는 체조에 입문한 지 3년만인 1999년 오사카 세계 체조선수권 대회 4관왕에 올랐다. 2004년 은퇴 후에는 누드촬영과 액션영화 출연 등으로 유명세를 타기도 했다.

어쨌거나 이런 푸틴의 러브 스토리를 보면서 필자는 지구촌 에세이의 주 테마인 요리이야기를 빠뜨릴 수 없다. 연하의 연인을 사랑하게 만드는 크렘린 식탁이 정말 궁금하니까!

그런데 뜻밖에도 무뚝뚝해 보이는 푸틴 러시아 대통령이 가장 좋아하는 음식이 아이스크림이라면 놀랍지 않은가? 크렘린 식당의 조리책임자인 미하일 주코프가 '크렘린 식탁 이야기'를 현지 언론에 공개했다. 크렘린 식당에서만 40년을 일한 그는 "최고 지도자의 식성은 기밀사항"이라면서도 역대 지도자의 식성을 슬쩍 들려줬다.

그에 따르면 푸틴 대통령은 아이스크림을 좋아하고, 식사 이외로는 '참살이형(웰빙형) 식단'을 선호하며, 신선한 야채 등 건강식만 골라 먹는단다. 반면, 부인 루드밀라 여사는 밀가루 음식을 좋아했다고 한다.

대통령 가족의 일상적인 식사를 챙기는 전속 요리사는 따로 있지만 주코프 씨는 30명의 요리사를 거느리고 매일같이 열리는 각종 연회를 준비하고, 구내식당에서 400여 명의 크렘린 직원들의 식사를 챙겨야 한다.

크렘린의 메뉴 개발 과정은 복잡하다. 요리사가 머리 속에 떠오른 요리를 몇 번 시도해 본 뒤 '요리 소비에트(회의)' 시간에 제안을 한다. 고참 요리사와 재료 공급 담당자, 의사까지 참여하는 이 회의에서 통과돼야 비로소 크렘린의 정식 메뉴가 된다고 한다.

개발한 요리에는 이름을 붙인다. 크렘린에서는 베이컨과 크림을 넣고 구운 칠면조를 과일과 함께 눌러 만든 요리를 '모나리자'라고 부른다. 맛뿐만 아니라 모양에도 신경을 써야 한다. 주코프 씨는 "정성을 다해 만든 '작품'을 사람들은 순식간에 먹어치운다는 것이 가슴 아프다"고 말하면서, "그 사람의 가슴 속을 알기 위해서는 먼저 식성을 봐야 한다"는 것이 그의 요리철학이다.

그렇다면 아이스크림을 유난히 좋아하는 푸틴의 정치색깔은 과연 어떨까? 필자는 뉴스를 주시하기로 했다.

강렬한 카리스마를 풍기는 푸틴이 부드럽기 짝이 없는 아이스크림을 좋아하다니? 식성 전략이 정말 기막히다!

선천적으로 타고난 푸틴 얼굴의 강한 이미지를 희석시키는 데는 아이스크림만한 것이 또 어디 있겠는가? 강약의 조화를 잘 알고 있는 푸틴다운 기호식품이란 생각에 필자는 '역시 대통령들은 뭔가 남다르다'라는 생각을 해 본다.

73 미국 오바마 대통령의 영부인이 만든 '링귀니'와 '칠리' 만들기

젊음 요리

"아프리카여! 코리아를 본 받아라."

"한국처럼 사람과 인프라에 투자해야……."

버락 오바마 미국 대통령이 아프리카 국가들에 한국경제를 성장모델로 본받으라고 주문했다. G8개국 정상회의에 이어 아프리카의 가나를 방문한 오바마 대통령은 가나 의회에서 행한 연설에서, 아프리카 국가들의 자활(自活) 노력을 주문하면서 한국을 언급했다.

오바마 대통령은 "내가 태어났을 때 케냐와 같은 아프리카 국가들의 1인당 국내 총생산(GDP)은 한국보다 더 컸지만, 지금은 완전히 추월당했고 질병과 분쟁이 아프리카 대륙을 황폐화했다"고 말한다.

오바마 대통령은 아프리카 국가들이 단일 수출품, 그것도 1차 상품에 의존해 부(富)가 소수에 집중되고 원자재 가격 하락시 많은 사람이 피해를 본다는 점을 강조하며, 다시 한국 사례를 들었다. 그는 한국에서 싱가포르에 이르기까지, 역사는 사람과 인프라(infrastructure)에 투자한 국가가 번영한다는 것을 보여 준다면서 “그들은 숙련된 노동력을 개발하고 일자리를 만드는 중소기업을 위한 공간을 만들었다”고 말했다.

최초의 흑인대통령, 아니 혼혈아 대통령인 오바마!

132개의 방을 보유한 백악관에 입성하는 날부터 미셸 오바마는 일반 가정주부처럼 집안의 병충해에 대한 고민을 할 필요가 없게 된다. 또 직접 식사준비를 하지 않아도 된다. 정원관리사를 포함, 100여 명의 ‘백악관 일꾼’들이 오바마 가족들에게 원예, 음식, 의상에서 외출까지 토털 서비스를 제공하기 때문이다. 백악관의 주방에도 25명의 요리사들이 이들 가족을 위해 대기한다. 미셸은 단지 e메일을 통해 오바마의 음식에 대한 기호와 조언을 요리팀장에게 보내면 된다.

미식가로 알려진 버락 오바마 미국 대통령 가족들은 백악관에서 어떤 음식을 먹을까? 그들이 살고 있는 시카고에서 즐겨 먹은 음식들을 통해 백악관 식단을 예측할 수 있을 것이다. 하지만 대통령 이전의 즐겨먹던 요리에 필자는 초점을 맞추기로 한다.

버락 오바마는 살사소스를 곁들인 감자칩에 사족을 못 쓰고, 모든 음식에 핫소스를 뿌려 먹을 정도로 멕시코 고추인 칠리를 좋아한다. 그러나 샐러드용 야채인 비트(Beet)에 대해서는 “언제나 먹기 싫어했다”며 질색하

는 것으로 알려졌다.

대통령이 되기 전 오바마 가족은 시카고의 고급 멕시코 음식점 '토폴로밤포'의 단골손님이다. 그들은 에피타이저로 아보카도와 토마토를 곁들인 소스인 과카몰리와 토르티야 수프를 먹은 뒤 각 계절의 신선한 재료를 사용한 메뉴를 주문한다.

아내의 생일이나 결혼기념일 등 특별한 날에는 '피아지아'라는 고급 이탈리안 식당을 찾으며, 집 근처에서 피자나 흰살생선 요리를 포장해 먹는 것도 좋아한다고 밝혔다.

영국 일간지 텔레그라프는 '당신이 알지 못할 오바마에 대한 50가지 사실'이라는 제목의 기사를 통해 오바마의 식성부터 어린 시절 별명까지 시시콜콜하지만 그의 진실된 모습을 엿볼 수 있게 하는 50가지 사실들을 공개했다.

다음은 그 내용 중 요리부분이다.

· 오바마가 제일 좋아하는 음식은 아내 미셸이 만든 새우 링귀니(파스타의 일종)이다.
· 오바마가 가장 잘하는 음식은 칠리이다.
· 아내 미셸에게 대통령에 출마하기 전 담배를 끊겠다고 약속했지만 지키지 않았다.
· 제일 좋아하는 간식은 초콜릿 피넛 단백질바이다.
· 인도네시아에서 살 때 개고기와 뱀고기, 구운 메뚜기 고기를 먹었다.
· 가장 좋아하는 음료수는 블랙베리 아이스티이다.
· 커피를 마시지 않고 술도 거의 마시지 않는다.

필자는 오바마 대통령의 뛰어난 유머 감각과 명연설의 비결을 아내 미셸이 만든 새우 링귀니에서 찾고 싶다. 그리고 흑인 혼혈아를 극복하고 대통령이 될 수 있었던 것은 매운맛의 고추소스인 칠리요리를 만들 수 있는 그의 식생활 습관에서 비롯되었지 않나 생각도 해본다.

그리고 그런 요리를 좋아하면 과연 명연설가가 되는지 앞으로 이에 대한 상관관계를 연구해 봐야겠다.

74 프랑스 사르코지 대통령의 과감한 유혹의 원천인 '가자미'와 '양고기'

젊음 요리

"그는 프랑스를 유혹할 생각뿐이었다."

"여성보다는 프랑스를 유혹하려는 남자, 그래서 여성의 입장에서는 매력 없는 남자"

최근 사르코지의 인간적 면모를 다룬 책을 저술한 프랑스의 인기 여류 극작가 야스미나 레자의 촌평이다. 하지만 엘리제궁의 사르코지와 보통 인간으로서의 사르코지와는 전혀 어울리지 않는 얘기들이다.

프랑스 니콜라 사르코지 대통령과 영부인 세실리아 여사가 대통령이 되고 나서 합의 이혼했다고 엘리제궁 관계자가 밝혔다. 따라서 사르코지 대통령은 지난 1848년 이래 23명의 역대 프랑스 대통령들 가운데 처음으로 이혼한 대통령이 됐으며, 대통령 재임 중 세실리아는 이혼해서 엘리제궁을 나선 첫 영부인으로 기록됐다.

그러나 프랑스 역대 대통령들 가운데 첫 이혼남이 돼버린 사르코지 대통령은 재임 중에 또 재혼을 한다. 그것이 바로 사르코지 프랑스 대통령과 모델 겸 가수 출신인 부인 카를라 브루니의 떠들썩한 로맨스 커플의 등장이었다.

사르코지는 "우리는 곧 약혼을 발표하고, 마릴린 먼로와 존 F 케네디보다 더 좋은 사이가 될 것"이라고 즉석 청혼을 감행했다. 브루니는 강한 어조로 "약혼이요? 절대 안 돼요. 난 이제부터 내게 아이를 주는 남자하고만 살 생각이에요."라고 튕겼다. 이에 맞서 사르코지는 "내가 벌써 자식을 5명이나 키웠는데 6명은 왜 안 되느냐"며 브루니의 귀에 유혹의 말을 속삭이자, 적극적인 그녀가 역시 다음과 같이 속삭인다.

"내 입술에 키스할 만큼 당신은 대담하지 못하군요."

이렇게 밀고 당기기를 벌이던 두 사람은 7주 뒤 결혼에 골인했다. 대통령 재임 중에 '이혼과 재혼'을 함께 한 사르코지는 혹시 '육지와 바다'의 요리를 좋아해서 만들어낸 음식팔자가 아닐까? 그가 최고급으로 치는 음식 중에는 바다에서 나는 '가자미' 요리와 육지에서 나는 '양고기' 요리가 대조적으로 기호식으로 자리매김을 하고 있기 때문이다.

파리를 찾는 한국 사람들과 얘기를 나누다 보면 가장 자주 입에 오르는 프랑스 얘기가 '사르코지'와 '와인'이다.

프랑스 대통령이라고 해서 모두가 프랑스 와인 문화를 제대로 보여주는 건 아니다. '일벌레' 사르코지는 술을 못 마시는 체질이라 와인에 별 관심이 없다. 대통령 선거를 앞두고 프랑스의 한 와인잡지가 '와인의 축복을 받지 못한 유일한 대선 후보'라고 표현했을 정도로 와인과 사르코지는 사이가 멀다.

반면, 전임 시라크(Chirac) 대통령은 프랑스 음식과 와인에 애착이 강하다 못해 도가 지나쳤다. 그러나 와인 애호가를 자처한다고 시라크 전 대통령이 와인과 프랑스 문화의 이미지를 드높인 것은 아니다. 와인이 가진 다양성의 가치와 절제의 미덕을 보여주지 못했기 때문이다. 유감스럽게도 최근 불붙은 한국의 와인 문화는 와인 모르는 '사르코지'에서 빼기는 '시라크' 스타일로 갑자기 건너뛴 느낌이다. 정작 중요한 알맹이는 빠진 것 같다는 말이다. 어쨌거나 술 못 마시는 사르코지와 최고급 포도주에 얽힌 이야기가 재미있다.

영국 왕실, 최고급 포도주로 사르코지 대접!

샤토 마고 1961년산 포도주에 가자미 구이와 양갈비 요리를 만찬장에…….

프랑스 대통령으로는 12년 만에 국빈 방문한 니콜라 사르코지 대통령 부부를 위해 엘리자베스 2세 영국 여왕이 26일 마련한 윈저궁 만찬이 화제다. 유럽을 대표하는 두 나라의 정상들이 나눈 '최고의 저녁 식사'였기 때문이다.

유럽 최고의 식탁에는 과연 어떤 것이 올랐을까?

우선 식전 술로는 샴페인이 서비스 됐다. 샴페인 중에서도 세계 최고로 꼽히는 크룩(KRUG)의 1982년산이었다. 크룩의 샴페인은 프랑스에서도 별도 주문을 하지 않으면 구하기 힘든 명품이다. 1982년산의 가격은 프랑스 와인숍에서 병당 1000유로(약 150만원)를 넘는다.

화이트 와인은 2000년산 부르고뉴가 나왔다. 이 와인은 사르코지 대통령이 품질 좋은 와인이라고 평가한 적이 있어 선택된 것으로 보인다.

레드 와인은 프랑스 보르도에서 최고로 꼽히는 다섯 개 양조장 가운데 하나인 샤토 마르고(Chateau Margaux)의 1961년산을 마셨다. 파리에서 병당 2200유로(약 330만원)에 거래된다. 프랑스 밖에서는 한 병에 1000만원을 줘도 구하기 힘든 것으로 알려져 있다.

디저트 와인은 포르토 다우(PORTO DOW) 1977년산이었다. 그러나 정작 사르코지 대통령은 술을 한 방울도 하지 못하기 때문에 마시지는 않은 것으로 전해졌다니 코앞의 진상이 무색하지 않았겠는가?

한편, 요리에선 생선으로 가자미 구이가, 고기는 양갈비가 나왔다. 야채는 네덜란드산 컬리 플라워와 타라곤 소스를 묻힌 당근과 감자 샐러드가 제공됐다. 식기는 모두 프랑스의 유명한 도자기 산지인 세브르에서 만든 것이 쓰였는데, 그 요리야 사르코지가 입맛에 당기든 아니든 맛있게 먹었다고 한다. 결국 술 못 마시는 사람이 안주만 축낸다는 우리나라 주당들의 속어가 딱 맞아 떨어지지 않는가.

사르코지에게는 최고급 포도주가 있어도 결국 안주만 즐겨야 했다니, 술을 좋아하는 필자가 최고급 포도주가 없어서 못 마시는 것과 무엇이 얼마나 다를까? 결과는 마찬가지란 생각에 미소가 돈다. 필자에게 좋은 위로가 되었다.

그리고 또 좋은 위로의 말을 들었던 건 병원에 근무하던 형님의 말씀 한마디였다.

“형, 나 백수야.”

"몸은 건강하니?"

"응, 건강이야 끄떡없지."

"그럼 됐다. 병원에서 보면 백수라도 건강만 하면 하루에 30만원씩 버는 거다. 아파서 병원에 입원해 봐라."

잣대를 어디에 들이대느냐가 큰 위안이란 걸 알았다. 그래서 사르코지 대통령이 최고급 포도주를 앞에 놓고도 마시지 못하는 생각을 하면 필자는 힘이 솟는다. 갑자기 프랑스 대통령 사르코지가 좋아지기 시작하며 나도 모르게 소리친다.

"사르코지, 화이팅!"

75 쌍둥이빌딩 사옥을 짓고 싶으면 '마죽'을 먹어라

구자경 편(LG그룹 명예회장)

언젠가 사극드라마 '서동요'를 보면 '마' 이야기가 나온다. 산속에서 자라는 '마'가 역사 속에서 되살아나 정상 등극의 디딤돌 역할을 하고 있다. 그만큼 '마'에 얽힌 정상이야기가 재미있기에 역사와 현대 속에서 군림했던 인물들과 연계지어 본다. 음식으로도 각계각층에서 성공한 정상들이 즐겨 먹었던 음식이야기가 어찌 보면 맥을 같이 하는 것 아닐까?

구자경 명예회장의 마죽!

그에게 건강법을 굳이 꼽으라면 그는 '난(蘭)'을 가꾸는 취미와 일주일에 두세 번 치는 골프라고 했다. 거기에다 굳이 하나를 더 든다면 골프를 치러 곤지암 컨트리클럽을 찾을 때마다 빼놓지 않고 찾는 음식점에서 먹는 '마죽'과 '호박주스'가 있는데, 이러한 자연식품이 최고의 건강비결이었다면 일반사람은 뜻밖이란 생각이 들 것이나 자세히 알고 나면 “아! 역시나…….” 하며 감탄을 할 것이다.

옛날부터 ‘강장식품’으로 널리 알려진 ‘마’는 당질, 나트륨, 칼슘, 단백질 등이 풍부하여 신진대사를 원활하게 조절하므로 피로회복, 자양강장에 좋은 약효를 내기에, 폭군 연산군이 즐겨 먹은 스태미나 요리였던 뱀장어에 버금간다.

삼국유사에 보면 신라 진평왕의 셋째 공주인 선화가 절세미인이라는 소문을 듣고 ‘마’를 캐던 서동이 경주로 가서 ‘서동요’란 노래를 지어 거리의 아이들에게 가르쳐 널리 퍼지게 한다.

“선화공주님은 남 몰래 시집가서 밤이면 서동이를 안고 잔다네.”

신라 백관들이 알고는 펄쩍 뛰며 임금에게 간곡히 청하여 선화공주를 먼 곳으로 귀양 보내게 한다.

선화공주가 귀양 터에 도착할 즈음 서동이 나타나 절하며 모시기를 청할 때, 선화공주가 서동을 보니 아주 스태미나가 넘쳐 보여서 쾌히 허락을 하고 곧바로 육체관계를 맺는다. 결국 공주는 서동(훗날 무왕)을 따라 백제로 입국하는데 신라공주가 백제 왕자에게 시집을 가는 격이니 이 둘의 사랑이 맺어짐은 그 당시의 동서화합이 아니겠는가? 대체 그 힘은 어디서 난 것일까?

그 비밀은 ‘서동’이라는 이름에 쓰인 ‘서(薯)’에 들어 있었다. 그가 평소에 ‘서여(마)’를 캐다 팔아서 생활하였기에 백

제사람들이 '서동'이라고 이름을 지은 것이다. '서여'는 '마'로서 그 뿌리는 산약(山藥)이라 부르며 식용하는데 이것이 '서동'의 정력을 왕성케 했던 것이다. 생계수단으로 '마'를 즐겨 먹은 서동은 권력과 사랑이라는 두 마리 토끼를 몽땅 잡는 행운아가 된 것이다.

일찍이 이런 깊은 이치를 터득하고 '마죽'을 즐겨 먹은 구자경 명예회장도 서동과 선화공주의 만남처럼 마주보는 쌍둥이 빌딩을 짓지 않을 수가 없었을 것이다.

혹시 오늘 저녁 메뉴로 '마죽'을 택했다면 필자의 횡설수설 이야기를 음미하며 먹길 바란다. 그러면 엄청 더 맛있는 '마죽'이 될 뿐만 아니라 자꾸만 쌍둥이 빌딩 사옥이 또 하나 지어질 것만 같은 엉뚱한 생각이 든다.

참고로 '마죽'을 만드는 법을 살펴보면 '마'는 미끈미끈하여 꼭 뱀장어처럼 다루기가 만만치 않으므로 마죽을 만드는 집이 흔치 않아서 특별히 요리법을 적어본다.

우선 1인분 재료로는 갈은 마 반 컵에다 다시마 우려낸 국말 반 컵, 마른 표고버섯 1개와 소금과 후추 약간이 전부다. 만드는 방법으로는 마를 갈아서 국그릇에 담는다. 우려낸 다시마 국물에 마른 표고 채친 것을 넣고 한소끔 끓인다. 그리고 소금과 후추로 간을 한 뒤 갈아놓은 마에 부어서 섞으면 '마죽'은 완성되는 것이다.

구자경 명예회장의 경우, 뭐니뭐니 해도 마죽 같은 자연식을 좋아하는 식성이 건강을 지켜 주었고, 그 건강이 큰 사업을 이뤄 놓았음을 기록하고 싶다. 정말 극비 같은 이야기지만 물에서는 민물뱀장어가 비아그라급 요리라면 산에서는 '마'가 그 이상이라고 하는데, 그 증거로 '마'

를 껍질 벗기면 뱀장어처럼 미끈미끈 하지 않는가?

그래서 우스개 소리로 뱀장어가 산에 놀러갔다가 그냥 주저앉아서 '마'가 되었다고도 한다.

76 경제부흥은 '국수'를 좋아하는(?) 사람들이 일으킨다

이건희 편 (삼성그룹 회장)

서민들이 먹는 음식점 거리를 거닐다 보면 막걸리와 잔치국수를 파는 집을 쉽게 만난다.

"여기 잔치국수 한 그릇 주세요."

"뜨겁게 해 드릴까요?"

"아니오, 미지근하게..."

너무 뜨겁지도 않고 그렇다고 차지도 않은 잔치국수가 나왔을 때 필자는 체면 따위는 아랑곳 하지 않고 '후르륵~ 후르륵~'소리까지 내면서 맛있게 먹으면 내일은 왠지 매사가 잘 풀려나갈 것 같은 좋은 예감이 든다.

"왜냐구요?"

그것은 국수를 좋아하는 사람들이 대부분 잘 살기 때문이다.

물론 음식이야기로 본 사주팔자라고 할까?

'이건희 삼성그룹 회장!'

이회장의 입맛을 추적해 들어가 보면 "너무 뜨거워도 안 된다. 차가운 것은 더 안 된다."라고 음식의 온도를 매우 중요시 한단다. 이런 입맛을 지닌 이회장에 대한 일반적인 사람들의 인식은 그가 귀족적이고 또는 황제처럼 군림하며 호의호식한다는 말을 하는 사람들이 많다고 한다.

그렇지만 실제로는 이회장이 의외로 소탈하고 서민적인 풍모를 지녀서 우선 식사부터 호사스러운 것과는 거리가 멀어 음식은 아무거나 잘 먹는다는데, 그 중에서 특히 면(麵)류를 좋아해서 해외 출장 중에는 종종 라면을 찾기도 하여 수행비서나 현지 지사장의 필수 준비물이라고 귀띔한다.

자! 그럼 역사적인 고찰로 이회장의 음식 스타일을 비교해 보자.

첫째, 음식의 온도를 중요시 하는 것은 고대 이집트의 그 유명한 클레오파트라가 안토니우스와 식사할 때의 모습과 똑같다. 클레오파트라는 안토니우스와 돼지고기 요리를 즐길 때는 한 마리만 잡아도 충분한 돼지를 8마리나 잡게 한 것이 궁금하지 않는가?

'웬 낭비일까?'라고 생각하는 사람에게 해답은 이렇다.

가령 안토니우스가 40℃의 돼지고기를 먹으려고 포크를 대는데 클레오파트라가 어떤 질문을 했다면 안토니우스는 들었던 돼기고기를 다시 내려놓고 이야기를 시작한다. 그 사이 내려놓은 돼지고기는 30℃로 식는다. 그러면 한쪽 요리대에서 대기 중인 요리사가 다시 40℃짜리 돼지고기로 잽싸게 바꿔놓는 것이다. 그만큼 클레오파트라는 음식의 온도를 중요시 했는데 이회장도 바로 그런 스타일이다.

둘째로, 이회장이 면(麵) 종류를 좋아한 것은 박정희 대통령과 장쩌민 주석의 입맛을 빼닮았다는 점이다. 박정희 대통령과 장쩌민 주석이 공교롭게도 둘 다 국수를 좋아했고, 국수를 좋아한 두 지도자 모두 경제발전을 이룩했다는 공통점이 나온다. 그러니 이건희 회장이 그렇게도 면 종류를 좋아하고 있으니 오늘의 삼성그룹이 더욱 번창하지 않았겠는가?

'후르룩~ 후르룩~'

굳이 오늘 국수나 라면을 먹으라고 권하지 않겠다. 하지만 잘 살고 싶다거나 경제가 좋아지고 싶으면 하루 한 끼쯤은 '후르룩~' 소리를 내며 면(麵) 종류의 식사를 즐겨보는 것은 어떨까? 아무래도 경제적 여유를 느끼는 변화가 점점 생길지도 모를 테니까…….

77 사업에 성공하고 연인의 사랑을 독차지하는 '설렁탕'

정주영 편 (현대그룹 왕회장)

"여기 설렁탕 한 그릇 줘요."

필자가 이렇게 식당에서 주문을 할 때면 나도 모르게 피식 웃음이 나온다. 왜냐하면 '설렁탕'은 낮에도 밭을 갈고 밤에도 밭을 갈았던 바람둥이 임금님(성종)의 정력요리가 아니던가? 그런 '설렁탕'을 누구보다도 정주영 현대그룹 전 명예회장이 즐겨 먹었으니, 오늘의 막강한 현대그룹이 탄생할 수밖에 없었다는 것이 음식 취향으로 본 궁합이기 때문이다.

현대그룹 정씨 집안의 좌장이었던 고 정주영 명예회장은 밤 10시에 취침하여 새벽 3시에 일어나서 냉·온탕 목욕을 마친 뒤, 동해안 강릉에서 길어온 싱싱한 바닷물로 만든 순두부로 그 유명한 '새벽식사'를 마치고 사무실로 도보출근을 할 만큼 타고난 강골을 자랑하는데, 그 기초를 점심식사인 '설렁탕'에서 기력을 보충했다고 하면 믿어지겠는가?

그의 점심식사 모습을 보자.

대식가인 그는 '설렁탕'에 무김치를 넣어 '후다닥' 비우는 식사법으로 유명했었는데, 얼마나 설렁탕을 좋아했는가는 그가 해외순방에 나선다 하면 해외지사 주재원 가족이 설렁탕 재료를 서둘러 준비했다는 일화가 있을 정도였다고 한다.

그럼 정주영 회장이 즐겨 먹었던 그 '설렁탕'의 유래에 대해 고찰해 보자.

조선조 성종 때의 일이다. 왕은 3월 9일에 동대문 밖 선농단(先農壇)에 제사하시고, 10일에는 친히 적전(籍田)으로 마련된 밭두렁에 나가서 만조백관을 거느리고 장엄한 주악 가운데 왕께서 손수 두 마리의 검은 소에 멍에를 건 쟁기를 잡고 소리친다.

"이랴! 쩟! 쩟!"

이렇게 쟁기질을 하면서 밭 몇 두렁을 갈아 놓고는 이어서 선농단 앞에서 기로연(耆勞宴) 잔치가 벌어지는데, 밥을 짓고 잡은 소로 국을 끓인 뒤 뚝배기를 빌어다가 밥을 담고 국물을 퍼 넣은 다음 파를 씻어 다져서 넣고는 소금으로 간을 맞춘 뒤 '후다닥' 먹어 치운다.

이것이 바로 선농단에서 끓인 국 같다고 하여 '선농탕'이라 부르다가 이후 와전되어 지금의 '설렁탕'이 되었다는 유래인데, 어쨌거나 일년에 한 번, 왕과

왕비가 몸소 쟁기질을 하며 농사를 진 그날 밤을 훔쳐보자.

낮에 선농단 제사와 친히 밭갈이 쟁기질을 하여 피곤하련만 뜻밖에도 '선농탕'을 드신 이 날만은 '설렁탕'이란 정력요리 덕으로 왕은 그날 밤 왕비를 끌어안고 새벽까지 힘차게 쟁기질(?)하는 소리가 너무 요란해서 침전 내시들조차 귀를 막고도 참아내기가 무척 어려웠다고 한다.

이처럼 기가 솟는 전통음식인 '설렁탕'을 누구보다도 좋아한 정회장은 어쨌거나 재계에서 한 시대를 풍미했던 인물이었다.

그렇다면 적어도 기업하는 사장님이나 임원은 하루 한 끼쯤은 설렁탕을 먹음으로써 성공이란 대망과 사랑을 한꺼번에 거머쥘 수 있다는 이야기다. 그러니 오늘 저녁메뉴는 설렁탕으로 즐겨봄은 어떨까?

재차 이야기지만, 정회장은 설렁탕을 즐긴다. 먹는 방법도 독특하다. 깍두기 한 사발을 통째로 탕에 넣고 휘휘 저어 물마시듯 단숨에 먹어치운다. 그 모습이 그렇게 맛있어 보일 수가 없다. 격식을 따지기 싫어하는 직선적인 성격과 저돌적인 경영 스타일의 일단을 잘 보여주는 식사습관이다.

건강은 보약 먹는다고 되는 게 아니고 세상을 밝게 보고 항상 즐거운 마음으로 살면 그게 보약이라고 강조한다. 또한 정회장은 살아생전 도전했던 그 기백은 지금도 좋은 교훈을 주고 있다.

높은 벽이 가로막을 때 '설렁탕'을 점심메뉴로 정해보자!

78 비아그라와 사돈의 팔촌격인 '딸기' 선호

조석래 편(효성그룹 회장)

옛날 동화 중에 한겨울 눈밭에서 딸기를 따오라는 명령을 내린 못된 사또가 있었다. 그런데 그 명을 받은 이방은 그만 눈밭에서 딸기를 구할 길이 없어 몸져눕고 만다.

이런 사연을 안 이방의 아들이 묘안을 짜내어 사또에게 고한다.

"아버님이 한겨울 눈밭에서 딸기를 따다가 그만 독사에게 물렸습니다."

"예끼 놈! 한겨울에 독사가 어디 있느냐?"

"그러니까 딸기도 없지요."

이런 재치를 부려 기성세대를 감동케 했던 동화는 요즈음엔 수정되어야 할 만큼 비닐하우스에서는 시도 때도 없이 딸기가 지천으로 출하된다.

그렇다면 다 아는 딸기 이야기를 왜 또 할까? 다름이 아니라 재벌회장 중에 딸기를 유난히 좋아하는 주인공이 있어서다.

바로 효성그룹의 조석래 회장!

조석래 회장은 비행 중 계속 따뜻한 물을 청해 마시다가 기내식으로 나오는 음식 가운데 주 메뉴보다는 과일을 좋아하여 먹는데, 그 중에서도 특히 딸기를 즐겨 찾는단다. 치즈는 아주 싫어하는 편이라 기내에서 한 번도 든 적이 없으며, 차 중에서는 녹차를 매우 좋아하는 편이지만 딸기는 그 이상이다.

자! 그렇다면 조회장이 그렇게 좋아하는 딸기에 대해서 짚고 넘어가자.

놀랍게도 '딸기와 비아그라가 사돈의 팔촌관계'라면 믿기겠는가? 실제로 딸기는 남자들이 양기가 약해서 나타나는 발기부전 증상들을 치료하는 탁월한 효과가 있다고 한다. 그 고증으로 딸기에 얽힌 옛날이야기를 한 가지 하겠다.

딸기를 한의학에서는 '복분자(覆盆子)'라고 부르는데 여기에는 재미있는 유래가 있다. 오래 전 금슬 좋은 늙은 부부가 있었는데, 아기가 없는 것이 늘 한스러웠다. 딸기가 제철인 초여름날, 산나물을 캐러 산에 올라간 늙은 부부는 그만 길을 잃고 헤매게 되었는데 배가 고파서 지천에 널려 있는 산딸기를 실컷 따 먹고 정신을 차린 뒤 집으로 돌아왔단다.

그런데 그날 밤 대역사가 일어난다. 할아버

지가 소변을 보는데 어찌나 힘이 좋은지 오줌발에 요강이 넘어져 버릴 만큼 스태미나가 좋아진 것이다. 그날 밤 이후 신기하게도 할머니에게서 태기가 있어 아기를 갖게 된다.

딸기의 힘이 늙은 부부의 소원을 들어주었던 것인데, 이때 요강을 엎어버린다는 뜻에서 엎을 '복(覆)'자와 동이 '분(盆)'를 써서 '복분자(覆盆子)'라고 불리는 것이다. 이처럼 외모는 약해 보이는 딸기지만 그 효능에 있어서는 비아그라에 뒤지지 않는다.

그래서 그런지 딸기를 좋아하는 조회장은 또한 다독가(多讀家)로 재계에 널리 알려져 있어서 그룹에서는 그를 박학다식하다 하여 '잡합박사'라고 부르는데, 독서를 통해 얻은 지식은 그의 다양한 화술의 밑거름이 되고 있단다. 한때 효성그룹에서는 조회장과 토론을 통해서 이기는 사람이 있으면 곧 출세를 할 것이라는 말이 나올 정도였다고 한다.

조회장 자신은 창업 2세지만 오너경영인보다는 전문경영인으로 불리길 좋아하여 사장들이 모인 자리에서 '나를 오너로 보지 말고 전문경영인으로 생각해 팀플레이를 해보자'고 제안하곤 한단다. 이것이야말로 딸기를 좋아하는 조회장이 힘이 넘쳐나서 다방면으로 지지 않는 성품이 생긴 게 아니겠는가.

딸기! 앞으로 어떤 과일보다 즐겨서 먹어야겠다.

79 '생선회'의 신선도를 중시하는 승부욕 강한 일등주의자!

구본무 편 (LG그룹 회장)

산을 좋아하는 사람들이 산에서 느끼는 것이 무엇일까?

물론 여러 가지가 있겠지만, 건강을 제일로 생각하고 산에 오르는 등산객 중엔 대부분이 신선한 공기가 보약이라면서 그 첫째로 꼽는다고 봐도 과언이 아닐 것이다.

그런 각도로 재벌회장 기호음식의 '신선도'를 조명하자면 아마도 구회장의 입맛에서 느끼는 생선회의 '신선도'가 가장 주목받는 초점 대상일 것이다.

우선, 구회장의 식성을 살펴보면 음식은 가리지 않는 편이나 유난히 생선회를 좋아하여 다른 음식보다 선호하는 기호식이란다.

굳이 이 책의 「오다 노부나가」 편에서 다뤘던 내용을 잠시 되짚어 보자면, 오다 노부나가가 도쿠가와 이에야스를 초정하여 대접할 신선한 생선회에 파리 한 마리가 앉은 것을 보고 오다 노부나가는 대노를 한다. '신선도'를 떨어뜨렸다면서 가장 아끼던 주방장을 크게 야단친 대목이 있었다.

그랬다. 오다 노부나가 못지않게 '신선도'를 따지는 데는 구회장도 그 이상이라고 한다.

평소 그처럼 아끼는 주방장을 야단치면서까지 가장 싱싱한 도미로 만든 생선회를 상위에 올려 대접했다는 오다 노부나가 장군처럼, 구회장도 그런 '신선도' 높은 생선회를 좋아한다는 것은 어찌 보면 그만큼 LG그룹의 제품이 순도 높은 완성품으로 구매자에게 제공되어 만족케 하는 데 큰 영향을 미치게 하여 성공상품을 만들어 내는 원동력이 아니었을까?

그래서 생겨난 일화이지만, LG그룹에서 구회장으로부터 야단을 맞지 않는 계열사장은 일찌감치 보따리를 싸는 편이 낫다는 말이 있다.

그러니까 눈 밖에 난 임원은 아예 관심 밖에 있어 꾸지람의 '은총'을 받을 기회조차 없다는 것이다. 마치 오다 노부나가처럼 파리 한 마리가 '신선한' 생선에 앉았던 순간을 포착하여 야단치듯이, 계열사 사장들을 야단치며 발전시킴으로써 성장을 소홀히 하지 않는다는 증거일 것이다.

물론 생선회만 먹고야 살 수는 없다.

일상적으로는 설렁탕과 같이 국물 있는 음식을 좋아하여 혜화동 칼국수 집도 자주 찾는 음식점 중 하나라고 한다.

가장 보편적인 글을 올린 구회장 홈페이지에는 '구본무 스토리'란을 통해 '노래방 18번은 「울고는 넘는 박달재」이고, 주량은 소주 반병이며, 식성은 까다롭지 않아 가리는 음식은 없으나 김치찌개와 생선류를 좋아한다'고 밝혀 소시민적인 면모를 강조하고 있다.

또한 인터넷상에서는 구회장의 간식거리는 수제비와 칼국수라고 소개한다. 그리고 또 구회장의 과거를 돌아보면 재벌회장 치고는 특이한 음식이야기가 있었다.

다른 재벌총수들이 금기사항으로 여겼던 식단은 바로 '보신탕'인데, 구자경 명예회장은 '개고기 마니아'로 알려져 있었다. 그래서 구본무 회장도 과거 아버지하고 '보신탕'을 즐겨 먹었다고 한다. 그렇지만 얼마 전부터는 일반 재벌회장들이 금기시 하듯 거의 '보신탕'은 먹지 않는 것으로 전해지고 있다.

그 후로는 앞에서 열거한 것처럼 입맛 변화를 가져온 것 같다. 그리고 말 그대로 음식을 골고루 잘 먹는 '표준형'이랄까? 아니면 '모범형'이랄까? 그렇게 입맛 변천사를 이루어 낸 것 같다.

그래서 그 입맛 변천사의 결과로 아마도 '신선한' 생선회를 더더욱 즐겨 먹게 되지 않았을까?

80 큰 힘을 쓰는 데는 '불고기'만한 게 없다는데….

정몽구 편 (현대자동차그룹 회장)

가난한 시골동네에서 태어난 필자가 그 당시에 평소 쇠고기를 얻어먹기란 하늘의 별따기 같은 시절이었던지라, 설날이나 추석날이 손꼽아 기다려지는 이유 중 하나가 쇠고기를 얻어먹을 수 있다는 희망 때문이었다.

그때 생각으론 뭐니뭐니 해도 한우 쇠고기를 먹어야만 큰 힘을 쓴다는 게 필자의 독단적인 판단이었다. 그런 어릴 적 기억 때문에 지금도 유난히 불고기를 좋아하는 재벌회장에 대한 인상이 남다르다.

그렇다면 불고기의 주인공 재벌회장, 그러니까 불고기를 좋아하는 회장은 누굴까? 바로 현대자동차그룹의 정몽구 회장이다.

불고기를 즐겨 먹는 정회장은 쇠고기로 큰 힘을 얻은 게 분명하다. 1970년대 중반 현대자동차서비스에 몸담고 있을 때 작업복과 군화를 벗을 줄 몰랐다고 한다. 그렇게 작업복과 군화차림으로 새벽같이 회사에 출근해 작업현장을 쉴 새 없이 돌아다녔으니, 자연히 직원들도 모두 같은 차림일 수밖에 없어서 마치 특수임무를 부여받은 군대조직 같았다고 한다.

한 측근은 다음과 같이 기억한다.

"일이 지시한 대로 안 되면 먼저 군화발이 날아들었어요. 워낙 성미가 불같았으니까요."

정회장은 그 당시 종로 한일관의 '불고기'와 '냉면'이 최고의 음식이라고 생각할 만큼 불고기를 좋아하는 반면, 양식을 싫어해 외국에 나가도 꼭 한국 음식점만을 찾는다고 한다.

자! 그럼 정회장이 그토록 좋아하는 불고기에 얽힌 이야기로 들어가 보자.

서양에 유명한 스파이로 '마타하리'란 미녀가 있었다면 우리나라에서는 침략의 원흉인 '이토 히로부미'의 수양딸이 되어 조선왕조를 망하게 하는 데 앞장을 선 '배정자'라는 요화가 있었다.

안중근 의사의 총탄에 쓰러지기 전까지 이토 히로부미는 조선을 합병하는 작업을 일사천리로 진행하고자 한양에 나타나 조선의 목을 비틀기 시작했던 것이다. 이런 이토 히로부미의 곁에는 항상 '배정자'가 찰거머리처럼 붙어서 조선의 알짜배기 요리인 '너비아니'를 대령하였다.

이토 히로부미는 정력요리로 한국의 '너비아니'를 택하여 즐겨 먹고 큰 힘을 얻었다고 한다. '너비아니'란 우리나라 불고기를 부르던 옛 이름이다. 옛날엔 불고기를 '너비아니'라 불렀기에 고기를 저미어 음식 맛을 돋우는 양념부터가 지금과는 판이할 만큼 달랐다고 한다. 마늘이라든가 실고추, 그리고 진짜배기 깨소금과 참기름을 장만해서 양념으로 쓰기 때문에 토속적인 전통 불고기 맛을 낼 수가 있었다고 한다.

비록 침략자가 우리 것을 즐겨 먹은 예를 들었지만, 그만큼 쇠고기를 즐겨 먹는 사람은 그가 정치가이든 기업가이든 힘을 쓰는 데 만큼은 타 음식의 추종을 불허하는 최고음식이라고 강조할 수 있기 때문이다.

음식 취향으로 볼 때 가장 큰 힘을 쓰는 표본이 바로 정몽구 회장이란 생각이 든다. 이토 히로부미가 그랬듯이 어쩌면 상품으로 일본을 공격하여 자동차 시장을 정복할지도 모르지 않는가?

고개 숙인 요즘의 남자들도 불고기를 좋아하여 더 큰 힘으로 일어서는 원동력이 되었으면 한다. 이렇게 힘을 돋우는 필자가 갑자기 지금처럼 쇠고기를 먹기 쉬운 시대를 살면서도 배고프던 지난 어린시절이 그리워짐은 왜일까?

81 추진력 강한 인상으로 '갈비탕'과 '쑥갓'과 '상추'

이동찬 편 (코오롱그룹 명예회장)

우리가 산을 오르다 보면 실록이 우거진 초록색에 그만 편안함을 느낀다. 시각적으로 초록색만큼 편안한 색이 없다고 했는데, 그렇다면 식욕으로 초록색은 어떨까?

그 사례로 이분을 추천하여 보겠다.

그분 얘기에 앞서 필자의 토막 얘기 좀 끼어 넣는다. 나는 38살에 북아현동에 신접살림을 차리고 뒷산으로 보행기를 밀고 가서 누구한테 들킬까봐 조마조마한 맘으로 불법인 줄 알면서도 산의 흙을 비닐봉지에 얼마만큼씩 담아다가 큰 화분에 담아 '상추'와 '쑥갓'을 키우기로 하였다. 여러 날에 걸쳐 그런 식으로 꽤 많은 흙을 퍼다가 화분에 담아 작은 상추밭을 연상케 할 만큼 꾸며 놨다.

그리고 얼마 후 직접 가꾼 '상추'와 '쑥갓'에다 보리밥을 싸서 된장을 얹어 먹었는데, 훗날 아내가 말하기를 "그때가 가장 행복 했었다"고 술회하였다. 그렇다면 재벌회장들도 서민들의 이런 아기자기한 모습을 보일까? 보인다면 과연 어느 재벌의 누구일까?

바로 등산으로 건강을 지키는 코오롱 그룹 이동찬 명예회장이다.

먼저 '상추'와 '쑥갓'에 얽힌 이야기를 하기 전에 이동찬 명예회장을 살펴보자면, 재벌기업 총수 가운데 가장 다양한 취미생활과 건강관리법을 지니고 있는 것으로 유명하다.

이회장은 일단 일에 몰두하면 단호하고 철저하지만 '휴식은 자기발전을 위한 필수 절차라는 지론을 앞세워 휴식과 여가를 즐긴다. 더구나 음식은 가리지 않고 무엇이든 잘 먹되 중간 정도의 양을 빨리 섭취하는 편인 이회장은 건강과 관련해서 '하지 말아야 할 6S'와 '꼭 해야 할 3S'를 정해두고 실천한다.

이회장이 건강을 위해 삼가야 할 6S는,

스트레스(Stress), 스모킹(담배, Smoking), 시팅(Sitting, 운동 안 하는 것), 스낵(Snack), 슈거(설탕, Sugar), 솔트(소금, Salt)이다.

꼭 해야 할 3S는, 스마일(Smile), 스포츠(Sports), 슬리핑(Sleeping, 잠)이다.

아무리 좋은 약과 식사도 피할 것이 있으며, 절도 있는 생활을 해야 한다는 것이다.

오래 전 고령에도 불구하고 히말라야의 3,000~4,000m 고봉등정을 다녀온 이 명예회장은 재계 최고령 알파니스트라고 해도 손색이 없을 정도의 베테랑 산악인이다. 일주일에 한 번씩은 꼭 등산을 간다. 그는 등산을 갈 때면 자사인 코오롱 스포츠에서 만든 등산용품들을 챙겨 가지고 산을 오른다. 자신이 소비자가 되어 제품의 성능을 판단하겠다는 것이며, 이로 인해 코오롱 스포츠용품 팀들은 새로운 신제품이 나올 때마다 항상 긴장을 한다고 한다. 등산용품에 관한 한 최고의 지식을 가지고 있는 오너에게 어떤 평가를 받을까 항상 궁금한 것이다.

절약이라면 이동찬 명예회장도 할 말이 퍽 많다. 오래 전 이회장은 코오롱 여자농구팀에게 "이번 경기에서 이기면 먹고 싶은 것을 실컷 사주겠다"고 약속했다.

좋은 성적을 거둔 선수단은 이회장을 따라 태릉의 갈비집으로 향했다. 선수들은 푸짐한 갈비파티를 기대했는데 주인이 주문을 받으러 오자 이회장은 이렇게 회쳤다.

"나는 갈비탕!"

이회장은 중국집에 선수단을 이끌고 가서는 "자장면 보통"을 외쳐 또 한번 선수들을 실망시키기도 했다. 이 같은 모습은 '절약의 체질화'로 봐야 할 것이다.

특히 집에서 식사하기를 즐기는 그를 위해 부인은 뒷마당에 쑥갓과 상추를 직접 재배해 식탁에 올리곤 한단다. 바로 이 점을 필자는 높이 평가하는데, 그것은 앞서 이야기한 것처럼 필자의 아내가 그렇게 행복해 하던 때가 기억나서 유난히 '상추'와 '쑥갓'으로 식사를 하는 이 명예회장에게 가장 서민적인 친근한 마음을 느끼기 때문이다.

마치 우리가 산을 오를 때 느끼는 그 푸른 친밀감처럼…….

82 '된장찌개'와 '김치찌개'를 좋아하는 구수한 매력의 소유자

이인희 편 (한솔그룹 고문)

내가 산에 오르면서 우거진 나무들을 볼 때마다 이런 생각이 든다. '아! 내가 글을 쓸 때 종이를 너무 헤프게 쓰는 구나'라고 자책감이 들며 갑자기 종이는 곧 나무로 만들어진다는 뻔히 아는 지식을 새삼 내세운다. 이렇게 등산을 하면서 만난 나무들이 종이가 되어 어쩌면 나의 책상에서 작품의 기초가 된다는 생각을 하니 나와 직접적으로 관계가 있는 종이를 만드는 회사가 갑자가 떠오른다. 그 중의 하나가 '한솔그룹'이라는 생각이 들어 등산길에 생각해 본다.

고 이병철 회장이 '이인희 고문이 남자로 태어났으면 그룹을 맡길 재목'으로 평가한 인물이다. 삼성가의 장녀답게 사업에 대한 남다른 감각과 폭넓은 시야를 갖고 있다는 평이다.

삼성과의 지분을 완전히 정리해 법적으로 완전히 독립한 게 지난

1993년 말, 그러니까 한솔은 분리 1년 6개월 만에 자산기준 30대 그룹에 진입한 셈이다. 이런 성장배경에는 바로 한솔그룹의 대주주이자 오너인 이인희 고문이 있었던 것이다.

"회장이 없는 그룹도 있습니까?"

한솔그룹의 임직원들은 이러한 질문을 꽤나 많이 받는다고 한다. 이인희 고문 당대에는 회장 타이틀도 쓰지 않을 것이라고 그룹 관계자들은 말한다. 어찌 보면 북한에 아직도 주석은 없고 국방위원장만 있는 것과 비슷하기도 하다만…….

실제 한솔의 그룹살림은 전문경영인들에게 대폭 위임되어 있으며, 한솔은 그룹이라는 표현도 30대 그룹에 진입하면서부터 쓰기 시작했단다. "자찬은 절대 하지 말자"는 오너의 뜻이 깊이 반영된 일이라 할 수 있다.

요란한 명칭보다는 구수한 실속을 중요시한 것처럼 이 고문의 식성조차 구수한 찌개류인데, 된장찌개와 김치찌개를 모두 좋아한단다.

이 고문이 좋아하는 된장찌개는 오래 끓이면 맛이 텁텁하므로 살짝 끓이는 게 맛내기의 포인트. 볶은 멸치에 쌀뜨물을 부어 우려낸 국물에 야채를 먼저 익힌 다음, 된장은 나중에 풀어 넣고 마지막에 고춧가루를 넣어 칼칼한 맛을 내는 것이 비결이다. 달래나 부추는 된장찌개와는 찰떡궁합이라나?

또 김치찌개 역시 맛있는 김치로 끓

여야 제 맛이 난단다. 김치를 숭숭 썰어 쇠고기를 얇게 썬 것과 섞어 고추장, 된장 조금, 참기름, 마늘로 조물조물 양념해서 볶다가 쌀뜨물을 붓고 된장찌개와는 정반대로 푹 끓이면 맛이 그만이란다.

자, 그러면 된장찌개에 대해서 좀 알아보고 넘어가자.

전통음식 맛의 원조격인 된장은 언제부터 만들어 먹었을까? 장을 만드는 주원료인 콩의 원산지는 만주지방이다. 따라서 부여나 고구려, 발해 등 만주지방에 터를 잡았던 우리 민족은 일찌감치 콩을 식용으로 이용해 왔다.

우리 민족이 장 담그기를 언급한 것은 중국 삼국지에 '고구려에서 장양(醬釀)을 잘 한다'는 내용이 있는데, 장양은 장 담그기와 술 빚기 등 발효식품 제조기술을 말한다.

고려시대에 나온 삼국사기에는 신라 신문왕의 폐백 품목 중에 시(메주 또는 된장이라는 뜻)가 있었다는 내용이 있고 조선 후기에 간행된 ≪해동역사≫에도 발해 특산물 중에 메주가 있었다는 내용이 있다.

메주를 쑤어 장을 담그는 방법의 기록은 조선시대 간행된 ≪구황보유방≫에 콩 한 말을 삶고 밀 다섯 되를 볶아서 섞은 다음 메주를 쑨다고 나와 있다.

수천 년 동안 된장 간장만 먹어오던 우리 민족은 17세기경 일본에서 고추가 전래 되자 고추장을 빚기 시작한 지혜로운 민족이지만 일본을 통해 들어왔다는 이유로 지금까지 고추장찌개란 메뉴는 만들지 않는다.

어쨌거나 오늘도 필자는 한솔그룹 이인희 고문하면 왠지 된장찌개 같은 구수한 매력을 느낀다.

83 '술맛'으로 유명 '위스키' 제조회사를 알아맞힌다

신격호 편(롯데그룹 회장)

광야를 행진하는 사자의 상! 괴력의 힘!

북한산을 오르다 보면 우람한 암벽과 불끈불끈 솟아있는 바위의 힘찬 모습을 보면서 종종 이런 생각을 해본다. 우리나라 재벌회장의 모습에서 이와 같은 표정은 누구일까?

그러다가 문득 이분이 떠오른다.

쇳덩어리처럼 굳은 피부와 강한 살결이 수백 명의 부하들을 거느리고 광야를 행진해가는 사자와 같은 상이다. 두상의 단단함은 어떤 적도 이길 수 있는 의지력의 표상이며, 강한 정신력을 나타내고 있으나 왠지 쓸쓸하고 외로워 보이게 하여 눈물 많은 사람으로도 보이게 한다. 넓은 이마에 거친 주름살은 자수성가한 사람에게 나타나는 상징이며, 언제라도 새로운 일에 나설 수 있는 용기를 나타내 주고 있다. 만약 이마가 좁거나 지나치게 튀어나왔다면 이처럼 큰 재벌은 못 되었을 것이다.

까마득하게 지난 일이지만 처음에 껌이나 만드는 조그만 제과회사라고 생각했던 롯데가 소공동 한복판에 매머드 롯데쇼핑과 롯데호텔을 지었을 때 사람들은 깜짝 놀랐다. 도대체 신격호가 누구냐고? 그러나 한동안까지도 신격호에 대한 것은 별반 알려진 것이 없었다. 기껏해야 말이 없다거나 파이프 담배를 즐긴다는 것, 매년 3월 삼짇날이면 울산의 고향을 찾는다는 것과 기억력이 비상하다는 정도일 뿐이었다.

비지니스에 관한 한 맺고 끊는 것이 분명한 신회장이지만 강남 갔던 제비가 돌아온다는 3월 삼짇날에는 해마다 수몰된 고향에 내려가 재회의 잔치를 벌린단다. 소도 두어 마리 잡아 푸짐한 안주를 마련하고 롯데가 제공하는 선물도 돌린단다. 바로 이 순간이 농부의 아들로 태어나 땅에 대한 애착을 보이는 인간 신격호의 진면목일지도 모른다.

신회장은 일본에서 사업을 시작해 자수성가한 기업인으로 모국에 투자하여 역시 모국에서도 대성공한 기업인이다. 롯데 신격호 회장은 계단 오르기로 건강을 다진다. 신회장은 1년 열두 달을 짝수 달과 홀수 달로 나눠 한국과 일본을 오가며 그룹경영을 진두지휘하고 있는데 서울에 머물 때면 그는 계단을 이용해 잠실 롯데월드 매장과 소공동 롯데백화점 매장을 일일이 방문한다고 한다. 엘리베이터를 이용하지 않고 십여 층의 계단을 오르내리면서 수천 평의 매장을 직접 둘러보는 것. 팔순의 나이임에도 불구하고 신회장이

매장을 다 도는데 소요되는 시간은 2시간 30분으로 웬만한 젊은이는 엄두도 못 낼 근력이다.

식도락가 수준에서 음식을 즐기는 총수로서 각국 유명 위스키의 맛만 보면 제조회사를 알아낼 정도며, 롯데제과와 롯데호텔에서는 그의 '입맛시험'이 가장 까다로운 결재 코스다. 그는 식도락가로 소문나 세계 각국 유명 위스키의 제조회사를 술맛으로 알아낼 정도이고, 과자나 껌 등 롯데상표가 붙은 모든 제품은 시판하기 전에 그의 '입맛 테스트'를 거쳐야 한단다. 워낙 까다로운 성격 때문에 롯데호텔의 요리사들 중에는 계약기간도 채우지 못하고 밀려나는 경우도 적지 않단다.

한일 양국에 거대한 부의 성을 축성한 신회장은 1년을 절반으로 쪼개 홀수 달에는 국내에 머물며 국내 계열사를 운영하고, 짝수 달에는 다시 일본으로 건너가 일본 계열사를 경영한다.

그는 기회 있을 때마다 정열과 사랑 그리고 봉사와 정직을 강조한다. 오죽했으면 회사 이름조차 사랑과 정열덩어리였던 젊은 베르테르의 슬픔의 여주인공인 샤롯데의 청순한 매력과 정열에 반해서 그 이름을 따서 지었을까?

명산의 기암에서 탄성을 지른다면 기업의 성장발전에 탄성을 지르는 롯데그룹의 신회장 모습은 가히 산천을 닮았다는 생각으로, 필자는 백운대에 올랐던 오늘 등산을 신격호 회장과 북한산의 기암괴석을 비교하면서 마감한다.

84 녹차 효능에 감복, '설록차' 만들어

서성환 편 (전 ㈜태평양 회장)

등산객이 정상에 올라 한 잔의 따끈한 차를 마실 때 정말 행복하다. 그 차가 커피든 국산차든 따질 필요도 없다. 그렇지만 산을 내려와 조용한 시간에 차 한 잔을 마실 때는 난, 지난날의 한 대목이 종종 기억에 남는다.

꽤나 오래된 이야기인데, 집필했던 KBS 다큐멘터리극장에서 다뤘던 '성철 큰스님' 2부작을 해인사에서 촬영하는 동안, 필자의 무식으로 인하여 웃지 못할 경험을 한 적이 있다.

촬영 팀이 촬영하기 전에 먼저 나는 해당되는 암자라든가 사찰 내 부속 건물을 섭외하기 위해 찾아가는데, 그러면 영락없이 주지승은 상견례를 한 뒤에 녹차를 앞에 내놓는다. 까다로운 절차로 차를 끓여서 첫 잔을 부어 주길래 홀짝 마셔버렸다. 그랬더니 금새 또 따라준다.

목도 마르던 참이라 다시 또 홀짝하고 게눈 감추듯이 마셔 버렸더니 어찌된 영문인지 이번엔 세 번째 찻잔을 채워 주지를 않는다.

나는 그 순간 속으로 이상하다고 생각했는데, 글쎄 나중에 알아보니까 세 번째 잔을 채우는 건 그만 돌아가라는 뜻에서 따라주는 거라나? 더 앉아서 대화를 나눠야 할 지경에 세 번째 잔을 빨리 안 따라 준다고 속으로 닦달을 했으니 그저 무식의 극치였다.

그렇다면 고급스레 차 문화를 즐기는 재벌 회장님은 누구일까?

꾸준한 식이요법으로 건강을 다졌던 고 서성환 ㈜태평양 전 회장님이시다. 서회장님은 지병인 당뇨를 치료하기 위해 한동안 차를 복용했었는데, 이때의 일을 계기로 그는 녹차 애호가가 되었다. 녹차의 효능에 감복하여 직접 다원을 만들어 녹차를 생산했을 정도인데, 그 결과가 바로 태평양에서 나오는 '설록차'가 바로 그것이다.

비타민 C 외에 녹차에 풍부한 카페인은 '대뇌 중추를 자극하여 졸림을 없애고, 신경이나 근육의 작용을 활발하게 하는 작용'을 한단다. 또한 녹차에는 불소가 들어 있어 충치 예방효과가 있고, 지방 성분을 분해하는 작용도 한다.

그러나 녹차를 너무 많이 마시는 것은 위벽을 상하게 할 수 있기 때문에 좋지 않으므로 녹차의 적정량은 하루 두세 잔 정도가 건강에 최고란다.

우리가 사랑하는 연인을 만나면 "차 한 잔 할까요?"라고 유혹을 한다.

다행히 "네, 좋아요!"라는 대답을 받고 찻집에서 마주앉아 분위기 어리게 따끈한

차를 마시면 이미 반은 성공한 연인이 된다. 이처럼 사랑의 연결고리 역할을 하는 차(茶)에 대해서 알아보자.

차는 세계에서 물 다음으로 가장 널리 소비되는 음료수다. 전설에 의하면 차는 기원전 273년 중국의 황제 신농씨(神農氏)의 주방에서 있었던 '실수'에 기원을 두고 있다고 한다.

황제가 마실 물을 끓이고 있을 때, 흔히 사용되는 위생적인 처방으로 태우고 있던 나뭇가지에서 떨어진 잎이 날려 열려 있는 주전자 속으로 들어갔다. 그런데 황제는 그 물맛에 반해 그 후부터 줄곧 그 물만 찾아 마시는 바람에 차가 탄생(?)하게 되었다는 전설이다.

아시아에서는 일찍부터 차가 널리 애용되었지만 서구에서는 네덜란드의 동인도회사가 1610년 몇 단지의 진귀한 나뭇잎을 수입하고 나서야 비로소 첫선을 보였다. 수입된 차는 엄청나게 비쌌음에도 불구하고 네덜란드 상류사회에서는 이 차를 구하지 못해 야단법석이었다고 한다.

서성환 회장도 네덜란드 상류사회 사람처럼 그런 정열로 차를 즐겨 마시다가 마침내는 상품화까지 했다. ㈜태평양은 지난 세월 IMF 체제하에서도 초우량 기업으로서의 기반을 공고히 다져 지금도 '고객의 미와 건강!'을 실현시키기 위해 모든 역량을 쏟고 있는 것이 아니겠는가.

언제부턴가 산 정상에 오르면 내가 즐겨 마시던 커피를 마다하고 "누구 녹차 없어?"하면서 일행에게서 녹차를 얻어 마시는 습관이 생기기 시작했다. 그리고 아직 뭔가는 잘 모르겠지만 커피와는 또 다른 맛에 왠지 모를 입가의 미소가 솟는다.

세 번째 잔을 마시려고 하면 말이다.

'지금 또 내가 뭔가 무식한 짓을 하는 건 아닐까?'

85 세계경영을 위해선 '식사시간'도 빨라야….

김우중 편(전 대우그룹 회장)

필자가 중국집에서 자장면을 시켜놓고 기다리는데 웬 중년부부가 식식대며 들어와 앉더니 성깔 사납게 주문을 한다.

"여기 자장면 빨랑 주소."

"예, 금새 나갑니다."

거의 동시에 그 사람 자장면과 필자의 자장면이 나왔다. 필자가 자장면을 비비는데 벌써 그 사람은 세 번째 젓가락질에 자장면이 다 없어졌다. 눈 깜짝할 사이랄까? 그렇게 빨리 자장면을 먹는 사람은 처음 보았다.

그렇다면 재벌총수 중엔 과연 누가 제일 빨리 식사를 할까?

전 대우그룹 김우중 회장!

소문에 듣자 하니 바로 그분이었다. 원래 김회장이 좋아하는 음식은 곰탕이란다. 설렁탕이 뼈를 오래 고아 골수에서 뽀얀 국물이 우러났다면 곰탕은 살코기와 내장을 주로 하여 무와 함께 끓인다. 그런 곰탕을 좋아하는 김회장이지만 오늘 얘기는 급한 성격의 음식 이야기에 초점을 맞추느라 대구탕 사건 일화 하나를 소개한다.

오래 전 김회장 일행이 밴을 타고 미국 태평양 연안의 도로를 달리던 중 시애틀에 도착했을 때는 마침 점심 시간 무렵이었다. 김회장이 시내 주변을 둘러보다가 한국식당을 발견한다. 일행은 김회장을 따라 식당 안으로 들어가고 김회장은 비빔밥을 주문한다. 그러자 기다렸다는 듯이 수행원들이 모두 비빔밥을 시킨다.

사실, 수행원들이 모두 비빔밥을 좋아하는 식성을 가진 것은 아니다. 단 한 가지 이유 때문인데 그것은 바로 김회장의 식사속도가 워낙 빠르기 때문이다. 만약 김회장이 식사를 끝냈는데도 태연스레 앉아 다른 메뉴의 식사를 즐길 그런 배짱을 가진 수행원은 없었기 때문이다.

그러니까 김회장이 수저를 놓는 순간 '땡~' 식사 끝!

김회장은 식사시간도 아껴서 '세계경영에 쪼개 쓰겠다'는 정신으로 한국식당에 가면 비빔밥이나 설렁탕, 곰탕이 단골메뉴라는데, 열거한 메뉴는 대부분 주문하기가 무섭게 탁자 위에 놓이고, 특히 비빔밥은 뜨겁지가 않아 빨리 먹어 치울 수가 있잖는가?

어쨌건 수행원들 모두 비빔밥을 주문했는데, 차를 주차시키고 뒤늦게 들어온 운전기사만이 버젓이, 그리고 태

연스레 마음 놓고 문제의 대구탕을 시켰을 때, 수행원들의 걱정스러운 시선을 미국 현지 운전기사는 미처 깨닫지 못하고 있었다.

잠시 후, 운전기사가 시킨 대구탕이 나왔을 때는 김회장은 이미 비빔밥을 깨끗이 비우고 평소 습관처럼 자리에서 일어났다. 그런데 눈치코치 없는 운전기사는 '후후' 불면서 뜨거운 대구탕을 맛있게 먹고 있지 않는가?

이 모습에 미안해진 김회장은 다시 자리에 앉아 식사가 끝날 때까지 기다리며 "대구탕 맛있나? 여기 대구 품질이 좋은가? 값은 싼가?"하고 마치 기관총 쏘듯이 묻기 시작하자 운전기사는 아주 자랑스레 말한다.

"그럼요. 싸고 맛이 그만입니다."

느긋한 운전기사의 이 말에 김회장은 즉시 현지 법인 사장을 불러 호통을 쳤다.

"이렇게 좋은 대구가 미국 바다에서 잡히는데 왜 서울에 가져다 팔 생각을 안 해?"

급한 김회장의 음식 습성이지만 그런 와중에서 세계경영 정신이 배어 있음을 느끼잖는가? 지금은 일선에서 물러났으나 전성기 때의 정열은 마치 세계 정벌에 나섰던 나폴레옹 같은 기분이 든다.

86 불로장생약, '전복죽'의 파워!

김승연 편 (한화그룹 회장)

한화그룹 김승연 회장에게 즐기는 음식을 묻는다면 그가 즐겨 먹는 음식은 보신탕과 곰탕으로 회사 근처에 단골집이 있을 정도란다. 또한 대식가인 그가 즐겨 찾는 음식은 자장면까지 가리는 것이 없으며, '폭탄주'도 마다하지 않을 정도의 애주가라고 한다.

그렇지만 오늘은 김회장이 비행기를 탔을 때 '기내식'으로 제공되는 음식 중에 무엇을 제일 즐겼나를 살펴보겠다.

김회장은 비행기 안에서는 별로 잠도 안자고 먹는 양도 많지 않은 편이다. 음료수는 생수 외에는 거의 마시는 게 없을 정도며, 기내식 중에서는 일본식 된장국과 밥, 그리고 김을 약간 먹는 편인데, 간혹 제공되는 '전복죽'은 무척 좋아하는 편이라나?

차와 빵 종류는 본인이 직접 싸갖고 탈 때도 있지만 비행기 안에서 술은 전혀 입에 대지 않는단다.

자! 그럼 김회장의 기내식 중 제일 좋아한다는 '전복죽'에 얽힌 이야기를 살펴보자.

세계의 왕과 대통령의 정력요리로 거슬러 올라가 보면 전복이야말로 불로장생약으로써 우리나라 제주도산 전복이 어패류의 '황제'라고 하지 않는가? 더구나 세계 최초로 황제라는 말을 만들어 낸 '진시황제'가 오매불망 목메어 찾는 불로장생약이 바로 이 제주도산 '전복'이라면 놀랍지 않는가?

천년만년을 살고자 해동(조선)으로 불로장생약을 구하러 사람을 보내면서, "귀한 것은 조선 해제와 검은 열매이다"라는 결론을 얻어낸다.

진시황제가 오매불망 찾던 불로장생약이란 결국 한국 바다 속에서 자라고 있는 양질의 다시마였다니!

완도나 보길도산 해초의 일종인 톳은 세계 최고급 불로식품이란 증거가 되는데, 사실은 제주도산 전복이 그렇게도 진시황제가 찾던 불로장생약이란다. 왜냐하면 전복은 갈조류인 미역·대황·다시마 등을 먹고 살기 때문에 그런 것 같다.

진시황제의 신하가 그 전복을 찾아내었지만 이번엔 가져가는 게 문제였다. 지금 같으면 냉동을 해서 가져갈 수도 있고, 여러 가지 수단방법이 있었겠지만, 그때 이 전복을 물속에서 찾아낸 진시황제의 신하 '서복'은 이것을 어떻게 중국까지 수송할 것인가 고심을 한 끝에 햇빛에 말려 가지고 돌아가는 수밖에 없다고 결론지었다.

그래서 지금도 중국에서의 전복요리는 어떻게 말렸느냐에 따라 가격이 달라진다고 한다.

이 말이 사실이라면 제주도산 전복을 먹을 수 있는 우리나라 사람들은 진시황제의 정력요리를 쉽게 구해 먹을 수 있는 축복을 받고 태어난 셈이다.

진시황제하면 폭군이기도 하지만 역사에 남는 엄청난 위업도 많아 대단히 파워 있는 황제로 기록되지 않는가? '전복죽'을 기내식으로 찾는 김회장의 파워 또한 진시황제와 비교가 되기 때문에 한화그룹의 무궁한 발전에 쏟아 부을 김회장의 파워가 크게 기대되는 바이다.

마치 그의 별명도 그의 부친 김종희 회장의 애칭인 '다이너마이트 김'을 본떠 '다이너마이트 주니어 김'이라고 불렀던 것처럼 …….

서울 중구 수하동에 위치한 하동관 곰탕집은 박정희 전 대통령 때부터 김대중 전 대통령까지 유명 인사들의 단골이었다. 곰탕에 따라 나오는 반찬이라고 해봐야 달랑 깍두기와 배추김치뿐이지만 한 그릇에 8,000원 하는 곰탕을 주문하면 채 5분도 안 돼 놋그릇에 담긴 곰탕이 나온다. 김승연 한화그룹 회장도 자주 찾는 곳으로 알려졌다.

그렇지만 자주자주 '전복죽'을 즐겨 드시고 진시황제처럼 세계를 누비는 기업인이 되길 빌어본다.

87 '낙지볶음'을 즐겨 찾는 얼큰한 식성파!

이웅렬 편 (코오롱그룹 회장)

필자의 청년시절, 어여쁜 아가씨를 사귀면서 반드시 골탕을 먹이겠다며 데리고 들어가는 음식점이 있는데 바로 무교동 낙지집이었다. 고추장으로 빨갛게 버무린 낙지볶음이 나오면 처음 대하는 아가씨는 그 색깔에만 반하여 덜컥 한 젓가락을 집어 입에 넣는 순간,

"아줌마, 냉수~" 하면서 끊임없이 물을 찾아 마시면서 '켁켁'거리고 진땀을 뻘뻘 흘리게 된다. 그런 아가씨의 모습을 보고 '얼큰달큰'한 사랑이라고 표현했었다. 그렇다면 재벌회장 중에는 누가 얼큰달큰한 식성을 가지고 있을까?

코오롱그룹의 이웅렬 회장!

유난히 낙지볶음을 좋아한단다. 물론 불고기와 자장면까지 두루 좋아하는 식성이지만 가끔 무교동에 가서 얼큰한 무교동 낙지를 즐겨 찾는다고 한다.

"저는 운 좋게도 부친을 잘 만나 젊은 나이에 능력과는 무관하게 대기업을 경영하고 있습니다. 그런 만큼 항상 긴장 속에 있다고 보면 정확할 겁니다. 만에 하나 제가 잘못 처신한다면 아버님께 누가 될 것이고 공연한 걱정을 끼쳐드리는 셈이 됩니다. 하루 일과를 마치고 잠자리에 들기 전 오늘 내가 얼마나 열심히 일했나를 항상 되돌아보고 스스로를 다그치고 있습니다."

이동찬 명예회장의 승계를 이어받은 외아들 이웅렬 회장의 달콤한 겸손이다. 이웅렬 회장은 외관은 동적이지만 사실 놀랄 만큼 치밀한 편이란다. 어떤 결정을 내릴 때 생각보다 공을 많이 들인다. 공적·사적 채널을 총동원해 관련된 조사를 벌인다.

한 가지 예를 들어보자면, 꽤나 지난 이야기지만 히로시마 아시안게임 마라톤에서 우승한 황영조 선수가 신었던 코오롱 제품인 '엑티브' 신발은 그야말로 '신 일등주의' 정신이 배어있다고 봐야 한다.

"지금껏 우리 국내 마라토너들이 신어온 신발은 일제 미즈노나 아식스였어요. 저는 1991년 부친께 말씀드린 후 우리 선수들이 신고 뛸 신발을 개발하라고 특명을 내렸습니다. 그래서 결실을 보게 된 거죠."

코오롱 관계자의 설명을 들어보면 이 회장의 우리 신발에 대한 집념은 대단했던 것 같다. 마라토너들이 신는 신발

은 일반 운동화와는 다르다. 무게감을 거의 못 느낄 정도로 최소화해야 하고 땅에 닿는 충격을 완벽할 정도로 흡수해야 한다. 42km 넘게 뛰면서 발에서 솟구치는 땀도 제때 날려 보내야 한다. 한마디로 마라톤화는 엄청난 기술이 요구된다는 설명이다.

그렇기에 코오롱이 여기에 쏟은 연구비만도 5억원에 이른단다. 대중화 상품하고는 상관없이 그 당시 5억원을 쏟아 부은 배경에는 이회장 나름대로의 고집이 있었던 것이다. '일본 심장부에서 우리 운동화를 신은 선수가 가슴에 태극기를 단채 마라톤에서 우승하는 것'이었다. 이회장의 '신일등주의' 경영이념이 우리 마라톤화 개발 건에서도 여실히 드러나고 있는 개가이었다.

역시 '낙지볶음'을 좋아하여 매운 구석이 있는 이회장이야말로 '얼큰달큰'함을 식성에서 기업창달에까지 이어가고 있지 않는가? 등산객이 천만 명을 넘어가는 지금 우리 등산객들도 난이도 높은 바위산을 오르면서 코오롱의 등산화와 등산복을 입고 자신의 매운 구석을 만들어 가고 있지 않을까?

사실 산에 오르다 보면 가냘픈 것 같은 사람이 의외로 리지 구간도 다람쥐처럼 거뜬히 오르는 걸 볼 수가 있다. 어쩌면 이 사람들은 코오롱그룹 이회장처럼 매운 구석이 있지 않을까? 혹시라도 하산 길에 '낙지볶음' 집을 발견하면 한번쯤 자신의 매운 구석을 확인하는 차원에서 즐겨 먹기를 부탁드리고 싶다.

88 '삼계탕'과 '꼬리곰탕'은 가끔 찾는 별식!

정몽준 편(현대중공업 회장)

사상체질로 본 대기업 오너 경영 스타일이 있다고 한다. 가정에 '가풍'이 있듯이 기업에는 '기업 문화'라는 것이 있단다. 한의학적 측면에서 보면 대기업 오너의 경영 스타일은 타고난 사상체질에 의해 결정된다는 분석이 있어 눈길을 끈다.

우선 현대그룹의 저돌적인 경영 스타일은 고 정주영 명예회장 가문에 소양인이 많기 때문이다. 사상체질 중 소양인은 활동력이 강하고 판단력이 빠른 쾌남아형으로 분류된다. 한마디로 외향적인 성격이다.

그러다 보니 성격이 급해서 때론 손해 보는 일도 있지만 강직하고 진취적이라는 게 장점이며 '스스로 앞장서 행동하는 리더'가 된다는 것이다. 다만 충동적이고 자기감정에만 따르는 경향이 있으며, 바깥일에 신경 쓰느라 가족 등 내부 문제에는 소홀한 경우가 많다고 한다.

이것은 바로 유조선 공법 등 전대미문의 '사건'으로 세계 시장을 놀라게 한 현대그룹 식 '불도저 경영'이 어디에 기인하는지를 짐작케 하는 대목이다.

현대가 중에서도 고 정주영 명예회장과 정몽준 의원은 전형적인 소양인에 속한다고 한다. 한의사들은 뼈대가 굵고 손발이 커 한눈에 봐도 소양인임을 알 수 있다고 했다. 정 명예회장의 사업가다운 기질과 성격은 장남인 정몽구 현대자동차 회장이 물려받았지만, 체질은 정몽준 의원이 빼닮았다는 것이다. 식성으로 보아도 정 의원은 정 명예회장과 뼈대와 골격이 비슷하고, 고기를 좋아하는 식성도 똑같다는 점이다.

정 의원의 부친인 정주영 명예회장은 전형적인 소양인에 음이 가미된 아주 건강한 체질이었다. 평소 설렁탕과 냉면과 국수를 즐겼던 정 명예회장은 숨을 거두기 석 달 전까지만 해도 반주로 맥주 1~2병을 마실 정도로 놀라운 건강을 유지해왔다는 것. 이 때문에 처방을 하면 그 효과가 거의 즉시 나타날 정도로 '약발'이 잘 받는 환자였다. 병이 깊어지면서 음식을 입에 대지 못할 지경이 된 뒤에도 침을 놓고 나면 "밥상을 들여오라"고 했을 정도였다고 한다.

정 의원은 특별한 질병이 없지만, 워낙 해외여행을 자주 다니는 등 바쁜 일정 때문에 건강관리 목적으로 한의사의 진료를 받는다. 반면에 정몽구 현대자동차 회장은 외모는 정 명예회장을 많이 닮았지만 체질은 태음인으로 참을성이 많고 말수가 적다는 게 한의사들의 평판이다.

어쨌거나 여기에서는 정몽준 의원이 아

닌 현대중공업 회장의 기호식 이야기를 하고자 한다. 정 의원은 '운동지상주의자'로 통한다. 또 잘 먹는다. 그는 "무엇이든 잘 먹는 것 외에는 특별한 건강관리법이 없다"고 한다. 실제 그의 식사량은 일반인의 2배 이상이다. 보약이나 특별한 건강식은 마다하는 편이나 '삼계탕'과 '꼬리곰탕'을 보양식으로 가끔 즐긴다.

부인 김영명(金寧明) 여사는 "남편은 타고난 건강체질로 몇 달씩 해외출장을 다녀도 아픈 법이 없다"고 전했다.

정 의원이 공개한 신상명세표의 취미 난은 등산으로 되어 있어서 전국 순회 방문 때도 등산 일정이 포함될 정도다. 아울러 주변에선 정 의원을 만능 스포츠맨이라고 부른다. 등산과 축구 외에도 프로급 실력의 테니스와 스키는 물론 농구와 골프, 조깅 등도 두루 즐길 만큼 그의 스트레스 해소법은 바로 운동과 목욕이란다.

토막잠도 아주 중요한 건강 밑천이 되고 있단다. 이동 중 차안에서 남들과 이야기를 하다가도 한순간에 잠에 빠져들곤 한다는 것이 주변의 설명이다. 필자가 보기에도 정말 바쁘게 살아가는 사람이다.

특히 축구에 기여한 공로는 필자 개인적으로 인정해 주고 싶다. 정 의원이 동에 번쩍 서에 번쩍 바삐 움직이는 동안, 박지성 선수는 그라운드에서 지칠 줄 모르며 공격과 수비를 가리지 않고 '산소탱크'처럼 그라운드를 포지션 없이 움직인다. 어찌 보면 한국 축구의 발전을 위해 두 사람의 바삐 뛰는 인과관계가 이어졌는지도 모른다.

89 '개구리 보약'과 유럽에서도 매일 먹는 '한식요리'

박지성 편 (산소탱크 왕자)

"내 체력의 비밀은 바로 한국 음식!"

"대~한~민~국!"

"대한국인 힘의 원천은 우리 음식문화 속에 있죠."

박지성이 최근 언론과의 인터뷰에서 "내 체력의 비밀은 바로 한국 음식!"이라면서 대한민국의 음식문화를 자랑하고 나섰다.

영국 언론과 인터뷰를 가진 자리에서 "항상 힘이 넘치는 모습이다. 도대체 어떻게 그런 힘이 나오는가?"라는 질문에 대해, "어렸을 적에는 몸이 약했지만 차차 성장하면서 체력도 좋아졌다"고 밝히며, "아마 나의 체력은 한국 음식에서 나오는 것 같다"며 답했다.

2000년 교토 퍼플상가 시절부터 타지 생활에 익숙한 박지성은 간단한 한국 음식은 직접 요리할 수 있는 정도의 요리 실력을 가지고 있는 것으로 알려져 있으며, 맨체스터에서는 인근 한국 식품점에서 반찬을 구입할 때도 있지만, 대부분 부모님이 한국에서 직접 공수하고 있다.

한국 음식 때문인지 몰라도 박지성은 팀 내에서 최고 수준의 체력을 자랑하고 있으며, 그의 활동량을 높이 평가한 맨유 팬들은 그에게 '듀라셀 버니(건전지 광고에 등장하는 모델)'라는 별명을 붙여주기도 했다. 그 해 시즌 내내 쉼표 없이 달려온 박지성이 마지막 경기인 챔피언 리그 결승전에서도 '만점 체력'을 과시했지 않는가.

마라톤 선수에 버금가는 '산소탱크'의 체력을 유지하기 위해서는 식단이 중요하다. 그럼 박지성이 마라톤 선수에 버금가는 체력을 유지하는 비결은 뭘까?

바로 '어머니의 밥상'이다.

어머니 정명자 씨가 1년의 반은 박지성 곁에 머무르며 밥상을 차려준다. 박지성은 못 먹는 음식이 없다. 하지만 그래도 한식을 좋아한다. 영국에서도 마찬가지다. 고국을 방문한 후 유럽으로 나갈 때면 박지성의 짐 보따리는 대부분 먹을 음식으로 채워진다. 이를 위해 어머니는 최고의 음식을 준비하려고 며칠간 동분서주한다.

한식의 필수는 김치. 배추와 열무김치, 겉절이 등 갖가지 김치들이 짐 보따리의 한 편을 차지한다. 또 고춧가루·된장·고추장·간장·참기름 등 온갖

양념들도 필수품이다. 이렇다 보니 영국에서도 한국에 있을 때와 다른 점이 거의 없다. 한국에서 건너온 '신토불이' 재료들로 매끼 고향의 그윽한 맛을 느낀다.

박지성은 하루 세 끼를 꼬박꼬박 챙겨 먹는 것이 '보약 중의 보약'이라고 믿고 있다. 그것도 모자라서 고국의 맛을 느끼기 위해 간간이 라면으로 끼니를 때우기도 한다. 그래서 라면 CF는 박지성에게 제격이었나 보다. 결국 박지성은 농심의 대표 제품인 신라면 광고를 찍게 되었고, 최고의 월드 스타답게 초특급 대우를 받은 것으로 알려졌다.

최근 게토레이, 질레트 CF 등을 선보인 박지성은 가장 보편적인 대중식품 중 하나인 라면과 만나면서 명실상부한 대한민국 최고의 남자 CF 스타로 자리매김 한다. 그러나 남부러울 것 없는 박지성에게도 숨길 수 없는 아킬레스건이 있었다.

바로 키다.

어느 정도이냐 하면 키 얘기만 해도 사흘 밤낮이 모자란다. 그도 그럴 것이 박지성은 키 때문에 축구선수 생활을 포기할 뻔했다. 가장 큰 시련이었다고 해도 과언이 아니다.

수원공고에 입학할 당시의 키가 158cm에 불과했다. 당시 은사였던 이학종 감독은 작은 키 때문에 운동을 시키지 않았다. 대신 몸집을 불릴 것을 주문했다. 보통 선수라면 일찌감치 축구를 접었을 것이다.

박지성은 작은 키를 극복하기 위해 개구리 진액을 먹었다. 유난히 입이 짧아 개구리가 들었다는 생각만 해도 헛구역질이 날 정도로 싫었지만 부모님의 정성에 마다할 순 없었다.

아버지 박성종씨는 개구리 중에서도 겨울잠을 자기 위해 영양분을 가득 보충한 늦가을 개구리만 잡아 약으로 만들었다. 여기에다 한우와 국산 돼지고기 등 몸에 좋다는 고기란 고기는 모두 먹었다. 아들을 위해 잘 다니던 직장에 사표를 던지고 정육점을 차린 아버지 덕분이다. 그 효과는 참으로 컸다.

고등학교 2학년에 오르자 마(魔)의 170cm를 넘었다. 물론 큰 키는 아니었지만 170cm를 넘긴 것 자체가 기적이었다. 보통 남성의 키는 18세 정도가 되면 멈추지만 박지성의 키는 20대 중반까지 자랐다. 2006년 176cm를 넘기더니 최근 178cm 고지를 찍었다.

유럽 진출 후에는 체력 유지를 위한 특별한 보양식 없이 '산소탱크', '2개의 심장을 가진 사나이', '3개의 폐'라고 불릴 정도로 강철 체력을 자랑하고 있어서 유럽이 다시 한번 그의 왕성한 체력에 놀랐다.

박지성은 이탈리아 밀라노 산시로 스타디움에서 벌어진 2008~2009 시즌 유럽 챔피언 리그 원정 경기에서 선발 출격, 박지성은 이 날 9.9km를 뛰었다. 84분간 맨유 선수들이 평균적으로 뛴 거리는 8.57km 이었지만, 박지성은 평균보다 1.33km를 더 뛰었다. 그라운드에서 1km 를 더 뛴다는 것은 상상을 초월하는 거리다.

나폴레옹이 말했다.

"영웅은 5분을 더 참는다."

그런데 그 5분이 별것 아니라는 생각을 하는 게 일반 사람들이다. 나폴레옹이 말한 그 5분은 극한상황에서의 5분을 말함이다.

어느 날 필자가 목욕탕에서 땀을 뻘뻘 흘리며 사우나를 하고 있었는데 어느 분과 경쟁 아닌 경쟁을 하게 되었다. 5분을 더 참아 10분 동안 사우나 실에 있기로 한 것인데 그 분도 10분이 지나도 사우나 실을 나가지 않고 참고 있었다.

'그래, 좋다. 15분이다.'

나는 참기 어려웠지만 15분을 참아 보기로 했다. 14분쯤 되었을까? 그 분이 사우나 실에서 뛰쳐나가듯이 밖으로 나가면서 한 마디 하는 소리가 들렸다.

"그 새끼 더럽게 오래 있네."

그 분도 필자와 경쟁을 한 모양이었다. 때론 사내들은 아무것도 아닌 것을 가지고도 경쟁한다. 바로 사우나 실에서 경쟁하며 참아야 하는 5분은 대단히 길었다. 나폴레옹이 말한 것이 바로 그 5분이었다.

그리고 박지성은 다른 선수보다 1km를 더 뛰었다고 하니 진정한 영웅 대열에 들어가며, 박지성 선수를 세계의 왕과 대통령 요리에 올리게 된 이유가 되기도 한다. 나폴레옹이 살아 있었다면 혹시 이런 말을 할지도 모르겠다.

"내가 나폴레옹이 아니었다면 박지성 선수가 되었을 것이다."

90 '밥' 먹는 '아침'이 행복!

김연아 편 (피겨 여왕)

"좋아하는 음식요? 떡볶이와 빵이에요. 아니 음식을 가리지 않는 편이죠. 그리고요. 밥 먹는 아침이 가장 행복해요"

월드 챔피언 김연아는 체중 조절이 부담되어도 하루 아침 한 끼는 반드시 밥으로 식사를 한단다.

언제나 담담했던 김연아가 '월드 챔피언'이 되어 태극기 게양 때 눈물을 보이자 많은 국민도 함께 감격의 눈물을 흘렸을 것이다. 어떤 상황에서도 나이답지 않은 평상심을 유지했던 그녀지만 '월드 챔피언'의 꿈을 이룬 자리에선 열아홉 소녀로 돌아갔던 것이다.

2009년 3월 29일. 대한민국 역사는 이날을 '김연아의 날'로 기록했다. 세계 최고기록을 세우며 세계선수권 대회에서 1위를 차지한 김연아에게는 어떤 수식어도 부족했다. 쇼트프로그램에서 세계 최고기록인 76.12점, 프리 스케이팅에서도 131.59점을 기록해 합계 207.71점으로 여자 피겨스케이팅 선수로는 처음으로 200점대를 넘기는 신기원을 이룩했다. 덕분에 '피겨 퀸(여왕)'을 넘어 '여신'의 반열에 올랐다.

한국인은 절대 톱이 될 수 없다는 피겨스케이팅에서 당당히 새 역사를 썼다. 이제 그녀의 일거수일투족이 톱뉴스로 장식된다. 연예인 못지 않은 미모와 날씬한 몸매, 타고난 끼에 온 국민이 사랑의 화살을 보내고 있다. 4년 전과 비교하면 격세지감이다.

2005년, 주니어 그랑프리 파이널에서 처음으로 세계를 제패하며 월드 챔피언의 서막을 열었다. 그러나 겉만 화려할 뿐이었다. 한국 빙상 100년사에 길이 남을 커다란 족적이었지만 그때 뿐이었다.

김연아는 춥고 배고팠다. 지금이야 스폰서가 넘치지만 당시 부담스러운 훈련비와 국제대회 참가비 등 재정적으로 힘든 나날을 보냈다. 하지만 더 이상 우울한 과거는 없다. 화려한 미래만 있다.

그럼 과연 그녀의 성공 비결은 뭘까? 화두는 3색이다. 그 중에 이 책의 집중 하이라이트인 음식이야기가 빠질 수 없지 않는가?

김연아의 성공비결 하나, 그것은 바로 한 끼 한식이 주는 행복에 있었다. 지구촌 최고가 되려면 그만큼 많은 양의 땀을 쏟아야 한다. 김연아도 예외는 아니다. 하루 3시간 이상 새하얀 얼음판과 사투를 벌이고 있다.

그런데 피겨 선수라는 것이 한이

었다.

키 164cm에 몸무게 47kg인 체중이 조금만 늘어도 점프에 영향을 줄 수 있기 때문에 '식이요법'으로 체중을 조절해야 하는 과제도 동시에 안고 있었다. 스케이팅을 하려면 충분한 열량이 필요하지만 그녀는 마음대로 먹을 수 없었다. 음식 조절이 가장 힘든 일이기 때문에 김연아가 입에 달고 다니는 말이 오죽했으면 "배고프다"란 말이란다.

1년 중 절반 이상을 캐나다에서 전지훈련을 하는 김연아는 열량 섭취를 위해 아침엔 밥을 위주로 한 탄수화물을 먹는다. 그래서 김연아의 아침이 즐겁다는 것이다. 물론 간식으로 빵을 좋아하는 '서구적인 입맛'으로 알려져 있지만 하루에 한 끼는 꼭 밥을 먹어야 힘이 난단다.

든든하게 먹을 수 있는 유일한 끼니다. 그래서 아침이 가장 행복하다. 이후부터는 그녀의 욕구와는 무관하다. 점심은 닭고기 등을 곁들인 샐러드 위주로 먹고, 저녁은 과일과 야채 또는 간단한 빵 한 조각으로 때운다. 저녁은 소식(小食)이다. 조리는 24시간 곁에 붙어 다니는 어머니 박미희 씨가 담당한다고 한다.

김연아의 성공비결 둘, 화장을 고치며 마법에 빠진다. 의상과 함께 은반 위 김연아를 완성하게 하는 건 메이크업이다.

김연아의 성공비결 셋, 의상에도 비밀이 있다

쇼트프로그램 곡인 「죽음의 무도」가 진짜 '죽음'으로 느껴지는 건 김연아의 카리스마 넘치는 블랙 의상 덕이다. 고혹적인 음악과 의상에 아무도 따라 할 수 없는 김연아의 표현력이 더해져 '죽음의 무도'는 더욱 강렬하다.

'김연아의 인기는 어디까지?'

빙판 위에서는 물론 광고 모델로도 빅 히트를 하고 있는 김연아에 대해 일본 언론도 뜨거운 관심을 나타냈다. 김연아의 '아웃 오브 빙판', 즉 링크 밖에서의 광고모델 활동에 대해 보도하며 부러운 시선을 보냈다.

"김연아가 한국에서 '국민 여동생', '피겨여왕' 등으로 불리며 크게 인기몰이를 하고 있다"고 소개하며 "링크 밖에서도 화장품과 우유 CF 등 김연아가 모델로 출연한 상품들이 줄줄이 히트를 치고 있다"고 설명했다. 또한 "김연아는 가장 좋아하는 음식을 '빵'이라고 말하는 소박한 프로필을 갖고 있다"고 전하면서 "모 제빵 체인점에서는 그녀를 모델로 한 이른바 '김연아 빵'을 내놓아 인기를 끌었고, 판매량도 크게 늘었다"는 소개를 하기도 했다.

일본 언론조차 '걸어 다니는 1인기업'이라고 칭할 정도로 광고 모델로서도 톱스타로 떠오른 김연아는 KB국민은행, 나이키, 현대자동차 등으로부터 공식 후원을 받는 외에도 최근엔 가전제품 모델로까지 등장하는 등 최고의 주가를 올리며, 마치 '대한민국 여왕'처럼 군림하기 시작했다.

필자는 김연아를 '대한민국 여왕!'으로 부르고 싶다. 오래오래 그 '여왕'의 자리를 이끌어 가기를 빌어본다.

맺는말

새로운 힘!

그 힘이 왜 필요한가?

사상 초유의 경제위기 시대, 이 험난한 실직자의 고비를 헤쳐 갈 가장 중요한 밑천인 '건강'을 지켜줄 원천은 무엇일까? 누구에게 위로를 받고 이 난국을 극복해 나갔으면 좋을까? 이런 난국을 잘 극복해 나가려고 애쓰며 가장 왕성한 정력을 필요로 했던 역사 속의 인물은 과연 누구였을까?

앞서 읽은 내용 중에서 위로받을 자를 찾아내자!

바로 권력과 인기와 돈줄의 정상에서 천하를 호령했던 왕과 대통령과 기업회장과 인기인 중에 있을 것이다.

찾았다면 그들처럼 하면 된다!

그들이 먹은 음식을 따라 먹으면 된다!

끝이 안 보이는 경제 불황 속에서 우리시대의 고개 숙인 남성들이 '명예퇴직'과 '취업대란' 속에서 일자리 창출에 성공하여 다시 불끈 일어서기를 바라는 간절함과 염원을 이 한권의 책속에 가득 담아 보았다.

누구나, 아무나 세계의 왕과 대통령이 될 수는 없지만, 김연아나 박지성처럼 될 수는 있잖는가? 그렇지만 김연아나 박지성처럼 되기도 누구나, 아무나 될 수는 없다.

그렇지만 바로 여기에 희망이 있다.

세계의 왕과 대통령을 내 품안에 껴안은 독자 분에게 새로운 힘이 솟아나기 때문에 가능한 것이다.

"독자 여러분! 힘내세요, 여기 이 책이 있잖아요."

이 책에 소개되는 왕과 대통령과 기업회장과 인기인의 건강요리를 참고하면 독자 여러분의 건강과 정력, 그리고 아름다운 매력이 넘쳐나게 될 것이며, 검증받은 이 책의 건강식단으로 행복한 삶을 누릴 수 있을 것이다.

독자 여러분의 건강을 빌어 올리며, 천하를 호령했던 왕과 대통령처럼, 그리고 돈 많은 기업회장처럼, 만천하에 인기를 누리는 인기인처럼 당당하게 살아가시기를 바란다. 그래서 사람답게 행복하게 인생을 즐기기를 바란다.

중국 고전에 나온 유명한 음식이야기 한 구절을 독자 여러분께 선물한다.

삶이 안정되면 예절이 생기고, 예절의 시초는 음식에서 시작된다.
나라를 다스리는 여덟 가지 통치에서 맨 첫 번째가 먹는 일이다.
식(食) · 색(色) · 성(性)은 자연의 이치다.
다시 말해서 음식을 좋아하는 것과 여자를 좋아하는 것은 인간의 타고난 본능이다.

이제 독자들 품에 세계의 왕과 대통령이 꼬옥 안겨 올 것이다. 그리고 품에 안겨온 세계의 왕과 대통령이 독자 여러분을 대단하게 만들어 줄 차례다. 그것이 바로 지구촌 에세이를 함께 하는 이유다.

그대들은 그대의 지도자를 모르고 있다.
그렇기에 세상이 어렵다고 움츠리게 된다.
그대가 고개 숙인 남자가 되는 원인이다.

지도자처럼 과감히 지구촌을 바라보라.
세상이 그대를 향하여 달려오고 있을 것이다.

이 말을 독자분께 끝맺는 인사말로 대신하면서…….